A-LIST ANGELS

How a Band of Actors, Artists, and Athletes Hacked Silicon Valley

超级天使投资人

好莱坞明星如何投资硅谷

[美]扎克·奥马利·格林伯格 著
(Zack O'Malley Greenburg)

齐晓飞 译

中国出版集团
中译出版社

图书在版编目（CIP）数据

超级天使投资人：好莱坞明星如何投资硅谷 /（美）扎克·奥马利·格林伯格 (Zack O'Malley Greenburg) 著；齐晓飞译 . -- 北京：中译出版社，2023.6
书名原文：A–LIST ANGELS：How a Band of Actors, Artists, and Athletes Hacked Silicon Valley
ISBN 978-7-5001-7398-4

Ⅰ.①超… Ⅱ.①扎… ②齐… Ⅲ.①投资—经验—美国 Ⅳ.① F837.124.8

中国国家版本馆 CIP 数据核字（2023）第 078656 号

A–LIST ANGELS: How a Band of Actors, Artists, and Athletes Hacked Silicon Valley
Copyright © 2020 by Zack O'Malley Greenburg
The simplified Chinese translation copyright © 2023 by China Translation & Publishing House
ALL RIGHTS RESERVED

（著作权合同登记号：图字 01-2021-5276）

超级天使投资人：好莱坞明星如何投资硅谷
CHAOJI TIANSHI TOUZIREN: HAOLAIWU MINGXING RUHE TOUZI GUIGU

著　　者：	［美］扎克·奥马利·格林伯格（Zack O'Malley Greenburg）
译　　者：	齐晓飞
策划编辑：	于　宇　龙彬彬
责任编辑：	李晟月
营销编辑：	马　萱　纪菁菁　钟筏童

出版发行：	中译出版社
地　　址：	北京市西城区新街口外大街 28 号 102 号楼 4 层
电　　话：	（010）68002494（编辑部）
邮　　编：	100088
电子邮箱：	book@ctph.com.cn
网　　址：	http://www.ctph.com.cn

印　　刷：	固安华明印业有限公司
经　　销：	新华书店
规　　格：	787 mm×1092 mm　1/16
印　　张：	19
字　　数：	223 千字
版　　次：	2023 年 6 月第 1 版
印　　次：	2023 年 6 月第 1 次印刷

ISBN 978-7-5001-7398-4　　　　定价：79.00 元

版权所有　侵权必究
中　译　出　版　社

献给丹妮尔,第一位超级天使投资人

前　言

十月一个温暖的夜晚,在波士顿颇具人气的法式餐厅(Deuxave)里,阿什顿·库彻(Ashton Kutcher)拉低了洛杉矶道奇队帽子的帽檐,躲到了一根冰箱大小的柱子后面。这位出演过影片《猪头,我的车咧?》(Dude, Where's My Car?)的明星来这里参加"福布斯30岁以下精英峰会"(Forbes Under 30 Summit),同来参会的还有6 000名年轻的企业家。我刚刚在《福布斯》杂志的封面故事中对他做了简单的介绍。在我们互致问候的时候,他环顾了一下房间的四周,似乎在暗示至少暂时还不想被别人发现。他不是怕被收集签名的爱好者发现他,而是怕追着他投资的那些创业公司的创始人。[1]

爱尔兰摇滚乐队U2和麦当娜的经纪人盖伊·奥塞里(Guy Oseary)是库彻的商业伙伴,他们在2010年成立了一只3 000万美元的超级天使投资基金。在短短几年的时间里,通过投资优步(Uber)、音乐雷达(Shazam)、爱彼迎(Airbnb)和拼趣(Pinterest)等公司,这只基金的规模已经扩大到了2.5亿美元。库彻告诉我:"一旦你学会了如何辨认雪豹,就很容易看到雪豹出现了。"[2]

这只是好莱坞和硅谷利益共谋故事中的一个章节。放眼整个娱乐圈,你会发现世界顶级的演员、艺人和运动员们现在持有这个国家最热门技术公司的股份，比如，碧昂丝（Beyonce）持有优步股份、凯文·杜兰特（Kevin Durant）持有美国版饿了么（Postmates）股份、塞雷娜·威廉姆斯（Serena Williams）持有币基公司（Coinbase）股份、杰瑞德·莱托（Jared Leto）持有罗宾汉（Robinhood）股份和詹妮弗·洛佩兹（Jennifer Lopez）持有美国在线储蓄投资平台橡果（Acorns）股份，等等。随着初创企业账面上或在公开市场的帮助下成长为价值10亿美元的公司，许多早期投资的价值也得到了急剧的增长。美国风险投资公司或风投人员（VCs）（这一术语也用来指个人风险资本家），现在每年向初创企业投入大约1 000亿美元，希望能找到下一个价值10亿美元的公司。

在过去，除少数高净值的个人投资者（风险投资界将其称为天使投资人）之外，大型机构投资者一直是唯一能够轻易接触这类公司的机构。但现在，一群超级天使投资人找到了进入专业财富人士行列的方法，他们经常能以折扣价，有时甚至是免费，将转瞬即逝的名声转化为长期财富来实现增值。艺人从经常被富有老板压榨的打工者变成了多元化投资组合的所有者，并有机会掌控自己的金融资产，这是长达十年转变的高峰。

鉴于本书的写作目的，我们将介绍几位引领这种趋势的先锋人物。在这些超级天使投资人当中，最著名的要数库彻。这位出生于爱荷华州的大学辍学生，成了好莱坞的超级明星，还精明地热衷于创业投资。沙奎尔·奥尼尔（Shaquille O'Neal，小名"沙克"）是NBA名人堂中唯一一位拥有MBA学位的成员，他在1999年投资了那时还未上市的谷歌，开启了自己的投资之路，并在此之后获得了MBA学位。还有嘻哈传奇人物纳斯（Nas），他通过声援并投资歌词网站说唱天才（Rap Genius）[现在叫天才（Genius）]而引起了首

前言

次轰动,随后又入股了多宝箱(Dropbox)和智能门铃初创企业铃声(Ring)。当亚马逊在2018年以10亿美元的价格收购铃声时,和沙克(Shaq)一样,纳斯也从这笔收购中获利。

这些先驱者为娱乐圈各类投资人打开了大门,他们中有许多人也在这本书中分享了自己的故事。DJ兼制片人史蒂夫·青木(Steve Aoki)向我讲述了他从爱彼迎到太空探索技术公司(SpaceX)投资初创企业的经历。职业橄榄球大联盟(NFL)的传奇人物托尼·冈萨雷斯(Tony Gonzalez)说,他将自己的健身应用程序出售给健康追踪(Fitbit)所得的收益与他在运动生涯巅峰时期的收入一样多。索菲亚·布什(Sophia Bush)详细讲述了她是如何将自己的电视明星生涯转化为投资早期的优步等公司的机会的。

在幕后助推超级天使投资人现象产生的是三位虽不那么出名但却具有同样影响力的运作者。盖伊·奥塞里在以色列长大,年轻时搬到了洛杉矶,他因担任麦当娜和U2乐队的经纪人而为大众所知,之后与库彻合作创立了超级天使投资公司(A-Grade)。特洛伊·卡特(Troy Carter)曾担任了几年Lady Gaga的经纪人,之后他将注意力转向了投资声田(Spotify)这样的公司。嘻哈爱好者、安德森-霍洛维茨风投公司(Andreessen Horowitz)的联合创始人本·霍洛维茨(Ben Horowitz)则带着大家都变得富有,纳斯等艺人跟着本·霍洛维茨进行了无数次的重大投资。在硅谷的精英中,没有人能比他更好地与超级天使投资人建立起互惠关系。

在大约10年的时间里,这些投资人都获得了巨大的财富,很多人已经从早期的天使投资人或企业家角色转变,开始运营自己的基金公司。他们之间经常会互相分享好的投资机会,帮助众多初创企业成长为数十亿美元的巨头公司,同时也为创新人群带来了前所未有的财富。对于一个只有几名大学毕业生的团队来说，这还是很不错的。

卡特说："企业家精神中很大一部分就在于愿意去做公司里的每一份工作。我确实认为无论是对自己，还是对像盖伊这样的发起人来说，亲力亲为会带来一定程度的忙乱。企业家们能有这种亲力亲为的勇气，这本身就很值得尊重。"[3]

作为一群富有想象力的局外人，卡特和他的同伴向我们展示了如何利用21世纪最伟大的财富创造引擎来获利，而这个引擎就是在经济大萧条之后风险资本推动所引发的科技高潮。然而，技术、艺术和名声之间的历史关联可以追溯到工业革命时期。在当时，印刷术的发展为英国诗人拜伦勋爵（Lord Byron）作品的广泛传播奠定了基础，他也因此成为第一位现代名人。

随后，在20世纪来临之前，托马斯·爱迪生的发明为现代电影明星和更为广泛的内容传播方式铺平了道路。自早期的好莱坞制片厂制度开始，演员的薪酬一直是相对较低的。20世纪中叶，超级明星詹姆斯·卡格尼（James Cagney）曾威胁华纳兄弟他要离开娱乐圈去上医学院，还因此获得了加薪。除了像贝比·鲁斯（Babe Ruth）这样比较罕见的例子外，职业运动员不得不在比赛的淡季靠打零工来维持生计。而音乐人的境遇可能是最糟糕的，一些非常知名的乐队几乎是无偿地放弃了版权。对于运动员、演员和艺人来说，职业生涯通常都是非常短暂的，一旦这些公众人物过了黄金期，他们赚钱的机会就会急剧地减少。

前 言

"当我们老了,那就和其他人一样了,"纳斯告诉我,"我们来这里是为了艺术。能获得艺术所带来的额外补贴,我们也很开心。但到头来,看看在猫王埃尔维斯(Elvis)身上都发生了什么。"[4]

事实上,正如无数此前的明星一样,当猫王在1977年去世时,他的资金也在迅速地缩水。20世纪80年代,薪酬开始得到全面的改善。当时,迈克尔·乔丹(Michael Jordan)和迈克尔·杰克逊(Michael Jackson)开始涉足篮球和音乐之外的领域,他们分别与耐克和百事可乐签订了涉及数百万美元的协议。乔丹球鞋特许权使用费提供了一种利用名气赚钱的新方法,嘻哈明星很快竞相效仿,也因此推动了20世纪90年代的品牌热潮。在此后不久,吹牛老爹(Diddy)和杰斯(Jay-Z)这些说唱歌手都变成了大亨,他们从服装品牌、酒类交易、运动鞋这些副业中所赚的财富,远远超过了其唱片的销售收入。

第一次科技泡沫带来了一个更为重要的机会:将名气和创意转化为非关联公司的股权。比如,威廉·夏特纳(William Shatner)在20世纪90年代末作为价格在线公司(Priceline.com)的代言人,他接受的酬劳是股权而非现金。但是,随着千禧年互联网泡沫破灭后,这种趋势便消失了。在互联网泡沫破灭时,少数涉足硅谷的好莱坞投资者惨遭破产清算,其中就包括奥塞里。他说道:"我失去了我所创造的一切。"[5]

当社交媒体正式出现,初创公司不断涌现的新浪潮来临之际,好莱坞仍然抱着怀疑的态度,而且也因此错失了无数的投资机会。那些在互联网泡沫破裂后重新参与投资的人当中,就有一部分在经济大萧条期间再次遭受了打击。然而,大多数科技界的运营商总是在用长远的眼光经营着企业,他们拿着微薄的薪水,却用大量的股权进行担保。梦想着自己的创业公司一旦卖出或上市，他们就会变得非常富有，即使宏观经济状况在短期内看起来非常糟糕。但艺人们却仍然希望能够预先获得大笔现金，即便这意味着要放弃将来可能有更多收入的机会。

行业资深人士海迪·罗伊森（Heidi Roizen）表示："他们如何获取薪酬与我们如何支付薪酬之间，有着截然的不同。"罗伊森曾是苹果公司的一名高管，后来在德丰杰风险投资公司（Draper Fisher Jurvetson，DFJ）任职，该公司是推特（Twitter）、汤博乐（Tumblr）和太空探索技术公司（SpaceX）的早期投资机构。[6]

在世纪之交，当音乐家们发现他们的作品正在通过肖恩·帕克（Sean Parker）的纳普斯特公司（Napster）和特拉维斯·卡兰尼克（Travis Kalanick）的 Scour 网站等服务机构进行免费传播时，内容创作者与展示平台搭建者之间的斗争出现了一个拐点。尽管这些公司最终变得面目全非或者被起诉清算，但仅仅在几年之后，它们的创始人又重新出现在有史以来最具影响力的两家初创公司——脸书（帕克）和优步（卡兰尼克）中。好莱坞投资人又开始四处寻找想要收购的初创企业，双方都必须摒弃之前的偏见。

卡特说："当我刚开始进行投资的时候，双方这种偏见形成了一个很大的鸿沟，而我们就成了连接硅谷和好莱坞的桥梁。硅谷对洛杉矶的刻板印象为，它是一个思想陈旧、爱打官司的老古董，永远都不会改变；而洛杉矶则认为硅谷是不尊重内容的海盗。"[7]

最终看来，好莱坞和硅谷之间的共同点还是比想象的要多得多。成功的玩家在任何领域中都必须遵循类似的路径，提出一个非常令人信服的想法，然后不惜牺牲一切来实现它，包括时间、金钱、睡眠和人际关系。在某种程度上，U2 乐队其实和脸书一样也是作为一

前　言

家初创公司起步的。波诺（Bono）在这家社交网络企业上市前进行了投资，这是非常明智的做法。

内容创作者借助脸书和推特增加了受众，同时也带动了服务性企业自身财富的增长，而一场关于内容与平台孰优孰劣的争论也因此出现。"一大批早期的科技产品得以发展壮大，只是因为它们是伟大的技术，"乔希·埃尔曼（Josh Elman）说道，他是推特和脸书的早期员工，后来成了一名风险投资家，"与伟大的技术相比，这种酷炫和潮流引领的价值又有多少呢？"[8]

在过去的十年里，可以看到好莱坞在硅谷初创企业的发展中发挥了重要的作用，反之亦然。女演员杰西卡·阿尔芭（Jessica Alba）在消费品领域成立的诚实公司（Honest Company）和独立音乐人杰克·康特（Jack Conte）创办的 Patreon（允许创作者直接向付费用户的社区发布内容），每一家公司都从风投界获得了远超 1 亿美元的融资金额。然而，创办自己的科技公司并没有改变这些人如何看待创意价值的想法。

康特说："如果缺少了我们喜欢读、喜欢看、喜欢听的这些东西来填充，那么毫无疑问互联网就会是一个空壳。我们在 Patreon 的内部和外部都是这样说的，'没有创作者，我们什么都不是'。"[9]

如果没有风投公司的帮助，像 Patreon 和爱彼迎这样的公司就不会存在，至少不会以目前的形式和规模存在。与棒球队或唱片公司一样，这些巨头公司也会在几十个甚至数百个潜在的项目上进行筛选，试图找到那些能够捕捉世界想象力的少数几家公司。

这些巨头公司的"呼风唤雨者"通常被称为"普通合伙人",他们为担任有限合伙人的富裕个人进行投资,收取大约2%的管理费以及20%左右的基金收益(对冲基金业务与此类似)。这是一个非常高昂的价格,但这些行业实践丰富的普通合伙人拥有专业的知识和广泛的投资机会(也被称为交易流),因此,投资人通过买入基金,从而有机会将资金投向众多不同的初创企业,而不是把所有的鸡蛋都放在一个风险篮子里。

企业家从这些风投公司拿钱的原因很简单:创业通常是一件需要大量资金的事情,大多数提出好点子的人往往缺乏自己经营的资源(创业术语是指自筹资金)。创始人最终需要辞去常规的工作而去雇用员工、租用办公场地,而且通常是生产有形的实物。一般来说,他们首先从能承受风险的天使投资人那里获得一轮投资(这些人必须证明自己是"合格投资者",这意味着年收入要超过20万美元或资产超过100万美元)。

一般来说,愿意花钱投资于起步阶段企业的天使投资人是很难找到的,因为这类公司通常没有任何的收入,更不用说利润了。而这恰恰就是风投公司要涉足的领域。

无论怎样,拿到资金都是不容易的,大约有97%的初创企业从来没有获得过资金。[10] 少数企业获得了某种形式的早期投资(通常称为种子轮投资),接着会进入更为正式的融资阶段,即A轮融资,随后为B轮、C轮,等等。在这一过程中,创业公司往往会将注意力从获取用户转到营利上面,以此来实现被另外一家公司收购或上市的目标。

硅谷的顶级风险投资机构在这方面赢得了先机,仅投资了这一群体中的一小部分(而普通的投资者在公司上市之前是无法进入的,

前　言

通常要在公司经过多年发展之后才能进入，但那时风投公司已经把最大的收益攫取走了）。然而，如果一个棒球运动员在10次击打中只有2次上垒的话，就无法在大联盟中站稳脚；而20%的命中率对于风险资本家来说则是完全可以接受的，一次大满贯可以弥补几十次出局的损失。将资源投向那些有可能成为十亿美元"独角兽"但却没有利润的公司（用"十角兽"和"百角兽"来表示更大的数量级）是难免的事儿，但因此也有失去一切的可能。不过回报可能是巨大的，以红杉资本为例，红杉向苹果和美捷步（Zappos）等公司投资了数百亿美元，目前这些公司的总价值已超过3.3万亿美元。

"这就是硅谷的商业模式，"德丰杰风险投资公司的罗伊森说道，"你一直都在亏钱，然后你很可能就突然有一天赚了一大笔钱。"[11]

对于艺人来说，实践证明，用酷炫、创意，有时还有现金来换取股权这种方式，比拿固定的代言费更为明智，也更能创造持久的财富，这是20世纪90年代和21世纪初品牌延伸所无法做到的。利用名气建立起服装品牌或联名运动鞋的方式令人印象深刻，但利用名气从优步和爱彼迎这两家价值数百亿美元的公司获取收益则是另外一回事了，尤其是这类初创公司选择首次公开募股（IPO）的时间一再推迟。

库彻说："从股权的角度找到一种使自己有价值的方法，而上涨的潜力就在于你自己了。我宁愿赌自己每次都能给品牌带来提升，而不是从本质上把好处再还给公司。"[12]

换句话说，艺人持有所代言公司的一部分股权要比收取现金回报获得更多的收入。在这种规则下，明星通过不断持有那些能扰乱世界经济的创业公司股份而获得了好处，同时，这些企业则利用名人投资人的社会资本和关系网来获得新的用户和知名度。规模大一些的风投公司有大量的现金可以随意挥霍，它们不会考虑早期初创企业所需要的5—6位数的投资金额。对于创始人来说，可供替代的方案通常是从较小的公司或天使投资人那里筹集资金，但这些人一般无法提供任何重要的关系资源。

"名人确实不得不为小额的投资而投入大量的精力。"迈克尔·马（Michael Ma）表示。他是乔·蒙塔纳（Joe Montana）的合伙人，在2015年成立了种子期基金Liquid 2 Ventures。"（创始人）并没有利用名人投资者的优势，但确实是做了一笔好买卖。"[13]

好莱坞和硅谷有很多相似之处，这其中也包括一些不幸的地方。两者都缺乏多样性，女性和少数族裔的代表性严重不足，尤其是在高管行列里。正如许多观察人士近些年来所了解的那样，性骚扰和性侵犯是娱乐圈和科技界普遍存在的问题。然而，双方的这种汇聚融合可以说在一定程度上彻底改变了这一局面，各种各样的投资者和企业家进入了创业领域，也改变了这一领域里白人男性占多数的人口结构。

在这个过程中，艺人不仅通过出售作品获得收益，在某些情况下，他们还获得了作品发布平台的部分股权。"真正的故事是在这个尴尬的过渡阶段所发生的，所有的艺人都认为艺术永远不会成为赚大钱的领域，但他们再次大吃一惊。"D. A. 瓦拉赫（D.A.Wallach）说道。这位摇滚歌手成了声田的驻场艺人，他最先劝说卡特等人投资这家流媒体服务公司。"他们都热衷于科技，因为他们相信可以利用娱乐圈建立的品牌资产价值来赚钱。"[14]

前　言

在《福布斯》从事媒体报道和娱乐工作的十多年时间里，我作为"年度100位名人榜"的编辑，记录了超级明星的赚钱能力。当第一批超级天使投资人出现时，我一直拿着笔记本坐在前排。我的努力开始于2012年的一篇封面故事，题目为《贾斯汀·比伯，风险资本家》。这篇报道是在歌手贾斯汀·比伯的经纪人、好莱坞的权力经纪人斯科特·"斯库特"·布劳恩（Scott "Scooter" Braun），帮助比伯投资了声田等初创企业后写的。几年后，我和凯蒂·佩里（Katy Perry）一起在罗马散步，她刚刚入股了Popchips（零食品牌）；2016年，我与库彻、奥塞里一起在洛杉矶闲逛，第一次了解了超级天使投资人的全部故事。

在此期间，我还报道了迈克尔·乔丹、詹妮弗·洛佩兹、凯文·哈特（Kevin Hart）、亚瑟小子和马克·沃尔伯格（Mark Wahlberg）等明星对初创公司的投资。我的前三本书探讨了杰斯、吹牛老爹、德瑞博士和迈克尔·杰克逊是如何利用名气来赚钱的。我自己也有一些在好莱坞演戏的经验，小时候在1992年《洛伦佐的石油》（*Lorenzo's Oil*）这部影片中担任过主角（但这并没有带来任何今天所说的独角兽的早期投资行为）。

这本书是基于我与超过100位从事娱乐和科技行业的人进行访谈而编写的，包括多年来对库彻、沙克和纳斯等超级天使投资人的采访，或为写作本书而进行的专访，在很多情况下，两者皆有。接下来的内容里还包括与幕后球员的广泛交流，比如，奥塞里和卡特，格雷洛克（Greylock）、光速创投（Lightspeed）等风险投资公司的投资者，以及橡果、天才和罗宾汉等初创企业的高管人员和创始人

（如果你需要了解这些人和公司名字，可以翻到第235页的词汇表）。

对于普通读者来说，看到有钱而又有名的创作者是如何变得更富有和更出名的可能会愤怒，因为接下来提到的大多数交易，对于他们来说是根本无法企及的。当然，你也可以不通过股权来赚钱，譬如，如果老板为你的401k养老金计划的退休账户缴纳了你工资的3%，而你并没有利用这一点，那么你就忽略了一个自由资产的来源。但除非你是像沙克那样的人，否则不会有人拍着你的肩膀，让你在谷歌上市前投资它，也不会有创业者在你的家门口排着队，向你免费提供他们公司的股权，来换取你发布的几条宣传推文。

这些超级天使投资人所采取的战略在其他方面也很具有启发性。库彻和奥塞里的首只基金获得了8.5倍的回报，他们的投资理念是，寻找能够解决现实问题的公司（优步重组了发展缓慢的出租车行业，并提出让人们拥有一辆车的好主意），而且考虑了枯燥单调的行业（人力资源，而不是共享飞机）。库彻是一个罕见的例子，作为名人，他通常是自己做跑腿的工作，而不是依赖那些可靠的顾问，当然有时他也会这样做。无论是普通人还是名人，在涉足任何更为新奇的事情之前，都应该先从低费用的指数基金组合和专业建议开始。

"艾森豪威尔说过，最伟大的领导者是那些足够聪明，能够雇用比他们更聪明人的人，"沙克说道，"我认识很多人，他们真的知道他们在找寻什么。"[15] 随着好莱坞和硅谷之间关系的动态变化，创业者的角色也在发生着改变。明星在接受免费股权时往往也获得了报酬，因为他们从Viddy（山寨版的照片墙）和BlackJet（私人飞机版优步）等失败的公司中吸取了教训。企业家们也了解到，这些进行个人投资的名人，尤其是那些以折扣价购买股权而不是接受免费赠予股权的名人，往往能成为更好的合作伙伴。一开始的方法是依靠廉价而性感的方式来吸引用户，而现在很多情况下，更多的不是获得客户，而是在不知名的公司和大公司或其他名人投资者之间搭建起一种联系。和任何人一样，乔·蒙塔纳也很清楚这一点。

他说："我会在一开始时就发现这些公司，但实际上，我的角色更多的是在它们逐渐发展壮大的时候发挥作用。这些公司希望能介绍给像维萨、美国运通这样的一些大型机构。这就是我作为联系人发挥作用的地方，我能让它们与全食超市（Whole Foods）的人或其他什么机构取得联系。即使没有联系，很多时候我也会收到回话。"16

从本质上讲，这是一个关于一群酬不抵劳的工人最终获得了他们应得生产资料的故事；这也是一个劳动阶层鼓舞人心的故事，他们找到了一种将短期收益转化为持久收益的方法。这个阶层的人曾经以迅速积累现金并将其挥霍或者被不道德的经营者骗取资产而闻名。

克里斯·洛克（Chris Rock）曾经指出："财富是代代相传的。你无法摆脱财富。富有是什么，就是你有毒瘾的话，在一个夏天内就疯狂失去并形成毒瘾的坏东西。"17

超级天使投资人的努力正促使一种世代财富转移，这种转移已经在改变美国上层社会的性质。杰斯成了亿万富翁，德瑞博士和吹牛老爹也在成为亿万富翁的路上。正如曾多次凭借自身实力成为亿万富翁的碧昂丝在歌曲《老板》中唱到的那样："我的曾曾孙已经很富有了，你们的福布斯富豪榜上有很多棕色皮肤的孩子。"

这就是转变背后这个群体的故事。

目　录

01　只是员工 / 001

02　速成班 / 021

03　液体黄金 / 043

04　伙计，我的创业公司在哪里？ / 061

05　从 Gaga 到谷歌 / 085

06　纳斯达克的金钱 / 105

07　声田观察者 / 125

08　新的所有权 / 145

09　运动员的股权 / 163

10　伊卡洛斯股份有限公司 / 183

11　做得很好 / 197

12　做伟大的事情 / 215

致　谢 / 229

后　记 / 233

词汇表 / 235

注　释 / 243

索　引 / 271

01
只是员工

在大西洋城45层楼木板道上面7英尺高的地方,沙奎尔·奥尼尔(Shaquille O'Neal,小名Shaq,沙克)从海洋俱乐部度假村的顶层套房眺望着海边的HQ2日间俱乐部,他的脸上带着很是满意又非常期待的神情。在沙克和水平面之间的地方,有很多色彩斑斓的小飞机掠过海面,就像篮球场上小个子的控球后卫在沙克下面急匆匆地跑过去一样。半个小时后,沙克将以DJ的新身份在楼下的HQ2俱乐部亮相。

沙克除了是名人堂的篮球运动员,新增的头衔包括职业摇滚唱片歌手、摔跤手、播客、广告员、发言人、副警长、综合格斗运动员和风险投资家。最后一个头衔的获得是一时冲动,大多数人不会将风险投资家与这位325磅重的前NBA球星联系在一起。

"恐惧,"沙克用沙哑低沉的声音近乎严肃地对我说道,"75%的运动员在打比赛两年后就变得不名一文了……而我回去拿到了商科硕士,还有博士学位。看看像魔术师约翰逊和乔丹这样的人,我非常非常密切地观察过他们。人们会说,'你想要投资,你就要清楚你在投什么'。"[1]

因此,同他的超级天使投资人同伴相比,沙克最终拿到了更多的学位，也积攒了大量的现金。在20年的篮球职业生涯中，沙克大约赚了3亿美元，其中有一年就赚了2 770万美元。[2] 他还设法腾出时间去做演员［在电影《精灵也疯狂》（*Kazaam*）中扮演有着5 000年历史的精灵］和说唱歌手（发行了四张录音室专辑）。[3] 尽管如此，克里斯·洛克（Chris Rock）还是指出了一个事实，一个反映了美国在金钱和种族方面令人不安的事实。"沙克很有钱，"这是这一位喜剧演员在2005年说过的著名论断，"能在支票上签名的白人都是富人。"[4]

不管怎么说，在沙克的球员时代情况似乎就是这样。从那以后，他开始有条不紊地让钱生钱，其中有一部分便是通过初创企业来积累财富。在20世纪90年代末，他在谷歌首次公开募股（IPO）的前几年投资了这家公司。之后他继续投资了维他命水（Vitaminwater）和智能门铃初创公司——铃声（Ring），这两家公司后来都以十位数的价格出售了；沙克也在优步和来福车（Lyft）IPO之前进行了投资，这两家公司IPO时的估值达数十亿美元。在此之后，他的财产预计已达数亿美元，不过他没有透露具体数字。

"如果我谈论数字，我的母亲会很失望，"他说道，"这看起来像是在吹嘘，但我自己也不想那样做。"但是，正如他的同行人越来越多一样，他也用自身的经验证实了，即使退役了，他在风投界最好年景的收入有时和运动员生涯黄金时期一样多。[5]

沙克对谷歌的预见性投资为艺人们积累持久财富指明了一条道路。因为很多艺人是有色人种，这种获取财富的方式也开始对克里斯·洛克所描述的金钱和种族的现实进行了矫正，也为其他超级天使投资人刻画了一张蓝图。沙克也许是利用名气来赚钱的先行者，他最近又投资了 NBA 萨克拉门托国王队这样的实体组织。但自有记载的历史开始，就有名人从事投资活动，这些名人通常是真正的君王。为了了解如今的明星是如何利用名气赚钱的，我们有必要研究一下名声的演化历史。

直到 15 世纪中叶印刷术出现时，关于名人的现代概念才开始进入人们的视野，因为科技的发展助推了西方世界创造力的不断增强。当工业革命席卷欧洲时，英国浪漫主义诗人拜伦勋爵用他的作品以及围绕他个人生活的风流韵事迷住了大众，也因此成为大众眼中第一位真正的超级明星。

拜伦在给出版商的一封信中曾写道："我知道公众赞誉的精确价值，因为很少有三流作家能得到如此多的掌声。无须我去寻找，他们就让我成为一个受欢迎的偶像。"[6] 即使在那时，名人、创造力和技术的命运似乎也是交织在一起的。在 19 世纪 40 年代初，拜伦的女儿埃达·洛芙莱斯（Ada Lovelace）发表了一种尚未被发明的计算机算法。正因如此，许多人称她是世界上第一位程序员。[7]

而电影几乎是在一个世纪后才出现的，它提供了一种能广泛传播创作者形象的方式，而不仅仅是传播他们的文字。早期的胶片大多是依靠托马斯·爱迪生所创造或共同发明的技术，他包揽了从相机、打印机到物理胶片打孔器的所有专利。很大程度上正是因为这个原因，20 世纪初早期的电影工业是在爱迪生所在的纽约—新泽西这个地方涌现出来的。

爱迪生的统治地位迫使许多电影制作人前往西海岸，因为在那里实施专利会更为困难：任何在加利福尼亚州使用的技术侵权案件都必须在加利福尼亚州提交。在喷气式飞机时代到来之前，这对于在东海岸的经营者来说是一场逻辑噩梦。1910年，导演大卫·格里菲斯（D.W.Griffith）拍摄了好莱坞的第一部作品。这是一部长达17分钟的无声电影，名为《在古老的加利福尼亚》（In Old California），而好莱坞也因这部电影而出名。在此后不久，美国政府打破了爱迪生对电影行业的垄断。

耶鲁大学的电影历史学家查尔斯·马瑟（Charles Musser）教授说道："就技术控制而言，专利一直是不够用的。"他指出，加利福尼亚州所能提供的不仅仅是摆脱爱迪生统治的避难所。"西海岸有很多优势。其中一个优势便是几乎全年都是好天气，而且风景也不错。另一个优势是，洛杉矶的生活成本要比纽约低。"[8]

仅在短短几年的时间里，美国电影行业不断地发展壮大，好莱坞成了行业的中心。无声电影让位于"有声电影"，还有少数明星成立了独立制片公司，其他一些人则从新兴的制片厂制度中牟取了相当可观的好处。查理·卓别林获得了一份价值百万美元的合同（相当于今天的1 800万美元），拍摄八部双卷喜剧（每一部的长度大约相当于一部时长为半小时的现代情景喜剧）。[9]之后在1919年，他与格里菲斯以及两位明星道格拉斯·费尔班克斯（Douglas Fairbanks）和玛丽·皮克福特（Mary Pickford）合作，创建了联美电影公司（United Artists），这是一家为演员所有并为演员服务的工作室。但是他们没能像他们以前的老板那样迅速地发行影片，或者建立一个能够与先前雇主竞争的发行网络。到20世纪中叶，联美电影公司的创始成员要么已经卖掉了他们的股份，要么已经过世了。工作室后来多次易手，逐渐背离了最初的使命。[10]

随着时间的推移，好莱坞的明星大腕儿们依然深陷在平庸的财务状况中难以自拔。20世纪30年代初，奥斯卡奖获得者演员詹姆斯·卡格尼（James Cagney）的周薪是1 250美元，当他发现迪克·鲍威尔（Dick Powell）的周薪有4 000美元时，他开始感到不满，而迪克·鲍威尔与卡格尼一样，是一个音乐电影演员，在职业生涯后期扮演黑帮的角色。卡格尼威胁要离开银幕到哥伦比亚大学学习医学。在那个年代，医生的薪水对演员来说是非常有竞争力的，卡格尼的雇主也非常了解这个情况。在1932年卡格尼提起诉讼后，华纳兄弟和他签了一份新合同，保证他每周能拿到3 000美元的薪水，这一数字在1935年增加到4 500美元。[11]

第二次世界大战后，小气的电影公司经常会限制回归好莱坞英雄的潜在收入。美高梅影业试图强迫吉米·斯图尔特（Jimmy Stewart）在签订新合同之前弥补他在欧洲的那五年时间。在反复争论后，电影公司认定他之前的合同已经到期了，斯图尔特因此一年都没有工作可做。对于他的下一部电影《美好生活》（It's a Wonderful Life），他不得不选择一家很小的独立制片公司。[12]

20世纪上半叶，贝比·鲁斯（Bake Ruth）是唯一一位几乎完全利用自己名气来赚钱的明星。那时，运动员通过一系列可选俱乐部与球队签订合同而绑定在一起。[13]鲁斯在1914年与波士顿红袜队签订了第一份合同，期限为三年，年薪3 500美元，[14]相当于今天的8.8万美元。[15]在1919年的赛季，红袜队将他送到了洋基队。此后不久，在经纪人克里斯蒂·沃尔什（Christy Walsh）的帮助下，鲁斯，这位爱好美食和关于汽车的传奇人物，成了棒球界最优秀的运动员，也是球场外最具价值的明星。1926年，鲁斯在这一年获得了5.2万美元的打球薪酬，并签订了一份价值10万美元的合同，在赛季结束后进行为期12周的巡回演出。另外，作为好莱坞电影《宝贝回家》

（*Babe Comes Home*，1927）的主角，他还额外获得了 7.5 万美元左右的片酬，他是这部电影中几位主要演员之一。[16]

鲁斯并非在所有的外部商业冒险中都是成功的，比如，曼哈顿一家名为贝比-鲁斯的男装店只经营了 6 个月，而一种名为"鲁斯本垒打"的棒棒糖在贝比-鲁斯的制造商遭到投诉后被美国专利局勒令停业，因为这是以总统格罗弗·克利夫兰（Grover Cleveland）的女儿名字命名的。[17] 然而在鲁斯与洋基队谈判时，这些额外收入给他增加了筹码。在 1930 年赛季开始前，球队拒绝将他的薪水提高到 10 万美元，鲁斯提醒老板"即使我今天退出棒球队，也可以以后拿到每年 2.5 万美元的薪酬。"洋基队便迅速将他的薪水从 7 万美元提高到了 8 万美元，比薪水第二高的球员拿的四倍还多 [对于那些在主场得分的人来说，薪水为 1.75 万美元，比如，投球手赫伯·彭诺克（Herb Pennock）]。

鲁斯"在洋基队营销推广方面有着全面的影响力，"道奇队的资深高管罗伯特·施韦普（Robert Schweppe）说道，"明星球员拿到了代言。其他人，你们得到了什么？"[18]

当被问及在经济大萧条时期比赫伯特·胡佛（Herbert Hoover）总统拿的薪水还高时的感觉如何时，鲁斯的著名回答是（也有可能是杜撰的）："为什么不可以呢？我今年做得比他要好。"[19] 鲁斯的收入可能比胡佛高，但是今天三大体育运动的最低年收入比美国总统的工资都还要高。对于棒球界及其他领域的大多数名人来说，20 世纪中叶的代言合同费只是现在明星们收入中的一小部分。[20]

而有些人试图独辟蹊径。玛丽莲·梦露的片酬一直以来都很低，她在 20 世纪 50 年代中期曾尝试创办自己的制片公司。但梦露发现她无法靠自己为电影提供资金，最终同意与福克斯公司达成协议，每部电影支付给她 10 万美元。在她最后一部未完成的电影《濒于崩溃》（Something Got to Give）中，联合主演迪恩·马丁（Dean Martine）的税后片酬是她的 5 倍。[21]

尽管许多 20 世纪中叶的明星设法改善了他们的状况，但薪酬并没有达到名人的水平。尤其是伊丽莎白·泰勒（Elizabeth Taylor），她在 1963 年主演了《埃及艳后》（Cleopatra），只获得了 100 万美元的片酬。人们的基本观点是，只要电影公司、唱片公司或美国职业棒球大联盟球队"拥有"人才，工资就仍然会很低。这个也许是最好的例子：英国的披头士乐队深陷一份早期的唱片合约中，每卖出一张唱片仅支付给他们一便士，而他们的作曲协议也一样对他们很不利。[22]

"我们并不关心它是什么，"保罗·麦卡特尼（Paul McCartney）说道，"和其他的作曲家一样，我们想要的是能够发行。这基本上是一个奴隶契约，因为无论我们让公司多么成功，他们都没有给我们涨工资。"[23]

在离好莱坞数百英里的海岸线上，硅谷最终成了今天繁荣科技的中心，在把创作者变成所有者的方面发挥了关键性的作用。但是北加州的第一次淘金热却是发生在 19 世纪，人们在北加州向东 100 英里的地方寻找着天然金块，而旧金山的人口也因此在三年间从 1 200 人增加到了 30 万人。19 世纪 70 年代，加利福尼亚州通过了一项法律，禁止公司起诉跳槽到竞争对手的前员工，这与东海岸繁杂的法规形成了鲜明的对比，而州政府在无意间助推了影响长远的科技泡沫形成。[24]

泰·柯布（Ty Cobb）可能是早期硅谷和娱乐圈之间的唯一联系。这位声名狼藉且令人厌恶的棒球名人堂成员，退休后住进了加州阿瑟顿的豪宅。阿瑟顿这个小镇最近成了本·霍洛维茨（Ben Horowitz）和他的传奇烧烤店的所在地。泰·柯布退休后的大部分时间都在炒股，为此他还在家里安装了一个华尔街股票价格收报机。他并没有利用自己的名气来获取免费的股权，但他明智地投资了在那个时代上市的创业公司。泰·柯布在1961年去世时，身家为1 210万美元。[25]

他说道："1918年，可口可乐还是市场上的一种新型饮料，华尔街并没有太过于关注。而我却用另一种方式赌了一把……随着时间的流逝，它给我带来了400多万美元的收入。"[26]

在接下来的几年里，北加州成了开创式创新的沃土。真空管是在帕洛阿托发明出来的，它可以将声音放大，这一发明奠定了现代音乐产业的基础。在第一次世界大战期间，硅谷的工程师设计出了第一台收音机。科技界并不总是存在性别比例失衡的现象，在20世纪中叶，无数的女性追随埃达·洛夫莱斯（Ada Lovelace）的脚步从事编程开发。她们之中就包括格蕾丝·赫柏（Grace Hopper），她是数学博士、美国海军少将、哈佛大学首批超级计算机的发明者之一。[27]

当美国在20世纪中期的太空竞赛中落后于苏联时，艾森豪威尔总统成立了美国国防部高级研究项目局（现在的DARPA），提供资金资助那些可以媲美俄罗斯人造卫星水平的令人惊叹的技术项目。该机构的信息处理技术办公室主任鲍勃·泰勒（Bob Taylor）来自得克萨斯州，手里握着烟斗说，他认为艾森豪威尔的创造性就在于为三个不同的计算机研究项目提供资金，每个项目都有不同的通信系统。因此，1966 年的时候，他说服了该机构的负责人从弹道导弹防御预算中拿了 100 万美元，使用阿帕网将不同的通信系统连接起来，因为很多人认为这个网络可以在发生核战争的时候提供可靠的通信。更为重要的是，它将继续做互联网的先驱。[28]

泰勒也资助了一些其他的重要项目，其中，来自斯坦福大学的研究员道格拉斯·恩格尔巴特（Douglas Engelbart）的登月计划尤其值得关注。恩格尔巴特（Engelbart）出生于 1925 年，曾在美国海军服役，后来在硅谷的艾姆斯研究中心工作，该中心现在是美国宇航局的一部分。就像洛夫莱斯一样，恩格尔巴特构想了一种尚未被发明出来的机器，它能非常轻松地存储人类的信息。恩格尔巴特把推进这一事业作为他终生的使命。

"有一天，我恍然大悟，复杂性是最根本的东西，"恩格尔巴特曾经说道，"然后，事情就这样发生了。如果你能以某种方式为人类应对复杂性和紧迫性做出重大的贡献，那将会非常有帮助。"[29]

恩格尔巴特的解决方案是，将类似这样的期望变成现实存在的东西。几乎没有人相信他能做到，包括他在美国宇航局的指导人。但他有泰勒这个盟友，因为泰勒也怀有巨大的雄心，想要演示这一工程，"需要花的钱，你就大胆地花，不要太吝啬，"泰勒告诉恩格尔巴特。这一切的最终成本大约为 17.5 万美元，把通货膨胀考虑在内后约为 130 万美元。[30]

1968 年，直到恩格尔巴特在一次早期的旧金山计算机会议上展示了"所有演示之母"时，他已经组装了一个由现有硬件组成的设备，计算能力大约是现代苹果手机的千分之一，而软件是从零开始创建的，这是第一台鼠标装置。恩格尔巴特展示了他发明的作品功能：可以与一位在硅谷的同事进行视频会议，合作完成一份文件，

嵌入视听元素。当他完成90分钟的演讲时，在场的观众都目瞪口呆，全都站起来热烈地鼓掌。³¹

泰勒1969年离开政府机构，在犹他州大学任教一年后，又重返施乐公司的新帕罗奥多研究中心。在帕罗奥多研究中心，他的团队发明了一种早期的个人计算机，称为"奥多"，它开始使用主导当今世界的虚拟桌面。但是，尽管帕罗奥多研究中心的前景很被看好，但施乐公司却从未在个人电脑领域胜出，这在很大程度上是由于东部的高管层缺乏想象力。³² 一位纽约的高管曾告诉泰勒："计算机对社会的重要性永远不会赶上复印机。"³³

20世纪中期，硅谷涌现出了众多资金充裕的公司，它们愿意支持那些可能引领信息时代的勇敢的初创企业。早期的进入者皆效仿罗斯柴尔德和摩根大通这样的投资银行，这些投资银行避开了媒体和公众的注意，一部分原因在于它们经常资助战争，有时是资助同一场战争的双方，这与好莱坞通常采用的"任何宣传都是好的宣传"的模式恰恰相反。³⁴

20世纪六七十年代出现的风投公司，投资了半导体和芯片的早期制造商，推动了计算机革命。这些风投公司同样莫测高深，但却取得了革命性的成果。文洛克风险投资公司（Venrock）作为洛克菲勒家族的风投机构，在1969年作为首批投资者之一投资了芯片制造商英特尔。在那之后不久，今日处于一流地位的几家公司便开始起步，成了硅谷的人才发掘者。

当然，并不是所有具有大胆想法的人都能轻松地获得大量的现金。棒球传奇人物柯特·弗勒德（Curt Flood）曾三次入选全明星队，但使他在棒球运动中成为传奇的却是他在场外的影响力。1969年，他被转到费城人队，弗勒德拒绝向球队报告。"我不觉得自己是可以不顾自身想法随意买卖的财产，"弗勒德给棒球大联盟理事长鲍伊·库恩（Bowie Kuhn）写了一封信，"我认为我有权利考虑其他俱乐部的出价。"[35]

弗勒德的声明是对球员合同中保留条款的直接挑战，之前的相关规定是职业运动主合同的一部分，即通过一系列俱乐部选项将球员与球队绑定。从技术上来看，球员仍然可以谈判，但由于并不允许他们成为自由球员或随意与别处签约，决定权几乎完全在球队。

施韦普说："这就回到了没有筹码的情况。你恰恰处于一种确实无处可去的境地。除非你是超级明星，否则你可能就得坚持下去，但就赚更多的钱而言，有许多的天花板你无法真正突破。"[36]

在这场纠纷中，弗勒德缺席了1970年的赛季，等他在1971年回归后却因表现不佳而退役。毫无疑问，这在某种程度上是因为球迷甚至一些球员对他的谩骂造成的。弗勒德的案子一直打到最高法院，结果判他败诉。但在1975年，当仲裁员做出了有利于另一名选手的裁决时，保留条款就消失了。金牌投手吉姆·"鲇鱼"·亨特（Jim "Catfish" Hunter）在那一年成为第一位现代超级明星自由球员，洋基队和他签下了一份为期5年、价值375万美元的合同，其中包括100万美元的签约奖金。[37]

弗勒德事件在棒球界引起了轰动，这种影响甚至扩大到了整个体育界，引发了一场挑战劳工统治管理的运动。[38]这一变化也对数十年后克里斯·洛克（Chris Rock）抨击沙克时所呼吁的种族问题产生了深远的影响。尽管总的来说，在美国三大运动项目中，大多数职业运动员都是有色人种，但直到 2002 年才出现了一位黑人老板。如今，迈克尔·乔丹是职业橄榄球大联盟、NBA 和第 92 届美国职业棒球大联盟球队中，唯一一位非裔美国人大股东。[39]

从有钱到巨富，乔丹的成功要归功于他在职业生涯早期就开始的场外努力。20 世纪 80 年代中期，他与耐克签订了一份为期 7 年、价值 1 800 万美元的协议，就每售出一双空中飞人（Air Jordan）球鞋的版税进行了谈判。早在几十年前照片墙还没出现时，乔丹就已经成了最具影响力的人物，他将在全国进行电视转播的篮球比赛作为广告牌，以此展示耐克的最新款产品。他在斯派克·李（Spike Lee）执导的与球鞋同名的广告中担任主演。在空中飞人乔丹的支持下，公司 1987 年到 1989 年的销售额翻了一番，达到 17 亿美元，乔丹从中获得的分红让他向亿万富翁的行列迈进。[40]

但是对于 20 世纪末期的大多数运动员和艺人来说，高额的薪资并不总能带来长期的财富，甚至更不用提中期财务安全了。正如纳斯在一次采访中和我说的："金钱并不总是让你变得富有。"[41]

即使硅谷不断涌现革命性的想法，但硅谷本身仍然是一片令人愉快但却并不引人注目的郊区。直到今天，作为一条贯穿帕罗奥多、门洛帕克和伍德赛德的中央主干道，沉睡的沙山路正是美国许多顶尖风投机构的所在地。它们聚集在办公园区里，这里除了随处可见的特斯拉充电站之外，几乎与美国其他任何富裕的飞地没有区别。德丰杰风险投资公司的罗伊森说道："这是一个相当枯燥的地方。"[42] 硅谷朴实的态度也延伸到了更为广泛的初创企业里，比如，最著名的就是杰夫·贝索斯（Jeff Bezos）早年为亚马逊在西雅图的办公室提供了用门制作的办公桌，因为它们比家得宝（The Home Depot）出售的办公桌要便宜。

罗伊森解释道："我们曾开玩笑称，如果你拿到资金后做的第一件事就是举办一场百万美元的派对，买下所有赫尔曼米勒的家具，那么从这种迹象就可以确信，这家公司很快就会倒闭。不要把钱花在彰显重要地位、装修华丽的办公室，或给每个人支付天文数字的高薪上面，因为公司未来要获取收益，有很多事儿都需要花钱。"

时间在流逝，在硅谷的死气沉沉里也出现了一些例外，或许最著名的就是史蒂夫·乔布斯（Steve Jobs）。20 世纪 70 年代中期，作为苹果公司的联合创始人，乔布斯从里德学院辍学，在电脑游戏机公司雅达利找到了一份焊工的工作。他很快就以一个"喜欢东方哲学和迷幻药、傲慢而又聪明、不怎么洗澡"的年轻人形象而出了名。乔布斯喜欢摇滚乐，他意识到旧金山湾区在摇滚乐产生中所起的作用。

"摇滚乐确实是在这里产生了，"他曾引用吉米·亨德里克斯（Jimi Hendrix）、詹尼斯·乔普林（Janis Joplin）和杰弗森飞机乐队（Jefferson Airplane）的话说道，"湾区这里还有斯坦福和伯克利两所好大学，吸引了来自世界各地的聪明人。他们安顿在这个干净、充满阳光而又美好的地方，这里还有一大群的聪明人。"[43]

斯蒂夫·沃兹尼亚克（Steve Wozniak）就是这样一位既聪明又勤奋的人，对他来说，即使是体育活动，最完美的地方也应该是包含了科技的因素（我曾经采访过沃兹对赛格威马球的热爱，但不是为了这本书）。他在森尼维尔长大，居住的街道离乔布斯不远。沃兹尼亚克在 1976 年打造了苹果第一代电脑 Apple I，并与乔布斯共同创立了苹果电脑公司；而在此之前，他在惠普工作。在乔布斯的车库里创办了苹果公司后，这对搭档将公司搬到了库比蒂诺市的一间办公室里。硬件迷沃兹尼亚克负责提供技术诀窍，而乔布斯则提供营销技能。当设计 Apple Ⅱ 时，乔布斯到商场里研究了一台美膳雅的食品加工机来寻找灵感。与大多数的同行不同，乔布斯知道电脑很快将会成为一种家用电器，而不仅仅是业余爱好者的小玩意儿。凭借更为时尚、更为紧密集成的设计，Apple Ⅱ 在 1977 年以 1 298 美元的价格上市，三年内售出了 10 万台。[44]

随着时间的推移，乔布斯与音乐界的创作者们有了越来越多的接触，无论是在专业方面还是在个人方面。20 世纪 80 年代，他与歌手琼·贝兹（Joan Baez）约会；21 世纪初，与波诺（Bono）成为朋友。他甚至因为苹果公司的名称以及相似性的问题，而与披头士乐队发生了几次法律纠纷。"苹果"这个名字确实是"披头士"在 20 世纪 60 年代末为了保护他们的商业利益而取的。[45]

"有人将其做成了一个路牌，这是一种科技和自由艺术的交汇处，"苹果公司的前高管安迪·米勒（Andy Miller）回忆道，他现在同沙克一起持有 NBA 萨克拉门托国王队的少数股权，"这是（乔布斯）认为苹果一直在做的事情。他不想雇用优秀的程序员，他想雇用的是弹着一手好吉他的优秀程序员。"[46]

然而，回到 20 世纪 80 年代，与库比蒂诺和世纪城之间几百英里的距离相比，感觉娱乐圈要比这远得多。"我记不得是什么时候想象过好莱坞……它也可能是火星，"罗伊森说道，"苹果可能是科技领域第一个以消费为导向的品牌。我想史蒂夫占领了一个不同的市场，但其余大部分人没有人知道他们是谁。我们不是名人，所以没有人关注我们。"[47]

乔布斯和沃兹尼亚克代表了硅谷成功的两种典型形象：善变但

魅力非凡的公司经营天才，及幕后难对付但机智过人的多面手。好莱坞倾向于用20世纪80年代中期的电影《菜鸟大反攻》（*Revenge of the Nerds*）和《战争游戏》（*War Games*）来强化这些非常白人、非常男性化的形象。《男性乌托邦》（*Brotopia*）的作者艾米丽·张（Emily Chang）认为，这是女性开始从硅谷消失的一部分原因。在麦金塔电脑首次亮相的那一年，女学生在计算机科学学位中占比近40%；而35年后，这一数字仅为22%。[48]

20世纪80年代是艺人财务困境的转折点。迈克尔·杰克逊作为"杰克逊五兄弟合唱团"中的一员，长期以来一直苦恼于高压的唱片合同，每卖出一张专辑只能赚到几分钱。他发行了自己的个人专辑《颤栗》（*Thriller*），这张专辑在全球的销量达到了1亿张。在他的要求下，每张唱片获得了2美元的版税，他还推出了自己的服装品牌，甚至推出了个人专属品牌拉盖尔（LA Gear）运动鞋。杰克逊还与百事可乐签订了一份价值520万美元的代言合同，这是迄今为止音乐人所获得的最高的代言费。[49]

杰克逊后来博得了一个挥霍无度的名声，但他做了一些精明的投资，其中最好的一笔投资在某种程度上得益于保罗·麦卡特尼（Paul McCartney）的偶然指导。"20世纪80年代中期，迈克尔·杰克逊和我一起外出时，他向我征求关于职业方面的建议……'关注你的歌曲，拥有你作品的版权，进入歌曲出版行业，'"麦卡特尼记得是这样告诉他的，"他说，'哦，我要买你的！'我笑笑，以为他并不是认真的。但，其实他是。"[50]

1985年，杰克逊将他在《颤栗》中赚到的钱进行了投资，以4 750万美元的价格买下了亚洲电视音乐出版公司（简称"亚视"）作品的版权。这笔交易包括披头士乐队一些精选集唱片的版权，而这些版权在他们职业生涯早期对合同不了解的时候就已经丢失了。同亚视的这笔交易是杰克逊最精明的投资，他的私人财产最终增加了不止一个数量级。但正是他的服装品牌为他利用自己的名气赚钱提供了一种新的方式，而这也是嘻哈歌手在过去十年中所一直采用的模式。

1986年的一个晚上，在麦迪逊广场花园的舞台上，一个问题引发了音乐人赚钱方式的根本性改变。不久之后，美国著名黑人说唱乐队Run-D.M.C登上舞台并开创了嘻哈式的表演，其中一名成员要求观众脱掉鞋子并把鞋子高高地举起来。人群照着做了，数千只贝壳鞋飞向了椽子，演出了"我的阿迪达斯"。这让坐在贵宾看台里的德国鞋业高管大为惊讶，这些高管正是说唱乐队经纪人邀请来的特别嘉宾。他们看得目瞪口呆，很快就奖励了乐队一个百万美元的合同，让他们可以拥有自己的鞋类品牌。自此，嘻哈文化和广告商之间利益共谋的联盟就诞生了。

然而，在很大程度上，艺人仍然只是收入越来越高的员工，而不是老板。到20世纪90年代末，从哈里森·福特（Harrison Ford）到梅尔·吉布森（Mel Gibson），这些好莱坞明星的年薪都超过了5 000万美元，沙克和老虎·伍兹（Tiger Woods）等运动明星紧随其后。在音乐领域，在后苏联时代的东欧以及亚洲和南美洲等日益富裕的国家里，掀起了一股美式大型竞技场的浪潮，这让滚石乐队、U2乐队和麦当娜等顶级艺人的年收入达到了九位数。这些明星的薪水通常都是按常规薪酬方式支付的。

风险投资家乔希·埃尔曼（Josh Elman）说："'我们付给你足够

多的钱,这样我们就有权利拿它做任何我们能做的事情',这就是好莱坞模式。硅谷的模式是'你来花几年的时间把这个东西从好的变成伟大的'。"[51]

艺人在继续尝试着新的赚钱方式。拳击传奇人物乔治·福尔曼(George Foreman)启动了他的第一台减脂烧烤机,这让他在运动巅峰时期后,每年都能赚上千万美元。大卫·鲍伊(David Bowie)以发行与他的音乐绑定的鲍伊债券的形式,将自己证券化,并用十年年度分红预支了 5 500 万美元。同年,玛莎·斯图尔特(Martha Stewart)创建了以自己名字命名的生活方式公司,并于 1999 年上市,这使她迅速成了亿万富翁。

杰斯和吹牛老爹推出了自己的服装品牌,到 20 世纪 90 年代末,年收入达到了数亿美元。但这种风险投资有时会成为广大市场的一时冲动和名声变化的牺牲品。杰斯和他的合作伙伴在 2007 年以 2.04 亿美元的价格出售了他的洛卡薇尔(Rocawear)品牌,而吹牛老爹在 2016 年仅以 7 000 万美元的价格出售了他持有的肖恩约翰公司(Sean John)的控股权。相比于如果他在唱片事业巅峰时期出售(那时的街头服饰非常轰动),这次出售所获得的收益明显要少得多。而硅谷则提供了一种可以让财富持续的可能性。

埃尔曼说:"如果你选对了软件公司,选对了平台,它就可以长期存在,能够价值数十亿美元。而好莱坞制作的每一个作品,几乎都会随着时间的流逝而贬值。"

回到大西洋城,沙克的脖子上挂着一个巨大的黄金超人奖章,当他走向舞台，一群醉醺醺的狂欢者在集体欢呼着，他们晒得黝黑，衣着暴露。他用歌手们的曲子串烧继续取悦着日间俱乐部的观众，这些歌手包括电子明星斯克里莱克斯（Skrillex）和从说唱歌手转型为投资人的杰斯。

沙克除偶尔对亦敌亦友的篮球队员查尔斯·巴克利（Charles Barkley）进行攻击外，在舞台上很少说话。但他会在舞台期间花点时间来品尝专门为他准备的战斧牛排。"沙克喜欢吃东西，"当我们在DJ舞台后面观看他精彩表演的时候，他的经纪人耸了耸肩告诉我。

在沙克的表演结束后，我们跟着他走下了舞台，沿着大厅穿过酒店的内部。一路上都是迎接这位大人物的门卫和餐厅员工，他们都非常高兴。我们走进货运电梯，回到他的酒店套房，沙克的顾问和经纪人等随从还在那里闹哄哄地跑来跑去。事实上，这位昔日的篮球运动员和他的团队在繁忙的日程中几乎没有时间放慢脚步，他很快就会飞往下一场演出，在美国职业棒球大联盟的全明星周末担任DJ。

沙克靠着这些顾问来制定演出计划，并对初创企业进行审查。凭借多年的天使投资经历，他确定了一个相当简单的公式，那就是，跟投精明的风险资本家，投资那些创始人充满活力的可靠公司。他清楚地知道大多数初创企业都会失败，并尝试将资源分散到更多前景被看好的公司选项上。与他的许多同伴一样，沙克的方法不需要从电子表格中进行挖掘，也不需要花费过多的时间去独自寻找创业公司。相反，他依靠的是他的团队。"我会给他们（投资建议），"他说道，"他们会看一看，然后和我一起分析、讨论。"[52]

尽管如此，对于沙克和他的一些超级天使投资人同行来说，要达到理解创业场景的水平还需要一些时间，在这一过程中，他们也吸取了相当多的沉痛教训。

02
速成班

在比弗利山庄的办公室里,我请盖伊·奥塞里(Guy Oseary)回顾他的职业生涯,"你是认真的吗?"盖伊·奥塞里坐在低矮的咖啡桌对面问道。

"是的,回顾您很久以前的职业生涯。"我回答道。

奥塞里是土生土长的以色列人,大约在40年前来到了美国,当时的他还是一名小学生。在以色列这个国家,人均创业公司的数量超过世界上任何其他国家。与居住在科技苍穹下的众多爱好社交的同胞不同,奥塞里宁愿把自己瘦长的6英尺、2英寸的身躯折叠成背景,也不愿意讲述他的生平故事。

"那太疯狂了!"他在谈到我的要求时说道。[1]

对于大多数人来说,这并不是一个不合理的要求;但这对于出了名不爱抛头露面的奥塞里来说,可能就是一个不合理的要求。对于他所从事的工作行业来说,在电影中时不时露个脸是一项非常容易的事情,这从他办公室的视觉线索中就可以看得出来。他鬈发上戴着黑白相间的头巾,在头巾上方的墙壁上,横贯着一幅壁画。画中有21个特别的座椅,每个座椅都来自不同的舞台场馆。因为奥塞里是世界最大牌的两个现场演出歌手——波诺和麦当娜的经纪人,所以悬挂这幅画是很合适的。

奥塞里第一次见到麦当娜是在洛杉矶,而且是在他和麦当娜当时的经纪人富雷迪·德曼(Freddy DeMann)的女儿们成为朋友之后。德曼对只有十几岁的奥塞里所表现出来的沉着自信印象深刻,当德曼创办唱片公司时,奥塞里就成了第一批员工。而奥塞里也没有让他失望,他签下了艾拉妮丝·莫莉塞特(Alanis Morissette)、缪斯(Muse)等巨星,然后开始了更为赚钱的职业经纪人生涯,最终与阿什顿·库彻和超市大亨罗恩·伯克尔(Ron Burkle)合作成立了超级天使投资公司。他说:"让我们从你真正所需要的东西开始,或许当我和阿什顿在一起的时候,我会告诉你我们是如何与科技界合作的,然后你再来问我。"

"好的。"

"(20世纪90年代)我正在飞去米兰的飞机上,唱片公司经营得非常好,"他开始说道,"我在去那儿的路上,了解到有一位叫斯凯·戴顿(Sky Dayton)的人。他和我的年纪一样大,创办了地球连线网(EarthLink)。他做得确实很好……我就想,'我要多了解一下这个人'。"

当奥塞里回到加州,他约了戴顿。

这位企业家告诉他:"如果你对我的故事感兴趣,你应该见见比尔·格罗斯(Bill Gross)。他是历史上唯一一位在一年的时间里创建了3家(不同)独角兽公司的人。"

格罗斯在1996年创办了一家名为创意实验室(Idealab)的创业孵化器,戴顿将奥塞里介绍给了格罗斯认识。当奥塞里最终赶去帕萨迪纳与格罗斯见面时,他看到了与他的唱片公司有着诸多惊人相似的场景:创作者和经理们在房间里进进出出,提出想法、讨论想法,这些都在为变革新产品奠定基础。奥塞里说:"我立刻就爱上了。"

从奥塞里第一次来到创意实验室已经过去20年了,但这家孵化器仍然充满着活力,这种活力和最初令他陶醉时的场景一样,这要归功于这位创始人的活力。现年60岁出头的格罗斯在帕萨迪纳总部的门口迎接我,他穿着一件风衣,衣服的扣子没有系上,仿佛是为了能让他自己在灵感的风暴中保持机敏。一支笔从他衬衫的口袋里探了出来,以免难以捉摸的想法逃脱他的手掌心。格罗斯跟我握完手,我们就开始参观他34 000平方英尺大的场所。

格罗斯带着我在一个杂乱的建筑群中疾速地穿梭,这个建筑群是20世纪20年代用砖堆砌的单层办公室。这是他在十年前合并了隔壁的韩国餐厅扩建而来的。从一开始就能明显地看出,创意实验室依然是格罗斯一直想要它成为的样子:一家生产公司的公司。这些概念从他的头脑中喷涌而出的速度,比他亲自执行起来的速度还要快;他在帕萨迪纳的场所既作为孵化器又作为容器使用。当我们漫步经过带有毕加索、乔布斯和约塞米蒂(Yosemite)等名字的会议室时,他给我们指出了周围各领域的创业公司,从太阳能领域的Edisun microgrid到无人驾驶汽车领域的aiPod。

"在每20个想法雏形中,我们会扼杀掉其中的19个,"他兴奋地说道,"其中一个,我们将继续推进。我们否定那些想法是因为它们太早期了……时机不对,没法儿找到一个好的CEO,也没有一个天使投资人愿意投资,类似这样的一些可以辨别出来的影响因素,让我们否定了它们。而我们可能会继续推进这20个里面剩下的那一个想法，然后会说，'好吧，能够找到理由将它剥离出来成立一家独立的公司吗？'"[2]

如果答案是肯定的，创意实验室就会投资25万美元成立该公司，并持有大量的股权。这家孵化器公司的帕萨迪纳总部包罗万象，这里有一家年轻公司可能会用到的一切，从内部法律部门、首席财务官到人力资源和公关团队。这里还有更加专业的设施，比如，在其中一个角落有一个机器车间，这是给需要设计商品物理原型的创始人使用的；在另一个角落有大量的服务器，这是给对数据有巨大需求的初创公司使用的；而在屋顶上，还有一个太阳能实验室，这是给研究可再生能源的企业使用的。

这些初创企业都集中散布在开放式的隔间里，最小的隔间可以满足五个人舒适地在一起工作。他们可以使用创意实验室的生活设施，包括免费停车场、自助餐厅以及创业必备的游戏室。随着公司的发展壮大，还可以搬到更大一点的空间里，而最大的空间可以容纳50名员工。但无论空间大小，每个隔间都是和邻居混在一块儿的，只用三英尺的墙来隔开。

"我希望每个人都能看到正在发生的事情，即使不是他们自己公司发生的。因为在这里没有任何两家公司是相互竞争的，"格罗斯说道，"你能够从周边非竞争性的公司中学习到最佳的经验。这完全不会产生威胁，因为那家公司并不在你所在的行业里。"

格罗斯在非常早的时候就开始以企业家的角色进行创业了。在1973年能源危机期间，那时的格罗斯还在上高中，他在《科学美国人》（Scientific American）和《大众科学》（Popular Science）上刊登了广告之后，便通过邮购的方式卖出了1万多套太阳能套件。他用创业的钱加上出售大学期间发明的高端扬声器专利所获得的资金，完成了加州理工学院的学业。1981年毕业后，他和哥哥创办了一家公司，后来被莲花集团以1 000万美元收购。十年后，格罗斯创立了教育软件出版商知识探险公司，这家公司主要制作孩子的学习游戏，他的哥哥出任工程副总裁。[3]

1993年，《经济学人》（Economist）刊登了"知识探险公司"成功的故事。一名神秘男子给格罗斯留言说他读了这篇文章，并且想安排一次会面。六个月后，格罗斯终于给这个人回了电话，这才发现他一直忽略的那个留言者是史蒂文·斯皮尔伯格的财务顾问。格罗斯回复道："那您一开始为什么不说呢？"[4]

几天后，斯皮尔伯格和格罗斯一起坐了下来。

"我的儿子马克斯用了你的产品，他非常喜欢。"这位导演说道，"我喜欢你正在做的事情，而且我对教育软件非常感兴趣。"

格罗斯带他参观了这座大楼，就像在他之后来这里参观的奥塞里一样，斯皮尔伯格也被迷住了。

"这太难以置信了，"他说道，"我不仅想要投资，我还想和你一起做产品。"

格罗斯问道："你想做什么样的产品？"

"我想制作一款产品，可以让孩子们体验电影剪辑，并了解关于电影序列的思考是什么样的。"

"那么，你打算怎么做呢？"

"我会想出办法的，"斯皮尔伯格回答道，"这是我的主意，我是总导演。我去找个电影摄影技师，找几个演员朋友来参与。我们要去拍一些镜头，我来解说。但我会告诉孩子们在每个镜头里都发生了什么……我想要达到的视觉效果是什么。然后，我会让他们剪切镜头并按照自己的想法进行排序，以此来讲述他们自己的故事。"

"这听起来很酷，"格罗斯说道，"让我们一起做吧。"

斯皮尔伯格投资了这家知识探索公司，这也是名人最早投资科技初创企业的例子之一；同时也开启了这种剧本式的合作伙伴关系。斯皮尔伯格利用他的好莱坞人脉给这个项目带来了很多的价值，他请了昆汀·塔伦蒂诺（Quentin Tarantino）和詹妮弗·安妮斯顿（Jennifer Aniston）等明星朋友来一起启动了《史蒂文·斯皮尔伯格的导演宝座》(Steven Spielberg's Director's Chair)，即后来的电影制作电脑游戏。这些朋友纯粹是友情帮忙的，不收取任何费用。他们在洛杉矶市区附近110高速公路上发现了一个废弃的监狱，在那里拍摄了一个星期。塔伦蒂诺负责摄像，安妮斯顿负责表演，斯皮尔伯格负责导演。据格罗斯说，这款游戏在一年之后推向了市场，威旺迪环球集团（Vivendi）在1995年以9 000万美元的价格收购了知识探索公司。

斯皮尔伯格的加入有力地推动了这笔交易，而他也得到了相当多的回报。随着导演和发明者之间的关系越来越密切，斯皮尔伯格从格罗斯的企业家精神中看到了创造力，而格罗斯也从斯皮尔伯格经营电影帝国的方式中发现了一种商业模式。这两人每个月都会在斯皮尔伯格的安培林娱乐公司总部聚一次。这个总部是一栋土坯房，坐落在伯班克市环球影城一片树木茂盛的绿洲之中。他们每次的会面模式都很相似：格罗斯到了之后，会在会议室里等待斯皮尔伯格，而斯皮尔伯格会从另外一个会议中赶过来，进行头脑风暴，然后再参加下一个会议。

"他的一天基本上就是从一个想法到另一个想法，不断贡献着他的激情……但随后又交给其他人去推动产品，"格罗斯回忆道，"我说，'这是我想做的，但不是产品而是企业。这就是我建立创意实验室的灵感。我希望能够去四处看看，和不同的人在一起工作、分享想法，但是过后让他们去开展并去实施这些想法。每隔一段时间，我就会亲自管理一个项目，这有点像他所做的那样。"

格罗斯从知识探险公司的收购中获得了充足的资金，并在1996年创办了创意实验室。他向自己承诺：如果他能募集到250万美元，那么他将试着一年至少要为10家初创企业提供种子资金。他很快就筹到了这笔钱，每批投资者分配了50万美元的额度。这些投资者包括康柏公司和首轮资本公司的高管，而首轮资本公司后来更是成了优步的早期投资方之一。但最热心的投资者，可能是斯皮尔伯格本人。

"我愿意成为你的首批投资者，"他在听说创意实验室的方案后告诉格罗斯，并迅速承诺会投资50万美元，"哦，对了，你还得把我的朋友也拉进来。"

"你的朋友是谁？"

"到半岛酒店来聊聊吧。"

在这之后不久，格罗斯便前往比弗利山庄酒店与斯皮尔伯格共进午餐，看到了迈克尔·道格拉斯（Michael Douglas）同他坐在一起，道格拉斯准备也投资50万美元。

据格罗斯说，这位演员承认："我对这件事一无所知，但如果史蒂文投资，那我也加入。"[5]

格罗斯的午餐伙伴代表了好莱坞和硅谷间名人投资者的两大主要特征：斯皮尔伯格是少有的实际操作型投资人，他把大部分钱都投向了他所了解的领域；而道格拉斯则是那种很清楚自己在知识上存在差距，只跟随自己相信的领路人才会投资的人。

到20世纪90年代中期,在奥塞里进入创业领域的前几年,娱乐界和创业公司之间的联系就已经变得越来越强。以拍摄《吸血鬼猎人巴菲》(Buffy the Vampire Slayer)和《请以你的名字呼唤我》(Call Me by Your Name)等电影而闻名的好莱坞制片人霍华德·罗森曼(Howard Rosenman)记得在好莱坞的一个派对上,他与一位被模特儿和女演员簇拥的身材魁梧的男士一见如故。

"你是做什么的?"罗森曼问道。[6]

"我是做计算机的。"

"你应该继续做计算机,因为我听说你会变得非常非常富有。"

罗森曼始终不知道他的名字。

"你认识珍妮·特里普里霍恩(Jeanne Tripplehorn)吗?"那个男士问道。

"是的,你想见见她吗?"罗森曼回答道,那时他正是这位女演员的经纪人。两晚过后,他们三人去了西好莱坞的蓝调之屋共进晚餐。罗森曼的新朋友名叫保罗,保罗立刻递给餐厅经理100美元。

"你不必这么做,"罗森曼说道,"只要提我的名字,你就能进去。收回你的100美元吧……你不用花这么多钱的。"

在那晚晚些时候,这名男子给了罗森曼他的电子邮件地址:paulallen@aol.com。

"我仍然不知道他是谁,"罗森曼承认,"所以我给我的一个朋友发了邮件,我问,'你知道保罗·艾伦(Paul Allen)是谁吗?他住在西雅图。'他说,'啊,笨蛋,他和比尔·盖茨一起创建了微软'。"

1994年,《福布斯》宣布艾伦(于2018年去世)以40亿美元的个人财富排在美国富豪榜的第 16 位,排在第 1 位的是盖茨。他在两年后的一篇文章中提出了"内容为王"的著名论断,并预测"对于大多数公司来说,很多机会来自提供信息或娱乐"。[7] 但艾伦却用他自己的钱下了大赌注,来赌好莱坞赢。第二年,他的第一笔大投资就来了。这是一份 5 亿美元的投资,与史蒂文·斯皮尔伯格、杰弗瑞·卡森伯格(Jeffrey Katzenberg)和大卫·格芬(David Geffen)一起,用来建设梦工厂。这家工作室曾制作了《美国丽人》(*American Beauty*)、《角斗士》(*Gladiator*)和《美丽心灵》(*A Beautiful Mind*)等电影。[8]

直到 1996 年,艾伦以 75 亿美元的身家成为美国第三大富豪,仅次于盖茨(185 亿美元)和沃伦·巴菲特(150 亿美元),他还动用更多的资金来拉近好莱坞和硅谷的关系。艾伦创立了一项短暂的年度聚会,将科技界和娱乐圈数百位最知名的人物聚集起来,比如盖茨、斯皮尔伯格、米克·贾格尔(Mick Jagger)、巴里·迪勒(Barry Diller)、黛安娜·冯·弗斯滕伯格(Dian von Furstenberg),还有其他许多名人。这些人在世界上最具异域风情的地方进行着强强联合。在第一次聚会中,艾伦将客人们送到了位于法国南部的昂蒂布伊甸豪海角酒店,那里有精心准备的晚宴、音乐会,甚至还有化装舞会等活动。[9]

"'融合'开始了,这是艾伦的想法,"罗森曼作为其中一位参会者说道,"他了解、预测并促进了内容与数字的结合……保罗很清楚生意的本质就是友谊和人脉。他想让全世界都认识他。"[10]

第二年,艾伦带着大家去威尼斯参加一个与此类似的项目;第三年,他召集大家乘坐他的豪华游艇去阿拉斯加旅行。苹果公司的前高管罗伊森是其中的一位幸运嘉宾,她记得好莱坞的明星在见到硅谷的同伴时更感兴趣，反之亦然。她回忆道："评论是这样的，'好吧，我们有名气，但你们有钱'。"但是商业对话最终还是回到了同一个方向：硅谷人士习惯于获取股权，而好莱坞的资深人士想要拿到现金，因为他们很久以前就不再依靠碰运气这回事了。

当罗伊森邀请了几位电影行业的明星加入她所在公司的董事会时，她遇到了这种情况。"就像是，'我的名字和品牌很重要，如果成为你们董事会的一员，我希望每年可以支付给我15万美元'。"罗伊森回忆道。"你会说，'噢，事情不应该是这样的，而应该是这样的：虽然你没有拿到报酬，但是如果公司成功了，你就会分到钱'。"[11]

艾伦的这次旅行并没有直接促成好莱坞和硅谷之间的重要交易，但它搭建了一种相互熟悉和相互理解的框架。在接下来的几年内，当像纳普斯特这样的新贵公司让科技与创作社区对抗起来后，便更加证实了这一框架的重要性。不管怎样，对于参与者来说，这些旅行也带来了一些重要的趣闻。比如，在阿拉斯加的游艇上，罗森曼注意到一个戴着眼镜，穿着《吸血鬼猎人》中巴菲的同款夹克的男士。

"他来到我身边，看着我，说道，'duh这个词对你来说有什么意义吗？'"罗森曼说道，"这个词来自我的电影《比尔·盖茨》。"[12]

与此同时，创意实验室孵化的前十家公司中有三家倒闭了，但剩下的七家公司在继续筹集着额外的资金。这在动荡的创业界中发展的速度是非常惊人的，一般来说，获得种子资金的初创企业中有一半以上都无法获得下一轮融资。这样的成绩让格罗斯又筹集了500

万美元，以支持他不断增加的投资组合。格罗斯在种子轮投资的最早期创业公司包括城市搜索（Citysearch）、在线票务预订（Tickets.com）、电子玩具公司（eToys）和汽车研究门户（CarsDirect），这几家都是在第一次互联网热潮中出现的野心勃勃的企业。

"其中两家公司已准备在第二年上市，"格罗斯说道，"第二年之后，我们取得了巨大的成功，这也让我们能够有能力投资未来的一切。"

在戴顿告诉奥塞里关于格罗斯的创意实验室公司后，奥塞里在1998年进入了这一领域。这也反映出这位年轻的经纪人对这个项目的热情，他认为音乐表演和科技创业公司是类似的。创始人在所从事的事情开始盈利之前，通常不得不辞掉日常的工作并继续投入。在大多数情况下，他们需要筹集一定数量的资金来制造产品，所以他们就得放弃股权或版权所有权，来换取扩张所需的资金，而这些资金通常来自风险投资公司或唱片公司。

双方都有很多可以互相学习的地方，所以奥塞里开始定期前往帕萨迪纳交流信息。他会和格罗斯坐在一起，格罗斯则把他介绍给初创企业的创始人，而奥塞里会利用他在娱乐行业的经验，就如何推广他们的产品给出建议。

"当我看着这些公司的时候，我感觉他们的创始人就像是艺人，而且他们有自己的愿景，他们有自己的专辑，他们有自己的歌曲，他们希望得到帮助，让他们的音乐广为人知。"他说道："我会就我知道的事情给他们一些建议。我是娱乐圈里唯一一个几乎每个月都会开车去帕萨迪纳的人，而真的只是想去学习和帮忙。"[13]

格罗斯和奥塞里也会互相给出建议。这位创意实验室的创始人向他的新朋友展示了第一款黑莓手机，这是一家当时尚不知名的加拿大行动研究公司（Research in Motion）在当时最新推出的产品。这款手机远远没有达到智能手机的水平，而且这款早期产品在本质上就是一个带有小键盘和一块很小绿色屏幕的寻呼机，一次只能显示80个字符。

"这真的令人非常难以置信。"格罗斯解释道。[14]

"真不敢相信，"奥塞里回答。"比尔，这款产品将成为一个规则的改变者。"

然后，奥塞里买了一百部黑莓手机送给他在娱乐圈的所有朋友，每人一部，包括斯皮尔伯格。

"你为何要那么做？"格罗斯问道。

"因为如果我送给他们这款产品，我就能和他们建立起联系，而且我还拿到了他们的电子邮件地址……跟其他人相比，我可以有更多的机会与斯皮尔伯格联系，因为我给了他这个东西。"奥塞里说道。"谢谢你，比尔，你给我出了个好主意。"

这种帮助是双向的。格罗斯从早期制作扬声器时起就是一个音响发烧友，他发现奥塞里家里不知为何都没有一套品质一流的音响系统。于是，他给了奥塞里一个惊喜：买了一套并安装在他的家里。这套音响系统的扬声器是鲍尔斯和威尔金斯牌的，功率放大器是马克莱文森牌的，一套这样的设备通常要花费数万美元。

到1999年时，奥塞里已成为创意实验室不可或缺的一员。当格罗斯给他提供了一个通过投资来宣布官方地位的机会时，他押上了全部身家。"我决定把我从十四五岁起积攒下来的每一块钱都投入到创意实验室。"奥塞里回忆道。[15] 格罗斯补充道："盖伊一直很欣赏为其他人才投资的想法……他显然很善于与这些人才相处，但他更想参与科技和娱乐的融合。"[16]

奥塞里投资时，正是科技股真正开始变热的时候。纳斯达克指数大幅上涨，从 1995 年起涨了 5 倍，在 2000 年时达到峰值。因此买家争相购买任何名字里含有 ".com" 的公司，其中大多数公司的增长都得益于科技巨头和硅谷公司的早期投资。仅 1999 年一年，由亚马逊投资的宠物网（Pets.com）以 2.9 亿美元的估值上市；[17] 由红杉资本投资的一家在线零售店威普旺（Webvan.com）以 79 亿美元的估值上市；价格在线公司的早期投资人就包括保罗·艾伦，公司上市首日以 98 亿美元收盘，较其发行价格上涨了四倍。[18]

创意实验室投资的公司继续表现出色，每家公司在上市首日的表现都要好过大多数股票多年的表现。Tickets.com 上市首日大涨 75%，电子玩具公司大涨 280%；城市搜索公司与巴里·迪勒的 Ticketmaster Online 合并，合并后的公司股价是它们 IPO 时的三倍。但是创意实验室最大的成功来自另外一家公司，而且这家公司本来可以做得更大。

1998 年 2 月 28 日，格罗斯做了一个 TED 式的演讲，介绍了一个在当时备受争议的想法——付费搜索，即在实践中允许广告商通过竞标来置顶搜索结果列表。因此一个专注于此的名为 GoTo.com 的搜索引擎公司产生了。这家公司在 12 个月内实现了 1 亿美元的营业收入。第二年，格罗斯与搜索领域另外一家新兴实力公司谷歌进行了关于合并或收购的谈判。那时的谷歌还没有任何的收入，所以决定尝试使用 GoTo 的技术。在收购谈判破裂后，格罗斯威胁谷歌要提起诉讼，谷歌最终同意了他提出的价值 3.66 亿美元的股票和解方案。[19]

"比尔·格罗斯基本上就是发明谷歌关键字广告的那个人，"库彻说道，"他是这项技术的发明人。"[20]

除参加保罗·艾伦的旅行外,还有几位名人在20世纪90年代中后期也涉足了其他一些创业公司,最著名的可能就是《星际迷航》(*Star Trek*)的演员威廉·夏特纳(William Shatner),他以为价格在线公司代言换取了该公司的股票。尽管英国小报报道称,这一决定最终让他赚了6亿美元,但该公司的首席执行官在2013年称这个数字只是"坊间传说"。他告诉美国全国广播公司财经频道,夏特纳是以"相对较低的价格抛售了他的股票,但他没事,别担心他。"[21]

人们也从其他交易中看到了科技与人才联手的魅力,比如《南方公园》(*South Park*)的创作者特雷·帕克(Trey Parker)和马特·斯通(Matt Stone)签署了协议,为Shockwave.com的母公司,一家网络软件提供商,宏媒体公司(Macromedia)制作动画短片。这笔交易标志着好莱坞和硅谷之间达成了一项有意义的妥协,帕克和斯通选择持有公司的股权押注IPO的可能性,而不是直接拿一笔钱走;为了实现愿景,宏媒体公司将支付预算设为每分钟5万美元,这对于注重成本的科技公司来说,是非常反常的。

但在大多数情况下,平台和内容的世界仍然相隔得很遥远,来自洛杉矶的迈克尔·亚诺弗(Michael Yanover)对此深有体会。当宏媒体公司派他去弥合双方之间的分歧时,其他的投资者也纷纷涌入,从风投巨头红杉资本到吉姆·克拉克(Jim Clark),克拉克与马克·安德森(Marc Andreessen)共同创立了网景(Netscape)。亚诺弗会在每个星期一的早上6点前抵达机场,两个小时后抵达旧金山的办公室,周末再返回洛杉矶。尽管双方在谈判过程中都做出了让步,但亚诺弗无法认同双方在关于他通勤问题上态度的差异。

亚诺弗说，硅谷的员工"甚至不关心他们的薪水。他们计算的是根据公司上一轮估值自己有多少钱。这就像是说：'我们都要发财了。'好莱坞的人则会说：'我才不在乎这些股票期权，甚至不要跟我提它们。我只关心你付给我多少薪水，能先预付多少'。"22

亚诺弗的经历也揭示了硅谷和好莱坞之间一个关键性的区别：前者以技术为先，后者以内容为先。因此，在 Shockwave 的交易中，宏媒体方认为平台本身就是革命性的部分，而帕克和斯通则认为是他们的作品将公司带向了巅峰。这两种信仰体系即将面临正面的交锋。

宽带上网在整个 20 世纪 90 年代末期在许多发达国家成为主流，技术人员和创作人员开始就内容的价格产生了直接的冲突，少数几个未来亿万富翁在其中扮演了主要角色。优步的联合创始人特拉维斯·卡兰尼克（Travis Kalanick）在 1998 年从大学辍学，创立了多媒体文件搜索引擎网站 Scour.net，最后吸引了亿万富翁罗恩·伯克尔（Ron Burkle）和好莱坞顶级经纪公司创新艺人经纪公司（CAA）的联合创始人迈克尔·奥维茨（Michael Ovitz）数百万美元的投资。23

纳普斯特公司是由肖恩·帕克和在线留言板好友肖恩·范宁（Shawn Fanning）于 1999 年创立的文件共享服务公司。这家公司快速进入世纪之交的音乐行业，让消费者能够免费获得接近无限的音乐自助餐。公司的创始人遵循了一个流行的模式：在年轻时创建一家具有颠覆性的初创企业（帕克和范宁都是在青年时期），从硅谷获得了资金［Zynga 的联合创始人马克·平卡斯（Mark Pincus）和风险投资家约西·阿姆拉姆（Yosi Amram）和艾琳·理查森（Eileen Richardson）都曾为纳普斯特的创立签过六位数的支票］，然后搬到加州，并基于一个想法创建了真正的企业基础设施。[24]

"你可以把你所有的音乐库都存放在电脑里，这是一场不可思议的革命。"乔希·埃尔曼（Josh Elman）说，他当时为网络视频播放软件 RealPlayer 后台公司工作，负责收听数字音乐。"互联网放开了这一点，但这确实侵犯了版权。"[25]

帕克和范宁还面临着一个主要的挑战：在他们所颠覆的行业里，那些有能量的玩家并不愿意做出改变。唱片公司已经习惯了对经常有新增曲目的每张专辑收取 20 美元的费用，[26] 1999 年全行业的最高收入达到了 146 亿美元，创了历史新高。这一数字在两年间下降了近 10 亿美元，很大一部分原因是纳普斯特公司的出现所致。[27]

然后是合法性的问题。不久，来自唱片公司以及重金属乐队（Metallica）和德瑞博士等艺人的诉讼纷纷涌现，指控纳普斯特公司及其 2 000 多万用户窃取了他们的作品。争论的另一方是科技迷，他们则认为只是提供了一个更好的平台来发现和聆听音乐而已。在纳普斯特成立两年后，一项禁令将其关闭。特拉维斯·卡兰尼克（Travis Kalanick）的 Scour 是一个能提供类似内容获取渠道的公司，最终也因为 33 家媒体公司提起的 2 500 亿美元高昂的诉讼而破产。"我们并没有意识到自己正在知识产权领域树敌，"奥维茨后来说道，"这并没有困扰特拉维斯，但这确实让我很困扰。"[28]

从那之后，纳普斯特公司以各种形式恢复，但没有一种形式涉及免费的文件共享或者帕克。然而，这段经历仍然带来了某种价值。"我把它叫作'纳普斯特大学'——它是知识产权法、公司金融、企业家精神的速成班，"帕克在 2011 年说道，"当我还是个不知道自己在做什么的小孩子时所写的一些电子邮件，赫然出现在了（法学院）的课本里。"[29]

然而，即使发生这一切，股价却一直在飙升。2000年3月，纳斯达克指数达到5 000点，再次刷新了纪录。美国普通民众转做日交易者，购买了多只在超级碗广告中才能看到的顶级公司的股票，并从中捞了一票。[30] 美国联邦储备委员会采取持续低利率的政策，助长了股市的繁荣，采取这一政策的部分原因是"千年虫"所带来的不确定性。千年虫是一种流传已久的全球电脑故障，被指会发生在当数字日历从1999年到2000年的时候。但当千禧年安然无恙地到来，美联储便开始加息，以此为过热的市场降温。

然后是重科技的日本陷入了经济衰退，接着是美国在2000年4月控诉微软公司反垄断案的判决，该判决认定盖茨和艾伦的公司犯有垄断罪。当月的抛售仍在继续，投资者将股票套现以支付前几年的资本利得税账单。价格在线公司在1999年时的股价曾在800美元关口浮动，到2000年底，其价格仅相当于一个火腿三明治的价格；而宠物网公司在IPO上市一年、成立仅两年后便破产了；威普旺在花费了10多亿美元的第二年破产了，导致了2 000名工人失业。[31]

大多数的市场调整都是对好公司和坏公司一起进行惩罚，互联网泡沫的破裂也并没有什么不同。当纳斯达克指数在2000年暴跌至3 000点，然后在2001年跌至2 000点以下，2002年跌至略高于1 000点的底部时，一些最重要的科技巨头见证了历史上最沉重的股价打击。仅仅在短短的几年时间内，微软的股价就跌了一半以上；亚马逊的股价从100多美元跌至不足10美元。

创意实验室也不能幸免于难，尽管它的前景在世纪之交一直被看好。格罗斯正在与杰米·李·柯蒂斯和朱莉亚·路易斯–德瑞弗斯就合作经营某种电子商务珠宝的项目进行商谈。2000年的时候，他甚至非常不情愿地打算将创意实验室IPO。"我们不想上市，因为我们的业务是不可预测的，"格罗斯说，"但高盛和其他的银行家都说，'哦，如果是一家上市公司的话，会非常有价值……人们想投资一家制造公司的公司。'他们说服我们去做这件事。"[32]

格罗斯实际上在那一年的3月已经提交了IPO的申请文件，但在听说市场传言并非远处的雷声后，最终在10月份撤回了申请。投资者突然变得对所有的事情都保持警惕，尤其是对那些未经证实的科技公司，它们已经成了互联网崩盘的代名词。不用说，与柯蒂斯和德瑞弗斯的计划也泡汤了。到2001年，创意实验室投资的许多曾取得巨大成功的企业都遭受了重创，而有一些公司也一起被摧毁了，比如仅仅在几个月前还价值数十亿美元的电子玩具公司。[33]

"硅谷和好莱坞之间的亲密关系彻底结束了，"亚诺弗说道，"好莱坞基本上是在说，'我们知道自己在做什么，我们确实也很擅长这一点。'而硅谷则说，'我们知道自己在做什么，我们真的很在行。我们不想卷入整个涉及内容或名人的事件中。'双方就此分道扬镳了。"[34]

对于比尔·格罗斯来说，互联网崩盘不过是又一个市场周期的必然归宿。无论新近增加的粉丝是否继续投资，这其中也包括那些来自好莱坞的粉丝，科技行业都会回归。格罗斯的初创工厂遭受了重创但没有破产，像GoTo这样的公司保留了足够的缓冲得以维持下去。

"人们正在为初创企业的核冬天做准备。事实上，有些人会说，

'初创企业当道的时代已经结束了'，"格罗斯回忆道，"我在 1991 年创办知识探索公司（Knowledge Adventure），当时海湾战争还在继续。人们说，'经济很糟糕。'我说，'我不关心经济。'我要做对我来说重要的事情……如果你有一个好的想法，世界上发生什么都无关紧要。我的意思是，最终，人们还是会需要东西。"[35]

格罗斯认为经济将会复苏，这就像过去曾发生过的一样。对于当时快 30 岁的奥塞里来说，情况则完全不同。他把毕生的积蓄都投给了创意实验室。如果按计划 IPO 的话，本可以让他有机会获得七位数的利润；然而，他的作品消失了，他所持股票的大部分价值也随之蒸发了。

"我真的是把全部身家都投到了创意实验室，"奥塞里告诉我，"当时的感觉就像是，进来了，然后在四周后，一切都结束了。这是最离奇的事情。我甚至不知道发生了什么，真的是被痛打了一顿。"[36]

奥塞里甚至开始质疑他为何要如此关注创业界。"我不敢相信我犯了这样的错误，"他反思道，"我去了帕萨迪纳，和这些人一起玩儿。突然间，我就想，'我在做什么？我在自己的世界里其实做得很好'。"

帮助奥塞里度过这段艰难时期的一个人是伯克尔。他一开始是在他父亲的杂货店里做搬运工。后来，通过买卖连锁超市赚了一大笔钱，并创办了私募股权公司尤卡帕（Yucaipa）。伯克尔如今是一位六十多岁略显腼腆的圆脸大亨。多年来，伯克尔成了终极局内人，与吹牛老爹、比尔·克林顿等大人物成了朋友。[37]

这位亿万富翁投资者曾经经历过多次股市泡沫，但那次是奥塞里第一次经历。对于这位当时还年轻的企业家来说，互联网崩溃是市场变迁的一个教训，尤其是让他明白了多元化的重要性。"太棒了，你在这个年纪就懂得了这个道理。"奥塞里记得伯克尔这样说道。[38]

没过多久,创业界又打来电话,但奥塞里并不感兴趣。他不仅放弃了投资行动研究公司的机会,还放弃了投资维他命水母公司酷乐仕（Glacéau）的机会。

他回忆道:"我那时非常沮丧。如果创意实验室能再坚持6个月而不是突然破产,我可能就会参与这另外两笔投资了,而且不会受到影响。"

奥塞里可能已经筋疲力尽,他不愿再投资维他命水了。但对娱乐圈的其他几个人来说,这将成为一笔相当有利可图的投资。与此同时,在硅谷,奥塞里的一位同行正在忙着构筑自己的事业,而他很快将成为世界上最成功的风险投资家之一。

03

液体黄金

本·霍洛维茨（Ben Horowitz）如今最著名的身份是安德森－霍洛维茨风险投资公司的创始人之一。这家公司能够获取一些关于世界上最有前景的投资机会的内幕消息，但他总是有点儿像个外人。即使霍洛维茨已经成为硅谷著名的风险投资家，当他在自己的书籍和博客中解读商业时，宁愿引用嘻哈歌词，也不愿意使用哈佛商学院的案例研究。

因此，这位喜欢直来直去、偶尔说脏话的风险投资家，能最终与纳斯这样的超级天使投资人一起进行投资，也就不足为奇了。他们与库彻和埃米纳姆（Eminem）等明星一起投资了嘻哈歌词网站说唱天才，并主张该网站应扩展业务版图，作为标注网络上所发生一切事物的媒介。霍洛维茨还发现了一种为创作者的作品增加另外一层价值的方法。

霍洛维茨在2012年时告诉我："最终，我们认为这些注释给原文增添了巨大的价值，它们将为原创作者、出版商以及说唱天才网站增加收益。"[1]

霍洛维茨开始习惯穿梭于不同的世界。其实这种穿梭生活早就开始了，这可以追溯到在他与网景联合创始人马克·安德森创办风投公司之前很久,而且是在他的传奇烧烤技术将纳斯这样的明星与硅谷大人物聚在一起的几十年前。霍洛维茨出生在英国,在北加利福尼亚州长大。他的父亲戴维·霍洛维茨在当时是一名马克思主义知识分子,加入了黑豹党。在对黑豹党大失所望后,他变成了一名极右派的激进分子。老霍洛维茨现在以在推特上投掷"奥巴马是美国的叛徒"这样的炸弹而闻名。[2]

小霍洛维茨强烈反对他父亲的政治主张(然而据报道,虽然言论上有争执,但他仍然为他父亲的保镖支付费用),他坚定地走上了一条与他父亲截然不同的道路。在高中踢完球后,他离开了旧金山湾区,前往哥伦比亚大学读书。在那里,他和两个朋友以 Blind Def Crew 的名字录制了一张嘻哈专辑。但不知为何,这些歌曲并没有在主流的流媒体服务器上播放,尽管霍洛维茨在天才网站上为乐队的作品做了注释。与特洛伊·卡特一样,他的说唱歌手生涯在他刚成年时就结束了,这也许是不幸中的幸运,但他对嘻哈说唱的热爱却令他终生难忘。[3]

霍洛维茨在网景结识了安德森,并于 1999 年与他合作创立了一家名为响云(Loudcloud)的云计算公司。他们以 4 500 万美元的估值从基准投资公司(Benchmark)募集了 1 500 万美元,霍洛维茨将人的元素带入了科技世界,给响云公司带来了无法量化的增长。"在硅谷,人们经常会说,外向型的工程师会盯着你的鞋而不是他自己的鞋,"霍洛维茨在网景时的一位同事格雷格·桑兹(Greg Sands)说道,"霍洛维茨是一名工程师,所以他的操作界面略有点儿别扭,但也许他作为局外人的生活却能和别人产生共鸣,能够增强团队凝聚力。"[4]

然而没过几年,响云公司在业务上依赖的网络公司都陨落了,

03 液体黄金

就像佛罗里达寒流期间许多冻僵的鬣蜥从树上掉下来一样。不久之后,霍洛维茨认为,为了生存,他必须把响云的核心业务卖给更大的竞争对手,并将重点转向软件业务。霍洛维茨引起了罗斯·佩罗(Ross Perot)的 EDS(全球最大的独立计算机服务公司)和计算机巨头 IBM 的兴趣,但在谈判开始后,他的动作却停滞了。由于响云公司烧钱的速度非常快,更需要找到一个快速出售的办法,所以他和业务开发部门的负责人一起飞到了洛杉矶,向响云公司的董事会成员,也是创新艺人经纪公司的联合创始人迈克尔·奥维茨寻求建议。

"先生们,我这一生做过很多笔交易。在这个过程中,我发展了一种方法论,也可以说这是一种做事情的方式,"奥维茨开始说道,"在这种哲学理念中,我有一些信念,这就是,我相信人工有最后的期限。"[5]

那次会议后,霍洛维茨采纳了奥维茨的建议,给 EDS 和 IBM 下了最后的通牒:它们有八周的时间同时报价,否则就无法达成交易。七周后,EDS 以 6 350 万美元的现金收购了响云的核心业务。霍洛维茨继续经营着软件业务,并将其更名为"奥普斯威公司(Opsware)"。这并不是霍洛维茨最初创办这家公司时所预想的出售时机,但考虑到笼罩在科技投资者身上的阴霾,这比申请破产的选择要好得多。奥维茨和霍洛维茨之间的关系也在提醒着人们,好莱坞和硅谷必须给彼此提供些什么,尽管互联网的崩溃让双方沸腾的爱情之火在慢慢发酵。

娱乐圈的神气十足和科技界的聪明智慧,这种碰撞帮助了霍洛维茨。但对于沙克这样的超级天使投资人来说，需要更长的时间来理解，因为他在早年并不了解股权的重要性。1996 年，在与洛杉矶湖人队签约后不久，这位 NBA 名人堂的成员开车去见了比尔·格罗斯（Bill Gross）。作为创意实验室的创始人，格罗斯建议双方合作成立一家新公司：Big.com。他已经有了 URL 公司，并想创建一个能和亚马逊竞争的对手公司，格罗斯想让沙克作为公司的公众形象代言人。

"我要做一笔交易，我想把公司的股权给他。"格罗斯在帕萨迪纳的办公室里告诉我道。"他当时就在这儿。确切地说，他就坐在这把椅子上。他说：'我饿了，你能给我拿六个 In-N-Out 的双层汉堡吗？'"[6]

创意实验室的创始人说，芝士汉堡并不是沙克要求的唯一报酬，他想要 2 000 万美元现金。格罗斯愿意给他同等价值的股权，但这位篮球明星不肯。他认为球场外交易的报酬应该比他作为球员的薪水高，而湖人队并没有以股权的形式支付薪金给他（当然，尽管股权对他来说会更有利。因为从那时起，特许经销权的价值已经增长了很多倍）。

格罗斯说："他也和我们一样兴奋，因为我们想利用好莱坞在营销、娱乐品牌、故事讲述等方面的优势，而这些都是洛杉矶公司的强项。这也是可以与硅谷公司相比的一个优势，因为硅谷公司实际上更专注于工程，但缺少营销和娱乐团队。沙克想要这样做，也是因为这些原因。"

但分歧点似乎在于报酬。沙克对股权的反感堪比当时的好莱坞同胞。至少从他自己的角度来说，这位篮球明星把他的立场归因于缺乏经验。"当你年轻时，你试图把所有的东西都变成现金……我可能一年只赚六七百万美元，所以我需要的是现金，"他说道，"一旦你积攒了很多现金,你就会说,'好的,现在我有足够的现金了'。"7

据报道,沙克离开了他的第一支球队奥兰多魔术队并赔了一些钱,部分原因在于洛杉矶队给他的诱惑。他认为在那里可以通过电影和音乐方面的副业来弥补工资上的差距。到 2002 年,他已经在湖人队连续三次夺得 NBA 总冠军,场上职业生涯的收入已经超过了 1 亿美元。当拿到这些钱后,他才更愿意承担一些风险,其实承担这些风险是明智的选择。就如同任何成功的投资者一样,运气是他的一个非常重要的盟友。

"我是偶然投资谷歌的,"他说道,"我在一家餐馆和几个孩子玩耍。"

这些孩子中碰巧有一位是经常出镜的投资者的孩子,沙克拒绝透露这位投资者的名字。

"他说,'沙克,我喜欢你,我有东西给你'。"这位篮球明星回忆道。"我就看着那个东西。"

沙克早就知道谷歌,这对他来说似乎也是一笔不错的生意。他记得听亚马逊的创始人杰夫·贝索斯说过,如果你投资那些让世界变得更加美好的东西,它将永远是一笔好生意。"一个搜索引擎,输入你想找的任何东西,它就会出现?这就是未来的业务",沙克心里想。在经纪人把他介绍给谷歌的投资人罗恩·康韦(Ron Conway)之后,沙克也投了一些钱。康韦是硅谷天使投资的先行者,他早期投资过贝宝、推特、多宝箱和爱彼迎等搜索巨头公司和其他一些公司。沙克跟着投了一些现金。8(康韦很礼貌地拒绝了本书的采访。)9

比尔·格罗斯也投资了谷歌,但相较沙克的方式,要迂回得多。随着科技公司逐渐消失,创意实验室依靠筹集的专用款项熬过了互联网泡沫的崩盘。资金虽然枯竭了,但数额仍然相当可观。"我们就说,'好吧,我们不打算上市,但我们要做伟大的公司,'"格罗斯回忆道,"'让我们来看看每个行业,有哪些大问题需要解决,企业家精神在哪些领域能够帮到它们'。"[10]

在执掌创意实验室的前几年里,格罗斯得到了两个宝贵的经验教训:第一,给投资公司的管理者更多的空间,让他们来掌控他们自己的命运;第二,不要爱上自己的想法。他制定了一条新规则,这条规则规定:如果格罗斯找不到另外一家公司愿意投资他的想法和他的孵化器,他就会停止。

入选的一家初创企业是照片管理软件公司Picasa。2002年,格罗斯看到数码照相机即将流行起来,便创办了这家公司。谷歌也这样做了,但最初的时候,在其引以为傲的网络爬虫中并没有图像搜索这项功能。谷歌在上市前不久找到格罗斯,来看看能否达成相关的交易。当时,格罗斯获得了价值数千万美元的股票,这个数字在今天则是非常巨大的。[11]

谷歌在2004年8月19日上市,交易首日大涨18%。格罗斯和沙克都不愿透露他们买入谷歌时的准确价格,但他们的收益远远超过购买这家搜索巨头上市时股票的普通投资者。10年内,每1美元的投资变成了15美元。[12] 沙克发现了名气的一个关键优势,那就是,利用名人效应在成功的公司上市之前入股。

"这是给我的奖励,我知道它会成功,"沙克解释,"我说,'哇,我要试试。'我唯一的遗憾是,我本来希望我能买更多。"[13]

最关键的是,在互联网泡沫破灭后,好莱坞对硅谷产生了反感。因此,当科技股开始复苏,谷歌这类公司再次起飞时,娱乐圈在很大程度上却被排除在了这新一轮的繁荣之外。

03 液体黄金

如果沙克是 21 世纪初 NBA 最令人生畏的球员,那么在全职说唱歌手的世界里,与其匹敌的一定是柯蒂斯·"50 美分"·杰克逊。这位肌肉发达的前毒贩,在 2003 年凭借一张白金唱片《要钱不要命》(Ger Rich Or Die Tryin')闯入了主流对话,而且他的商业帝国在三年内创造了 5 亿美元的销售收入,这些收入来自录制音乐、出版、巡演、运动鞋、服装、电子游戏,以及他自己的唱片公司。

2006 年,当他以一脸凝重的表情出现在《福布斯》封面上时,他已经开着一辆价值 20 万美元的黑色雪佛兰萨博班在纽约兜风了。这辆车装有防弹窗户和防爆底盘,和美军在伊拉克经常使用的是同一款车型。仅就那一年,50 美分就入账了 4 100 万美元,但他关注的不仅仅是现金。在故事快结束的时候,有一则公告透露了他的判断:50 美分预言,他一直以代言换取股权的风味水,终有一天会被可口可乐收购。

"我正在创立一个将存在很长时间的基金会,因为名声可以来也可以走,或者迷失在生活方式中,丢失在挥霍中。"他说道。"我从来没有因为音乐这样做过,我是为了生意才这么做的。"¹⁴

维他命水就是他所说的饮料公司,为了得到 50 美分的支持,维他命水的母公司酷乐仕给了 50 美分一部分股权。报道后来称,这一股份数额为 5%,这报酬对于这位推出自己 50 配方口味饮料并成为该品牌代言人的说唱歌手来说,看起来是很丰厚的。50 美分的经纪人,已故的克里斯·莱蒂(Chris Lighty)同维他命水的营销副总裁罗翰·奥扎(Rohan Oza)促成了这笔交易。¹⁵

奥扎似乎与 50 美分并没有太多的共同点。他的父母是印度人,他在非洲长大,在密歇根大学获得工商管理硕士学位,并在美国巧克力豆品牌 M&M 的供应商玛氏做糖果销售工作。另一边,50 美分是在皇后区一个破落的角落里长大,他几乎没有接受过正规的教育,第一份工作是在纽约街头贩卖可卡因。奥扎最终进入了可口可乐的运动饮料部门,这里也是他与 50 美分亲密关系开始的地方。

"我不太擅长遵守规则。"奥扎说道,他坚持认为像 50 美分这样的人,因其傲慢的作风而吓着了不少人。他在 2002 年跳槽到酷乐仕,并且在两年内决定品牌要请一个说唱艺人作为代言人。权衡了一下 50 美分和杰斯,考虑两位说唱歌手和饮料公司都是来自皇后区,奥扎决定先和前者接触一下。当他们开始谈到薪酬的时候,奥扎告诉 50 美分不会支付太多的现金,而这位说唱歌手表示很乐意拿股权来和自己赌一把。[16]

很快,50 美分开始担任电视广告的主角,这同时提高了他自己以及维他命水的影响力。其中一个广告是,喝下 50 配方(Formula 50)后,让 50 美分能够神奇地在华丽的音乐厅指挥贝多芬的交响乐。"自从他开始喝自己 50 配方的维他命水后,他就觉得自己能完成这个任务。"主持人说道。这时 50 美分正在指挥弦乐队演奏他的热门歌曲《嘻哈大舞厅》(*In da Club*)的混录版。

他不是唯一一个这样做的名人。酷乐仕公司向沙克提出了拍摄广告的想法,但当这位篮球运动员透露他的价格时,酷乐仕断然拒绝了。据沙克回忆,"他们说,'我们付不了那么多钱,因为我们付给了 50 美分'"。或许在几年前,沙克可能会嘲笑这样的谈判策略。相反,他一直在聆听,很快酷乐仕就给出了报价。沙克接受了邀请,并最终在一个广告中出演赛马骑师,他骑着一匹名为"大块儿的爱"的马。为什么接受邀请?"因为他们给了很多股票。"[17]

03 液体黄金

当50美分和沙克都在增持维他命水公司的股权时,霍洛维茨发现自己正在寻找一种不同类型的全新能量提升产品。2002年,在他将核心业务响云出售给EDS后,他新创立的奥普斯威公司股价暴跌至每股0.35美元,因为投资者难以理解这一重大转变背后的根本原因。纳斯达克交易所通知他,如果股价在90天内没有突破1美元大关,公司将面临退市。[18]

这意味着霍洛维茨需要使市场确信或者至少说服一位财力雄厚的投资者去购买更多的奥普斯威公司股票。这一次,霍洛维茨没有求助奥维茨,而是求助于另一位知道如何让硅谷这块牛排发出名人吡吡声的交易高手:罗恩·康韦(Ron Conway)。康韦将沙克和肖恩·帕克视作自己的投资伙伴。霍洛维茨解释说,实际上奥普斯威公司的状况良好,因为在出售响云的交易中,霍洛维茨与EDS签署了一项协议,承诺给霍洛维茨的奥普斯威公司每年2 000万美元的收入。然而,奥普斯威的股价令人费解地反映出投资者对该公司的估值只有现金储备的一半,这几乎就相当于是在说,一辆后备厢里有1万美元且运行正常的汽车价值5 000美元一样。

康韦介绍霍洛维茨去见赫伯·艾伦(Herb Allen)并安排了一次会面,他是艾伦公司投资银行的负责人。霍洛维茨一到艾伦公司的纽约总部,艾伦就表示自己有多信任康韦,并会认真对待康韦推荐的人。然后,霍洛维茨讲述了奥普斯威公司的故事,解释了它的价值被低估的原因。艾伦在他介绍的过程中点点头,他告诉霍洛维茨,想看看自己能做些什么。在接下来的几个月里,艾伦和他的公司开始买进奥普斯威公司的股票。在不到一年的时间里,奥普斯威的股价上涨了十倍。

尽管大部分的问题，他都可以依赖康韦和奥维茨的建议，但是霍洛维茨还是向娱乐圈寻求灵感，来帮助他处理公司的日常经营。有一次，他注意到波士顿凯尔特人队的教练汤姆·海因索恩对球队失去了控制，这种情况出现在他老了而且乱发脾气后，球员们不再能理解他为什么让他们做一些特别的事情。因此，霍洛维茨决心确保他所有的员工，不仅知道他想让他们做什么，而且知道为什么，从而给他们授权，这才是好组织的一个标志。[19]

霍洛维茨还必须学会淡化从他的煽动家父亲那里受到的性情影响。"对我父亲来说，每件事都要辩论到死，"他说道，"我的'煽动性'门槛太高了。"[20]年轻的霍洛维茨在某一时刻意识到，他爱说脏话的癖好已让办公室中无处不在漫骂，员工间的一些争论也是关于脏话是否可以接受而产生的。因此，他从20世纪70年代的监狱剧《短眼睛》（*Short Eyes*）中得到了启发，其中有一个角色被其他囚犯称为"纸杯蛋糕"。[21]

"我们将允许说脏话，"霍洛维茨告诉他的员工，并解释说，他不希望奥普斯威公司给人留下迂腐的印象，从而失去顶级的人才。"这并不意味着你可以用脏话来恐吓、性骚扰他人或者做其他坏事。这样一来，脏话和其他语言就没有什么不同。例如，'纸杯蛋糕'这个词，我可以对香农说，'你烤的纸杯蛋糕看起来很好吃。'但我不能对安东尼说，'嘿，纸杯蛋糕，你穿牛仔裤真好看'。"

当沙克和50美分专注于一家与科技无关的初创企业——维他命

水时,一个新的在线平台也在南加州出现。这个平台将开始治愈那些证明只是暂时对科技过敏的创作者。2003 年的夏天,克里斯·德沃尔夫(Chris DeWolfe)和汤姆·安德森(Tom Anderson)在洛杉矶创立了我的空间(Myspace),不过很快就证明,这家公司对北方的邻居也同样具有吸引力。

该网站借助了 Friendster 的成功,但却标榜为一个专注于乐队的地方,粉丝可以来这里更多地了解自己喜欢的演员。Friendster 是由基准投资公司(因投资多宝箱、推特和优步而闻名)等硅谷巨头投资的早期社交网络。再加上大量用户生成的照片,从单纯的自拍到网络软色情,帮助我的空间在两年内积累了 3 300 万用户。其中包括赶时髦和威瑟等乐队,它们用这个服务器来发布新专辑。[22]

"许多艺人(开始利用)创业公司,基本上是为了扩大他们的信息流量,并能够在没有任何中介的情况下更加亲密地与粉丝互动,"特洛伊·卡特说道,他当时是奈利(Nelly)和 Lady Gaga 的经纪人,"我的空间使我们真正看到了第一波浪潮。在此之后,我认为科技公司的创始人注意到,有很多艺人为他们的平台带来了粉丝群体,也创造了很多的用户黏性。我想越来越多的创始人开始接受它。"[23]

德沃尔夫和安德森在构思和执行自己的想法时很精明,但在获得个人股票方面就不那么精明了。首先,他们依托所服务的公司 Intermix 创建了我的空间,而不是单独创立。其次,他们在 2005 年从硅谷的风险投资公司红点创投那里获得了 1 150 万美元的投资,以 25% 的股份和 4 600 万美元的估值作为交换条件,他们同意了一个奇怪的担保条款:如果 Intermix 出售,我的空间将获得 1.25 亿美元的固定费用。这是一个复杂的过程,但结果却异常简单而平淡:2005 年 6 月,当鲁伯特·默多克的新闻集团突然出手以 5.8 亿美元的价格收购了 Intermix，两位创始人只分享了 2 140 万美元的意外之财，而红点创投则获得了 6 500 万美元。[24]

更糟的是，德沃尔夫和安德森的想法很快就会被脸书超越（传闻他们在 2005 年拒绝以 7 500 万美元收购马克·扎克伯格的脸书）。社交网络起源于哈佛大学的一间宿舍，由扎克伯格和几个朋友在 2004 年创建。那年夏天，肖恩·帕克给公司的创始人发了一封安排见面的冷邮件（Cold email，就是写给陌生人的邮件），他的角色也从音乐产业反派变成了之前提到的康韦（纳普斯特的投资者）的门生。在当年底，他加入脸书成了公司的总裁。作为脸书创始人中的新面孔和硅谷巨头之间的桥梁，帕克后来成为社交网络最大的支持者。

扎克伯格后来解释说："在帮助脸书从一个大学项目转变为一家真正的公司方面，肖恩发挥了关键性的作用。也许更为重要的是，肖恩让任何有意向想投资脸书的人确信，他们不仅是买下一家公司，更是拥有了通过分享让世界变得更加开放的使命和愿景。"[25]

2006 年，随着脸书逐渐从大学校园和高中进入更广泛的人群，科技巨头们不断提高价格来收购这家社交网络。扎克伯格正在考虑更高的报价，他向硅谷资深人士罗杰·麦克纳米（Roger McNamee）寻求建议，提出了一个特别诱人的 10 亿美元的报价。这位风险投资家曾在 2004 年与波诺等人创办了高地风险投资公司（Elevation Partners），他建议这位年轻的创始人保留他的公司，扎克伯格听从了他的建议。麦克纳米成了某种意义上的导师，最终在 2007 年左右以天使投资人的身份与波诺一起投资了脸书。[26]

就像之前我的空间一样，脸书似乎是对创作者友好的新兴科技公司。即便如此，好莱坞对硅谷及其最新的传播产品仍然不太感兴

03 液体黄金

趣。德丰杰风险投资公司的罗伊森记得,在 2005 年前后,他与一位大牌明星的经纪人会面,那位经纪人当时还在考虑把她的人生故事拍成电视节目,但仔细调查后,他决定不拍了。

"主要的原因是什么?"罗伊森用华丽的辞藻说道:"一般来说,我们不想拍一部关于硅谷的电视剧,因为那里的人吸引力不如洛杉矶人的,他们似乎整天盯着电脑屏幕。你怎么能把它做成电视节目呢?"27

与此同时,当明星们出现在一系列越来越令人发指的广告中,维他命水公司也迅速涌入了大众视野。其中一个广告中,凯莉·安德伍德、大卫·奥尔蒂斯、布莱恩·厄拉彻(Brian Urlacher)和德怀特·霍华德(Dwight Howard)在酷乐仕旗舰饮料的帮助下,和 50 美分一起参加了俄罗斯的宇航员培训。在另一段广告中,50 美分与 NBA 名人堂成员史蒂夫·纳什一起模仿商业广告,称赞创造一种能量饮料的好处。"我曾经不得不磨碎来获取我的维生素,但现在不用了,我制作出了自己喜欢口味的维生素水,"50 美分在现场说道,"现在我有钱了!"

50 美分很快就将体验富人和富豪之间的区别。2006 年,酷乐仕的年收入达到 3.55 亿美元,预计第二年将达到 7 亿美元。这些数据说服了印度的塔塔茶叶(Tata Tea)公司以 6.77 亿美元的价格收购了酷乐仕 30% 的股份。之后可口可乐公司在 2007 年 5 月突然介入,以 41 亿美元的现金公开收购了酷乐仕,它正在寻找一种方法来动摇百事公司在非碳酸饮料领域的领先地位。28

仅仅在一年的时间内,塔塔茶叶的投资价值就翻了一倍,但50美分获得的要更多。这个说唱歌手只不过是付出了他的时间、精力和营销头脑,但带走了大约1亿美元。报道出来的数字,高的有这个数字的四倍,低的只有三分之一,但奥塞里确认了这个数字的中间值。他应该知道,多年前,创新经纪艺人公司的前经纪人赛斯·罗德斯基(Seth Rodsky)曾给过他一个投资酷乐仕的机会,但他因为仍然在为互联网泡沫的破裂难过而拒绝了。奥塞里解释说:"当(50美分)在做这笔交易时,我也有机会得到这笔交易。给我带来这笔交易的人……现在他说什么我都说同意。"[29]

至于50美分,这位说唱歌手成了利用明星影响力令人仇视的标准。很快,他的投资组合从音乐、巡演和电影扩展到寻找下一个维他命水,比如,他的耳机线(SMS Audio),能量子弹功能饮料(5小时能量公司的竞争对手鲜京能源公司),并最终投资了可控制温度的四角裤(Frigo)。他甚至前往南非与矿业的亿万富翁帕特里斯·莫特塞比(Patrice Motsepe)会面,目的是打造50美分品牌的铂金珠宝。

第二年,50美分告诉我:"人们谈论我在酷乐仕上赚了多少钱。但我关注的是41亿美元收入的事实。我想将来我能做更大的交易。"[30]

经过磨炼的奥塞里重新将注意力集中在音乐业务上,他在担任麦当娜经纪人方面处于有利地位,可以补充自己的资金。据每年的《福布斯》估计,从2007年到2010年,《拜金女孩》(*The Material Girl*)歌曲的税前收入高达2.8亿美元,而奥塞里赚取的佣金更是高达八位数。当罗德斯基(Rodsky)给他带来另一个机会投资唯他可可(Vita Coco)时,他投资了120万美元,获得了2 800万美元的估值,并请了马修·麦康纳、麦当娜等名人朋友。到2014年,唯他可可的估值达到了 6.65 亿美元。[31]

当 20 世纪慢慢地过去，进入 21 世纪时，就连奥塞里对创意实验室的投资也开始好转起来。2003 年，雅虎以 16 亿美元收购了 GoTo，更名为 Overture。创意实验室分得了 4 亿美元，这是它迄今为止最好的一次退出。在十年即将结束之际，这家创业工厂的早期投资者，包括史蒂文·斯皮尔伯格和迈克尔·道格拉斯都获得了非常可观的回报。格罗斯说："他们都赚回了很多倍的钱。"[32]

当然，沙克也在维他命水上大赚了一笔。他没有透露具体的数字，只说他的收入可与他职业生涯最好的时候相媲美。尽管酷乐仕并不是一家科技初创公司，但 50 美分、沙克和其他人的成功改变了娱乐圈对获取股权而非现金的兴趣，这一举措将有助于创作者更容易接受向硅谷新贵企业注资的想法。

就像格罗斯一样，霍洛维茨在互联网泡沫破灭时也竭尽全力，依靠智慧、勇气和意愿从旧金山湾区以外的人（比如奥维茨）那里寻求建议，让自己的公司得以幸存。他从云计算公司到软件公司的转型奏效了。市场在几年之内已经复苏，大型科技公司可以自由地进行相当大规模的收购。惠普就是这么做的，它以 16 亿美元的价格收购了奥普斯威公司。

霍洛维茨突然发现自己不仅仅是纸面上的亿万富翁，他和安德森的钱袋已经装满了，现在有时间和精力让自己成为风险投资家。他们在恰当的时机卖掉了奥普斯威公司。2008 年末，经济大衰退来袭，从而传导至市场，再次暴跌至互联网泡沫破灭时的低点，而这次遭殃的不仅仅是科技股，像雷曼兄弟和贝尔斯登这样的金融公司也破产了，片刻时间，整个世界的经济似乎处于彻底崩溃的边缘。尽管市场的危机传染主要是因为房地产和银行业，但投资者再次仓惶离场，寻求安全的债券、现金和黄金避险，同时也逃离了包括科技公司在内的股市。

和格罗斯一样，两位奥普斯威公司的资深人士也看好商界的长期逆风。随着公开市场见底，他们在2009年创办了安德森—霍洛维茨投资公司。这两人对这家风投公司有一个愿景，就是如何与硅谷的同行不同。首先，由于它是由企业家而不是办公室文员创立的，安德森—霍洛维茨公司的目标是以创始人为中心。这意味着投资那些创始人仍掌权的初创公司，并在可能的情况下，给予这些公司比竞争对手更有利于创始人的条款。

霍洛维茨发现创始人有两个主要的缺陷，一是他们没有接受过任何必要的管理培训；二是他们通常不具备资深企业家那样广泛的人脉。他的解决方案是建立一家风投公司，通过模仿好莱坞模式，尤其是奥维茨的创新艺人经纪公司的模式，在那些企业家不擅长的领域来帮助他们。

奥维茨离开了威廉·莫里斯（William Morris）之后，在28岁时创办了他的创新艺人经纪公司，这是当时小镇上最好的公司。这家公司更像是一群具有松散隶属关系的经纪公司集合，而不是一个统一管理的经纪公司，这也是奥维茨渴望改变的地方。为了建立这种文化，奥维茨和他在创新艺人经纪公司的同事延迟好几年领取他们的薪酬，并把他们的佣金又投回公司，这样可以共享资金。不久，该公司就与威廉·莫里斯在争夺好莱坞顶尖人才方面展开了正面交锋。

"我们决定几乎完全复制创新艺人经纪公司的运营模式，"霍洛维茨后来写道，"迈克尔认为这是个好主意，但只有他一个人这么想。其他人的回答有所不同：'这里是硅谷，不是好莱坞'。"[33]

04

伙计，我的创业公司在哪里？

我和阿什顿·库彻要在他比弗利山庄邻居盖伊·奥塞里的家中，坐下来吃一顿非常加州式的鳄梨加鸡蛋早餐，这也是我在做2016年《福布斯》封面故事采访这对搭档时工作的一部分，但库彻只想谈论50美分。

这位说唱歌手的维他命水交易不仅给他自己的银行账户增加了九位数的收入，还给了所有的创作者以启迪，启发他们开始思考如何最大化利用他们的名气来赚钱。当达成协议的消息传来时，库彻刚刚与尼康签订了一份传统的代言合同。

"我说，'哇，等一下，等一下，'"他告诉我，"'我必须弄清楚如何进入这个股权游戏，因为这真的更有意义'……尤其是交易改变了游戏的规则。"[1]

在库彻开始扩张他的投资版图之前，他花了一点时间去安慰他的朋友奥塞里，因为他错过了维他命水的投资机会。

"我记得那家公司被收购的时候我来到你家里，就坐在你的旁边。"奥塞里说道。

"是的，"库彻说，"我当时说，'哟，是你！'"

"我清楚地记得你对我说过的话，"奥塞里转向库彻说道，"你还记得对我说什么了吗？"

库彻似乎不记得了，现在奥塞里也不太确定他是否希望库彻记得。我催库彻告诉我，但他显得犹豫不决。

"那真的是很私密的，"奥塞里叹息道，"我知道这个事实的时候只是哭了……"

"他面前有一笔交易，但他没有接受。"库彻说着，补全了奥塞里的话。

"我有个交易，"奥塞里面无表情地重复道，"我没有进行。"

从奥塞里家的大小和位置来看，他肯定没有受什么损失，但人都讨厌错过机会。库彻很快就推进了谈话。

"这样的交易在娱乐圈随处可见，对吧？"这位演员说道。"他们试图让自己的公司更上一层楼，所以需要将自身与比现有品牌更大的品牌建立起联系，以提升品牌的影响力。这样做的目的是，无论产品是什么，都可以让它们成为主流。这些交易成功地完成了，而你却总在试图解读，'好吧，这只是现在炒作得很热门，他们有实物吗？'"

与其他名人和众多专业的风险投资家相比，库彻更能深入地研究并驾驭这类问题。因为他在硅谷有足够的内置货币，硅谷初创企业的创始人都渴望社交媒体上的"半神"能够帮助他们获得大量的新用户。在50美分的发薪日之后，库彻前往旧金山与愿意同他交谈的风险投资家会面。事实证明，他不仅长着一张英俊帅气的脸，而且开始受邀参与投资科技界最具前景的初创公司。

在与罗恩·伯克尔联手创建了超级天使投资公司后，库彻和奥塞里不仅让自己站稳了脚跟，而且很快就名声大噪。从谷歌的前首席执行官埃里克·施密特（Eric Schmidt），到客户关系管理软件服

04 伙计，我的创业公司在哪里？

务提供商（Salesforce）的创始人马克·贝尼奥夫（Marc Benioff）等亿万富翁，都委托给他们数百万美元进行投资。

"目前，在我们这个行业有很多的名人'游客'，"优步的早期投资者、亿万富翁克里斯·萨卡（Chris Sacca）告诉我，"一些名人潜伏在周围，想要分一杯羹，但却没有提供任何价值。特别是对阿什顿来说，这只是一项日常的承诺。"[2]

库彻可能选择了一条令人难以置信的进入硅谷的道路，但他进入好莱坞的道路同样不太正统。他在爱荷华州锡达拉皮兹市的一个工人家庭长大，10岁时找到了他的第一份工作，帮助父亲铺设屋顶瓦片，这也是他家庭装修生意的部分工作内容。他还找过其他的早期临时工作，包括洗碗工、泥瓦匠和屠夫。

库彻去了爱荷华州大学上学，主修生化工程专业。为了支付食宿费用，他靠每周献血收入60美元，而夏天就在通用磨坊当工人。库彻在赢得了一场模特大赛后改变了计划，他从大学退了学，搬到了纽约，然后又到了洛杉矶。他在洛杉矶把握住了一个难得的机会，在《70年代秀》（*That '70s Show*）中饰演迈克尔·凯尔索（Michael Kelso）。

尽管节目取得了成功，但很少有人理解库彻所扮演的角色那隐藏在愚笨外表下的智慧。随着事业版图拓展到电影领域，他继续出演了一些愚笨的角色，也许最著名的是这部《我的车在哪里？》（*Dude, Where's My Car?*）。库彻在这部2000年的经典电影中，饰演一个不记得自己把车停在哪里的身材健硕的瘾君子，他在寻找自己汽车的过程中，意外地拯救了世界。2003年，《整蛊总动员》（Punk'd）在全球音乐电视台首次亮相。即使在这部没有剧本的节目中，库彻也是通过恶搞一系列名人朋友来展现他愚笨的形象。

不过，库彻也精明地从事着一些副业。卡塔利斯特影业（Katalyst）是他自己的公司，负责《整蛊总动员》和《当淑女遇到宅男》（Beauty and the Geek）的制作。库彻很清楚他可以自己制作并拥有自己的作品，但如果他继续提供资金给卡塔利斯特影业的话，很快他的资金就会短缺。于是，他求助于从科技博客（TechCrunch）挖来的首席数字官莎拉·罗斯（Sarah Ross）。罗斯曾负责大型新闻机构的热门会议，这些会议会集了一些硅谷最具影响力的人物。他告诉库彻应该和这些人物熟络起来，也许他们可以帮忙催化卡塔利斯特公司。

他回忆道："当时，没有任何名人来卡塔利斯特公司。罗斯让我坐在一张桌子旁，对我说道，'我将为你安排10次会议，我希望你能和这些人坐下来，而且仅仅只是了解他们……你必须在圈子里建立起可信性，这些人工作很多年才有今天的成就，所以他们很关心这些。你不能一开始就高高在上，以名人自居，然后突然去推广自己的东西。'"3

因此，库彻与硅谷的灵魂人物——迈克尔·阿灵顿（Michael Arrington）、罗恩·康韦和马克·安德森等硅谷大佬见面了。他说，每次见面时，他都认为自己是"房间里最笨的那个人"，而且确保自己90%的时间都在倾听，剩下的时间都在提问每一个能想到的合理的问题。

库彻意识到，他在无意中发现了比为自己的制作公司寻找投资者更有价值的事情：搭建一个精明、密切联系的投资者与企业家的朋友网络，并跟着他们进行交易，这就是康韦这样的硅谷人士的运

04 伙计，我的创业公司在哪里？

作方式。同样，库彻也可以这样做。他学到的第一课就是，分享出现的最热门的投资机会，这不仅让他帮助了他的朋友，而且最终也扩大了自己的持股范围。

库彻说："我发现每一位优秀的投资人也完全乐意这么做，因为他们对自己能为公司带来的价值有着足够的自信。"现在，库彻似乎比一般的硅谷资深人士更加自由地使用创业话术。"你又不是从他们那里窃取投资方案。事实上，你的加入可能会带来不同领域的专业知识，而这是硅谷所不具备的。我就是这样开始建立一个联合会组织，让其他的投资者能够参与信息的共享。"

尽管像康韦和安德森这样的投资者对明星并不陌生，在第一次科技繁荣时期，他们曾与奥尼尔、说唱歌手 MC. 哈默（MC Hammer）等名人有过密切的接触，但是他们对库彻的态度和他对时机的把握很感兴趣。

安德森告诉我："确实有过那么一段时间，在硅谷之外，很少有人会认真对待这个事情。这真的不是很爽……很多参与其中的人会说，'好吧，结束了。'库彻是第一批进入该领域的新生代。"[4]

库彻还拥有许多企业家渴求的东西，那就是迅速增长的社交媒体粉丝数量。2009 年，他击败了艾伦·德杰尼勒斯（Ellen DeGeneres），成为第一个在推特上拥有 100 万粉丝的人。对于那些公司的增长依赖于尽快积累大量用户的初创企业来说，让库彻成为公司的投资者是一种获取客户的低成本方式。如果他在推特上发布一家公司的消息，即便只有 1% 的粉丝注册，那也意味着将有 1 万名新用户产生。如果通过传统渠道打广告，可能需要花费 5 万美元。这对于创始人来说，支付库彻帮助的唯一成本就是赶走其他的投资者，出售给他更多的股权，或者减少他们的投资额度以接受库彻的资金。

库彻最初投资的金额很小，但他做出了明智的选择，向 Foursquare（手机服务软件）投了 2.5 万美元。随后在 2009 年，安德森—霍洛维茨公司和管理层收购的企业银湖（Silver Lake）以 20 亿美元的价格从易贝手中收购了 Skype 的控股权，而 Skype 多年来一直是易贝的第三大优先股东。他们的想法是，把 Skype 变成一个视频和语音通话的工具。安德森给库彻打了电话，库彻同意向 Skype 投资 100 万美元。库彻说，他随后花了相当多的时间"讨论关于如何代表广播公司进军视频行业，从而产生高价值的视频内容"。然而，在大部分这些想法实现之前，微软就以公布的 85 亿美元价格收购了这家公司，在短短 18 个月内，库彻的投资价值就增加了几倍。

库彻说："这真的就是马克·安德森打电话给我，说'嘿，这很有趣'，然后向我解释为什么这笔投资有价值。这对我来言，需要的智商是零……用 Skype 带来的投资回报支付了我其他所有的天使投资项目。"[5]

在最新的硅谷科技浪潮中，即使是作为好莱坞最早的投资者之一，库彻和他的娱乐圈同行们并没有抓住投资机会。其中许多平台很快就主导了娱乐行业，但它们投的太晚了。然而创新艺人经纪公司几乎成功地拿到了其中最大的一个投资机会，那就是油管（YouTube）。

2005 年，贝宝（PayPal）一名年轻的程序员贾维德·卡瑞姆（Jawed Karim）和一些朋友创办了这家流媒体视频巨头。报道称，他的灵感来自寻找在超级碗橄榄球赛中场休息时，由珍妮·杰克逊和贾斯汀·汀布莱克上演的声名狼藉的"露乳事件"的片段。而这家网站在一年内迅速地成为独角兽公司。[6]那个时候，迈克尔·亚诺弗已经离开宏媒体加入了创新艺人经纪公司，他的目标是复苏科技界和娱乐圈之间的热情。"我们都对油管感到兴奋，"他回忆道，"除没有人会对猫弹钢琴或孩子咬小弟弟的手指这类事情感到太兴奋之外。"[7]

当红杉资本的马克·克瓦姆（Mark Kvamme）向亚诺弗提到刚刚投资了油管时，亚诺弗安排了一场和油管创始人的引荐会面，并前往旧金山试图敲定一项对双方都有利的交易。他的想法是，让创新艺人经纪公司代言油管以换取部分股权。理论上，经纪公司可以将其稳定的明星们与这个新生平台连接起来，给予油管创作方面的合法性，而这种合法性是油管迄今为止仍然缺少的。

亚诺弗带着油管的年轻创始人们在位于圣马特奥的办公室附近吃午饭。办公室位于一间香气扑鼻的比萨店楼上的公寓里，他们在那儿看起来更像是忍者神龟，而不是技术巨人。"年轻的创始人们在餐厅点了比萨，我觉得这很有趣，"亚诺弗说道，"你整天都在闻比萨的味道，我猜你是想吃比萨了。"

会面结束后，亚诺弗继续进行谈判，但每过一周油管的股票价格又高了一截，因为油管的用户已激增至2 000万，每个月的视频观看量超过1亿次。最终在2006年10月，公司的创始人决定根本不需要创新艺人经纪公司的参与，并以16.5亿美元的价格卖给了谷歌。10年后，油管为谷歌的年收入贡献了约90亿美元，现在这家企业的价格可能比其创始人最初出售它的价格高出了几个数量级。[8]

油管的出售也意味着创作者们错过了拥有下一个大平台的机会。

在那一年的 2 月份，亚诺弗再次与克瓦姆坐下来讨论油管现象。这时距离红杉资本的第一次投资已经过去将近一年，尽管这家网站迅速流行起来，但它在很大程度上仍是一个由用户生成的宠物视频和盗版电视片段组成的大杂烩。

"那里没有任何真正专业的内容，没有创作者，没有好莱坞明星，"亚诺弗说道，"我们只是假设，如果我们想在油管上创作专业内容，它将会是什么样子？" 9

克瓦姆和亚诺弗都认为，由创新艺人经纪公司和红杉资本投资那些专注于相对廉价的短视频平台可能会有一席之地。喜剧似乎是最适合做短视频的内容，因为喜剧能吸引注意力，让人即刻满足，用很少的营销就能迅速地传播开来。从那年 3 月份开始，他们接触了几十位名人和经纪人，首先是创新艺人经纪公司自己的客户。但和他们谈话的大多数人对提供股权而不是现金的科技企业并没有兴趣。最终，他们找到了一个潜在的人选，那就是创新艺人经纪公司的客户威尔·法瑞尔（Will Ferrell），以及他的制片伙伴亚当·麦凯（Adam McKay）和克里斯·亨奇（Chris Henchy）。

然而，这并不是一件容易的事。亚诺弗和克瓦姆在 2007 年滑冰题材的喜剧电影《荣耀之刃》（Blades of Glory）拍摄现场的活动工作室中，见到了法瑞尔和麦凯。麦凯的履历中曾有一段时间担任过《周六夜现场》（Saturday Night Live）的撰稿人，他喜欢短片风格，法瑞尔对此很感兴趣，但起初是保持怀疑态度的。

"那么，我们做一个视频的预算是多少？"法瑞尔问道。

"预算为零。"亚诺弗回答说。

"预算为零是什么意思？"法瑞尔说。

"没有预算就是没有预算。"

"嗯,但我不明白,为什么没有预算?"麦凯说。

"你拿着一个数码摄像机,"亚诺弗回答道,"你用它来制作你所有的视频。没有演出服保管室,没有头发造型,没有化妆,没有照明。"

"胡说!这是真的吗?"

"是啊,是真的。"

"好吧,好的,我们知道了。"

法瑞尔和麦凯在签约前又开了几次会,与此同时,亚诺弗还不得不反复劝说红杉资本不要退出这笔交易。最后,他在罗斯福酒店签署了协议,法瑞尔和麦凯正在那里写着《非亲兄弟》(*Step Brothers*)的剧本。亚诺弗是带着建议来的,他们会做一个类似热不热美女帅哥交友社区(HotorNot.com)的东西,这是一个粗糙的早期 Web 2.0 网站,人们在那里可以对各类女性的外表进行投票,当然,除了喜剧片中的女性。

"可以取名为'好笑与否'。"亚诺弗解释说。

"'娱乐至死',如何?"正在旁边的亨奇建议道。

"这个更好一些。"

网站就这样诞生了。在最初的一批视频中,麦凯想在背景音乐中播放范·莫里森的歌曲,而且认为他的新粉丝们会很喜欢,并能拿到审查许可来实现这一想法。

"那是要花钱的,"亚诺弗看完短片后告诉麦凯,"你必须要有一个额外的协议。"

"好吧,是的,可能需要额外的一两千美元就可以了。"

"预算是零。"

"我们就不能放一首音乐吗?"

"不,预算是零。说零,就是零。"

不过,娱乐至死网站在2007年4月推出了10部短片,几乎立刻就引起了轰动。其中最出色的一部短片是名为《房东》(The Landlord)的热门电影,在这部电影中,威尔·法瑞尔遇到了比他预想中要年轻得多的人,一个名叫珀尔的蹒跚学步的孩子。如今,这段视频的播放量已超过1亿次,传播速度竟然如此之快,让这家初创公司不得不抢着购买更多的服务器空间。

"法瑞尔如今已经和亚当·麦凯、克里斯·亨奇一样,都得到了股权方面的报偿,"亚诺弗说,"创新艺人经纪公司没有提供资金。我们是联合创始人,所以我们获得的是联合创始人的股权。当时所有的钱都是红杉资本出的。"

到2010年,据说娱乐至死已经获得了数千万美元的收入。此后不久,公司的意向收购方将它的价值降到了九位数。好莱坞又开始对硅谷有好感了。

随着市场趋势将音乐界更多拉回到硅谷,盖伊·奥塞里也开始重新建立起他与科技界的关系。iPod的首次亮相和随后推出的iTunes商店,为艺人们开辟了新的收入来源,也为苹果公司带来了内容的新需求。相较于之前对纳普斯特公司的态度,这一次,唱片公司似乎更乐于接受。

"史蒂夫·乔布斯出来说,'我已经把所有的ipod都卖出去了,我打算先在Mac上开发,这只占基础用户的3%,'"风险投资家乔希·埃尔曼回忆道,"他说,'我们是苹果公司,我们要用这种方式来做，而你们都喜欢iPod。'因为在那时他就能够达成其他公司难以企及的交易。"[10]

随着互联网泡沫的破灭，奥塞里大部分时间都是在观望。而在此后的经济大衰退期间，他尽力避免同样的冲击，专心做麦当娜的经纪人。2009年，当麦当娜圆满结束了世界巡回演唱会《黏人的甜蜜》(Stick Sweet Tour)的巡演，总收入超过4亿美元时，他花了一些时间思考是否要再进行一轮投资。

"我的工作是识别优秀的艺人，"奥塞里说道，"在这里也是一样。我有一种感觉，我可能非常擅长识别创意，然后帮助它们进入市场。"[11]

对唯他可可的成功投资，让奥塞里重新获得了一些投资魅力。之后他又突然重新投入提供团购打折服务的网络创业公司高朋网（Groupon）中。他找到了公司的创始人安德鲁·梅森（Andrew Mason），给他提供了一些想法，并最终成了公司的顾问和投资人。事实证明，奥塞里在娱乐圈的人脉很有用，高朋网与演唱会巨无霸（Live Nation）一起合作，推出了演唱会门票套餐。

奥塞里开始寻找其他将科技和娱乐联合起来的机会，目的是想让他的投资组合更加多样化，以防止自己再次蒙受损失。随着他对创业公司研究的深入，他注意到一位好莱坞同行也在做着同样的事情，这位同行就是演员库彻，他和奥塞里有着相似的经历。

库彻说："很明显，盖伊不仅仅是在这个领域做尝试。我会和一些公司开会讨论我们要做什么，他们会说，'盖伊是谁？谁是盖伊？'我说，'他是我的一个好朋友。'就这样一直冒出来。"[12]

所以当奥塞里打电话给库彻提出合作的想法时，库彻同意了。然后他们见到了奥塞里的朋友伯克尔，伯克尔对他们二人的智慧、机会以及他们愿意投入自己真金白银（每人100万美元）的意愿印象深刻。伯克尔投了800万美元，并让他们使用公司的事务部门。奥塞里找来了一个二十多岁的数字专家名叫阿贝·伯恩斯（Abe Burns），他刚刚开始在 Maverick 工作，过来超级天使投资公司（A-Grade）帮忙，公司名字的前三个字母分别代表 Ashton（阿什顿）、Guy（盖伊）和 Ron（罗恩）的名字。

拿着这笔资金，他们三个人按照三个指导原则进行投资，这三个原则是创始人、使命和相关性，库彻将其归结为几个问题。对于创始人：他们是谁？他们在忙什么？他们信仰什么？他们想要建立什么？他们有多热情？他们有什么样的专业知识？和他们一起工作会很有趣吗？他说："一旦我们投资，我们就开始为一家公司而工作。如果我们不想为它们工作，它们很快就会从名单上消失。"

然后，这两位超级天使投资公司的创始人考察了这家初创企业想要做什么。是否在为人们解决实际的问题？为人类节省了大量的时间？最后，他们试着聚焦在那些他们可以真正帮助的企业上，如果他们觉得与自己的专业知识不相关，就会忽略一些满足其他两个标准的初创企业。库彻提到了一家名为 Airware 的无人机软件初创企业，尽管他们喜欢这个创意，但他们拒绝了这家公司。

"'对于我们来说，把技术应用到你正在做的事情上，并不能真正地为你增加价值，'"库彻记得他是这样告诉这家公司的创始人的，"'如果让其他的投资人来参与，对于你的薪资空间来说会更为明智。'我只是希望这个孩子能成功，因为我认为他确实很聪明，而且他在解决现实世界中的问题。只是我们不知道能帮上什么忙。"

超级天使投资公司的创始人认为硅谷与好莱坞有一个根本性的不同，那就是硅谷有更多的合作文化。在电影行业，只有一家工作

04 伙计,我的创业公司在哪里?

室可以获得一部热门电影;在音乐行业,唱片公司会争相签约顶级明星。与此不同的是,早期的科技投资者往往会通过互相帮助来克服困难。由于超级天使投资公司的创始人在邀请亿万富翁投资者方面没有什么困难,往往是根据企业的业绩表现来挑选公司,比如,高朋网、唯他可可、Foursquare和Skype等公司。而在最早期的投资人当中,就有安德森。

"他们非常认真,也非常专注,进行深入的研究并提供帮助……我们经常听到公司说他们非常高效,"当我正在撰写关于库彻和奥塞里的封面故事时,安德森告诉我这些,"他们通常对公司应该做什么有很好的想法。他们现在对娱乐圈和科技界的交互有了非常深刻的理解。"13

然而,安德森经常看到许多观望人士被库彻和奥塞里这两个人弄得很糊涂。他解释道:"我每隔四五个月就会和娱乐圈的其他人进行这样的对话。一般是从这样的对话开始……'这些人怎么能做这么多事情,拿到的怎么都是好的交易?'这简直难以置信。"

而安德森的回答是怎样的呢?他说,"基本上,我总是以'你不明白,他们真的很认真'来开头。然后我就会是这副表情。我会说,'不,不,我是认真的。他们一直真的很认真'。"

随着好莱坞和硅谷之间的关系渐渐有了很大的缓和,名人投资者开始像高山冰川在春季退却之后的野花一样涌现出来。而且也许最适合联合双方(至少在命名方面)的一个人便是武当派(Wu-Tang Clan)的联合创始人罗伯特·菲茨杰拉德·迪格斯(Robert "RZA" Diggs,

RZA），他有很多绰号，经常被叫作"数字博比（Bobby Digital）"。

RZA 是在嘻哈音乐中长大的，这是一种建立在唱机转盘技术基础上的音乐类型，唱机转盘可以让早期的 DJ 能够将流行歌曲中最适合跳舞的部分或休息时间延长。无论是"霹雳男孩"还是"霹雳女孩"在这些曲段中展示他们的舞技，或者为主持人提示歌词，这种进步为此种音乐奠定了基础，嘻哈音乐现在已经成为美国消费最多的音乐类型。最近，数字采样器又进一步简化了这一过程，无论是在现场表演还是在演播室。正如 RZA 指出的那样，像他这样的制作商不再需要用剃须刀片把模拟磁带切开后再粘回去。他看到科技和音乐永远地交织在了一起。

他说："我是数字博比，所以我总会觉得我们需要参与到数字世界当中，或者我需要参与到与其相关的领域。幸运的是，有时候我不会自己掏钱买东西，因为我的名人效应带来了价值。"[14]

RZA 持有多家初创公司的股权，从技术领先的乐器制造商 Roli 到婚礼策划登记公司 Zola。RZA 与库彻几乎是在同一时期开始涉足这一领域的，只不过没有那么高调而已。关于他的介绍是从一个名为 WuChess 的项目开始的。

这笔交易的另一方是布莱恩·齐斯克（Brian Zisk），一个爱穿夏威夷衬衫、崇尚自由的企业家，他在茂宜岛和旧金山两地工作。大约在纳普斯特公司突然出现的同一时间，他创立了一家互联网流媒体广播公司，并在这家公司成为法律难题之前设法将其出售了。齐斯克用这笔钱最终创立了 SF MusicTech 基金，随后又举办了一系列同名会议。他投资的公司之一便是 ChessPark，这是他与别人共同创建的一个象棋网站，用户可以与电脑、其他人甚至国际象棋界的名人对弈。

04 伙计，我的创业公司在哪里？

RZA在贫困的史坦顿岛上长大，让他看到更广阔世界的东西有两样，一个是武术，另一个是国际象棋。他在11岁时从一个女孩那里学会了国际象棋，他声称这个女孩夺走了他的童贞。在整个青少年时期，RZA参与更多的是那种一对一的配合，一部分原因是他的家人买不起国际象棋。[15]他的爱好给武当派的名字和歌曲带来了灵感，从功夫启发的《棋局之谜》（*Da Mystery of the Chessboxin*）（1993）到备受争议的孤本专辑《少林往事》（*The Wu: Once Upon a Time in Shaolin*）（2014）。[16]所以当RZA听说ChessPark网站的时候，他便很想和齐斯克的公司合作。

"RZA说，'好吧，是的，我想做科技'。"齐斯克回忆道。"嗯，好，那太好了。'你有什么要补充的吗？'他说，'我们应该一起做这个项目。'这需要我们做很多工作，花很多钱。我说，'我看过这部电影，我们还是别做了'。"[17]

但他们提出的想法很吸引人，创建WuChess，一个利用ChessPark框架打造武当主题的门户网站，车和马都可以制作成团队中不同成员的模样。武当派的数百万粉丝可以相互对弈，甚至可以与RZA对战。RZA通过加盟换取了公司大量的股权。

WuChess于2008年6月上线，预先注册的粉丝有5 000名，但只有几百人预先支付了每年48美元的会员费。WuChess声称，有了嘻哈国际象棋联盟（该组织旨在将嘻哈和武术联系起来）这样组织的支持，以及与真正的武当派成员对弈的诱惑，借此来增强青年的自主性，它的排名很快就会飙升。但早期的报道批评该网站的竞赛水平参差不齐，主要原因在于它的用户总数相对较小。[18]

让问题更加复杂化的是RZA并没有出现在该网站上下棋，用户对此开始质疑。很多天过去了，RZA仍然没有出现。齐斯克建议这位嘻哈明星把这个任务委托给一位助手,让他作 RZA 的代理人,可即便这样,也没有得到回应。RZA 是在忙其他项目,还是害怕在公开的国际象棋比赛中失利?

"这是我们得出的结论,"齐斯克说,"从我们的角度,我们想不出任何他不出现的原因,除了……我的意思是,这是'奥卡姆剃刀'原理,这是最明显的事情,所以可能是真的。但真的是这样吗?其实我也不知道。"[19]

这个网站最终关闭了,齐斯克的投资也损失了,而 RZA 只是失去了没有支付给他的股权。当被问及发生了什么时,数字博比给出的解释略有不同。他说:"我这边的人做事很马虎,我觉得我的团队里有人干了些蠢事……我只记得我的阵营里有人做了非常愚蠢的事,那真的很令人尴尬。"[20]

齐斯克和他的同事最终将 ChessPark 以适中的价格卖给了国际象棋网站 Chess.com。"这只是那些事件里的其中一件,每个人都会说,'哇哦,退出了!'"齐斯克说道,"但其实没有起到任何真正的作用。"最终,齐斯克从中得到了一个教训,这个教训对那些想和名人做生意的企业家和风险投资家来说也是非常有价值的,"必须确保在合同里写明,如果他们不做他们应该做的事情,他们就拿不到钱。"[21]

与此同时,RZA 也体会到了在投资初创企业时,基于企业家的角度可能会遇到的问题。他说:"当这两个领域产生交叉影响时,人与人之间也必须能够相互影响。"[22]

超级天使投资公司的投资规模在一开始时都相对较小,在 5 万至10万美元之间。随着基金越做越成功,创始人们下的赌注也越来越大。大多数的投资行为都要求超级天使投资公司进行大量的尽职调查。而有一些投资是一见钟情的,至少对奥塞里来说是这样的。

"当阿什顿向我展示爱彼迎时,我做了所有不应该做的事情,"他回忆道,"也就是说,'好吧,我要把我在这个世界上的每一块钱都投到这家公司里来'。"[23]

当奥塞里在多年前第一次看到缪斯表演时,他也有同样的感觉。这支乐队从伦敦一路飞到洛杉矶,就是因为在奥塞里的候选名单上,所以来到小牛唱片公司试镜。他们只唱了一首歌就被奥塞里喊停了,因为他马上知道要和这个乐队签约了。这个乐队后来赢得了多个格莱美奖,专辑销量在全球超过2 000万张。

关于爱彼迎,尽管是他带来的这笔交易,但库彻却比他的同事显得更为谨慎一些。等一下,人们会让陌生人来住他们的房子吗?他记得当时是这样思考的。然后给他们一把房子的钥匙?……给他们不认识的人?这听起来超级粗略了。

"当你开始深入研究他们在网络上建立信任的方式时,这件事情就开始变得说得通了,"他说道,"然后当你开始深入探究应用的案例、增长的速度、并购成本和终身价值时,你会觉得,'哇,这听起来并不完全像你认为的那么粗略。'如果这件事儿听起来不疯狂,那它可能就不是开创性的。"[24]

奥塞里记得打电话给他的业务经理,请他算算能投资的最大额度,这位业务经理从17岁还是行业里的新手时就跟着他了。不久之后,奥塞里和库彻一起上了飞机,他们试图说服爱彼迎的联合创始人布莱恩·切斯基(Brian Chesky)让他们成为公司下一轮融资的主要投资者。布莱恩·切斯基是罗德岛设计学院的毕业生,即将成为一个亿万富翁。但爱彼迎却选择了让红杉资本和格雷洛克公司参与A轮融资，安德森—霍洛维茨公司参与B轮融资。不过，切斯基喜欢库彻和奥塞里的热情，并在2011年邀请他们投资了250万美元。

库彻再一次展示了成名的另外一个好处。如果是其他天使投资人或风险投资家想要参与爱彼迎的那一轮融资，那么这家初创企业肯定会拒绝他们的加入。但是，明星效应和过往业绩的结合，奠定了他会成为硅谷最成功的故事中的一个。

很快，库彻就把他的钱投到了世界各地。他和切斯基一起前往亚洲，试图推动这项服务在日本的推出。他在公司网站上写了一篇关于他最喜欢洛杉矶的博客。他和奥塞里与公司的营销团队坐在一起，讨论着相关的策略。也许最重要的是，在爱彼迎向海外扩张的过程中，奥塞里在帮助爱彼迎保持其标志性的奇思妙想方面发挥了重要的作用。

切斯基认为这家初创公司的吸引力就在于萦绕着一种奇特的、像家一样的理念，正是这种理念说服了房主把自己的住所托付给陌生人，让疲惫的旅者能在空着的公寓里感到被欢迎。这种氛围也扩大到了爱彼迎的办公室，办公室里经常有乒乓球比赛和午间瑜伽。"巴勃罗·毕加索曾说过，'我花了四年的时间画得像拉斐尔，但花了一辈子的时间画得像个孩子，'"切斯基解释说，"我认为你必须永远像个孩子一样去生活和思考，或者拥有孩子般的好奇心和惊奇感。"[25]

不出所料，当奥塞里提醒切斯基爱彼迎很快就会遭到一群雇佣的水军攻击时，切斯基在仔细地听着。这些雇佣的水军沉着自若地向这家充满幻想的初创企业发起了攻击，就像众多兽人扑向霍比特人的村庄一样。这里说的就是桑威尔（Samwer）兄弟，三兄弟在柏林一个没有空调的工厂里指挥着一群朝九晚五的德国人模仿美国的创业公司，吞噬这些公司在欧洲的业务后便将其卖给更大的公司，然后再转向下一个目标。他们成功地对脸书、推特、Yelp和高朋网实施了这一战略，以数十亿美元的价格出售克隆品（初创公司），却并不为此道歉。桑威尔家族的座右铭是："不是宝马发明了汽车。"而爱彼迎也不是第一家租房公司。[26]

"几年前，我邀请他们在柏林看了一场麦当娜的演出，因此我已经认识他们了，"奥塞里谈到桑威尔兄弟时说，"我读过关于他们的报道，想见见他们。无论我到哪里，我都会去拜访我读到过的人，我想和他们见面，邀请他们去听音乐会，和他们待在一起。"[27]

所以当桑威尔克隆爱彼迎提出合并时，这可并不是一个友好的提议。切斯基对这种情形感到很苦恼，他很担心这要么会妨碍公司销售额在欧洲的增长，要么会以牺牲爱彼迎自诩的文化为代价来加速公司的发展。然后，奥塞里把切斯基介绍给了另外一位德国的联系人，企业家奥利弗·荣格（Oliver Jung）。这位企业家更愿意从爱彼迎的角度来看待问题，尤其是在他第一次参观爱彼迎在旧金山的办公室之后。

荣格说："我感觉现场只有30个人，每个人都很放松。有人把狗带来了。那天是那只狗的生日，每个人都在为它庆祝生日。"[28]

切斯基让荣格感到了宾至如归，而且给他提供了一份负责国际业务扩张的工作，以及一个投资爱彼迎的机会，并告诉他这将是他一生中最好的一笔交易。而事实也确实如此。荣格把办公室从米兰开到了莫斯科，带着切斯基的"一体化办公套件"，里面有便携式乒乓球桌和苏斯博士的书《哦，你将去的地方！》(*Oh, the Places You'll Go*)。

爱彼迎最终熬过了桑威尔家族的克隆模仿，正如荣格的一位新员工所说的那样，有一部分原因在于"这是个有灵魂的行业。"[29] 如果没有奥塞里的介绍，那一段插曲可能会是另外一个不同的结局。"我们所做的很多事情都不是显而易见的，"奥塞里说，"他们和我们是社交关系而且很好相处，我们把这些带到了所做的事情之中。"[30]

到 2012 年，奥塞里和库彻为超级天使投资公司筹集了 3 000 万美元，投资人包括媒体大亨大卫·格芬和达拉斯小牛队的老板马克·库班在内的一群令人印象深刻的名人。为什么能从名人那里筹集到这么多的资金呢？库班在谈到库彻和奥斯里时对我说："他们很清楚什么是对消费者有效的。"[31] 格芬补充说："科技类初创企业总是有好有坏，我相信他们会有更多成功的案例。"[32]

格芬对他们的信任是对的。超级天使投资公司在早期就进入了优步、瓦尔比派克（Warby Parker）、声田等众多公司。到 2016 年，超级天使投资公司仅对爱彼迎的 250 万美元投资就已经增长到了 9 000 万美元，基金的估值达到了 2.5 亿美元，回报率接近 8.5 倍。正如库彻所指出的那样，超级天使投资公司的许多投资人可能主要是想投资现有的公司组合，而反对盲目地相信库彻和奥塞里有能力在未来的全垒打中取胜。

"当这些人把钱投进去的时候，他们实际上投资的是已经知道的资产，"当我们结束在奥塞里位于比弗利山庄家中的采访时，库彻告诉我，"他们可以看到现有投资组合的优势，也可以看到投资组合中没有的机会……无论他们是押注我们，还是押注投资组合，都已经有了将要实现的好的一面。我们对此深信不疑。"[33]

04 伙计，我的创业公司在哪里？

这种自知只是一揽子交易中的一部分。

"阿什顿在很多方面都很成功，不仅仅是在当演员方面……他本可以成为通用电气一名出色的高管，或者成为脸书的超级明星。当然，前提是他如果选择了这些职业的话。"亚诺弗说道。"我只是觉得他们都是有才华的人。不是因为他们是艺人，而是他们了解商业。"[34]

尽管爱彼迎对库彻和奥塞里来说意义重大，但他们对优步的投资最终也证明了同样成功。而且很快，一大批好莱坞同行也会加入他们的行列。

05

从 Gaga 到谷歌

2010年，当苹果公司决定推出社交网络服务自动引用通知（Ping）时（这一应用如今已不再使用），史蒂夫·乔布斯向一对出人意料的搭档进行了一些非正式的咨询。这对搭档就是Lady Gaga和她当时的经纪人特洛伊·卡特。他邀请他们来到公司位于库比蒂诺的总部查看产品，并提供反馈意见。

这是一个让人难以置信的组合，卡特是一位30多岁的高管，纤弱的身躯像个十几岁的少年，永远戴着一副时髦的粗框眼镜，这让他的外表看起来增加了十到二十岁；乔布斯喜欢蓝色牛仔裤和高领衫是出了名的；而Gaga则以在重要场合身着巨型的半透明鸡蛋装和肉制的连衣裙而闻名。然而，在这个特殊的日子里，乔布斯的设计能力是主要的吸引力。

"你们看到那边的桌子了吗？"这位苹果首席执行官在将Gaga和卡特领进会议室后问道。他指着排成一排的六个东西说，这里面包括iPhone、iMac和iPod。"那是我们整个公司。我们生产的每一件产品都摆在那张桌子上。不要从规模的角度想事情，要从简单的角度进行思考。要去思考如何真正地把一个产品做好，或者把几个产品做好。"

乔布斯的建议打动了卡特。

"这是非常有价值的一课，"一个冬天的下午，他在电话里告诉我，"你没必要总是要有100万个产品才能成功，专注很重要。"[1]

卡特将乔布斯的话用在了自己的职业生涯之中，他特别关注对优步、来福车、声田等公司的投资。Gaga也做到了，她把自己变成了世界上最具影响力的明星之一，尽管截至发稿时，她在职业生涯中总共只发行了四张个人录音室专辑。但每一张专辑都带来了巨大的影响力，并且她利用职业生涯初期开发的平台来扩大自己影响力。

虽然库彻是第一个在推特上拥有100万粉丝的人，但Gaga和贾斯汀·比伯（Justin Bieber）两个人都迅速地在所有的平台上积累了超过1亿的粉丝，这为他们自己和他们的科技通经纪人打开了一扇重要的大门。

卡特说："社交媒体和这个技术时代的美妙之处就在于，我们如何能将聚合器、分销商和看门人去中介化。我们发现很多科技公司自己成了看门人……我们的理念是，'你如何建立一个自己能去接触这些用户的平台？'"

对于卡特来说，在这段从费城西南部出发的非凡旅程中，能和乔布斯坐在一起是他成长为一名卓有成效的风险投资家的关键时刻。在白人主导的世界里，他是为数不多的年轻黑人风险投资家，而他早年作为说唱歌手的职业生涯却很失败。"我破产了，"他说，"我连车都没有，更别说投资了。"

卡特在十几岁时就开始了他的嘻哈表演，和两个朋友组成了三个人的团队。卡特解释说:"我们称自己为'2 Too Many',因为以前我们的钱只够一个人花。"他们决定在 DJ 爵士杰夫(Jazzy Jeff)和威尔·史密斯(Will Smith)每周经常光顾的一家费城录音棚外闲逛,希望能见到家乡的偶像。有一天,他们真的见到了。在播放了试样的唱片后,他们和史密斯的制作公司签署了一份 3.5 万美元的唱片合约,并由摇摆唱片公司发行他们的专辑。卡特直接去了一家汽车经销商那里,买了一辆手动挡的奥迪,在几周之内便花光了他的预付款,也报废了他的离合器。更糟糕的是,"2 Too Many"组合的处女作 *Chillin' Like a Smut Villain* 惨败。

卡特说:"结果我们发现……这太糟糕了。"但他同时也发现了一些更加重要的东西。"(杰夫和威尔)尊重我们的努力,这胜过其他一切,甚至比音乐还要重要。"[2]

除了在麦当劳和汉堡王工作,卡特还成了一名私人助理。他先是给 DJ 爵士杰夫当助理,然后是给杰夫和威尔·史密斯的经纪人詹姆斯·拉西特(James Lassiter)当助理,现在是他的商业伙伴。他负责接听詹姆斯·拉西特的电话,参与联系并保持在线以便记录。拉西特住在离卡特童年的家 8 个街区远的地方,卡特惊讶于拉西特能够在工作室和唱片公司的老板面前坚持自己的观点,他为卡特勾勒了一幅经纪人如何在娱乐圈立足的蓝图。

卡特开始兼职演唱会的宣传,这吸引了武当派和克里斯托弗·华莱士(Notorious B. I. G.)等嘻哈歌手前来演出。在 20 世纪 90 年代中期的一个晚上,他预定了克里斯托弗·华莱士在费城市民中心的现场演唱会,结果华莱士却取消了当晚的演出。这导致了卡特与华莱士经纪人的争论,这场争论最后演变成与坏小子唱片公司 20 多岁的首席执行官尚恩·约翰·库姆斯(吹牛老爹)的口水仗。

卡特成功说服了经纪人退还华莱士的演出费用,并给了他一份实习生的工作,让他能够更加了解娱乐行业。

卡特说,吹牛老爹"差不多是那种可以狂欢到凌晨三点,但却仍然是最早一个到办公室里的人,这真的和我产生了共鸣。只是为了能够拥有那种疯狂的工作精神,也是为了能够与街上那些家伙打交道,还包括所有的企业伙伴。"[3]

在坏小子唱片公司工作后,卡特搬到洛杉矶为拉西特工作。他没有车,所以无论是工作安排,还是去见他的女朋友,卡特都是用公司的出租车。当拉西特发现后,当场解雇了他,这个年轻人搬回了费城,他说,"夹着尾巴就回来了……我曾以为我什么都懂。"[4]

卡特重新振作了起来,他在2001年与朱利叶斯·欧文(J. Erving)(NBA的传奇球星朱利叶斯·"J博士"·欧文的儿子)合作创办了一家经纪公司,服务的客户包括嘻哈女歌手伊芙和演员伊德瑞斯·艾尔巴。三年后,圣所集团吞并了卡特的公司,这是一家更大的经纪公司,老板包括马修·诺尔斯(Mathew Knowles),他是碧昂丝的父亲。合并后这两家公司的文化有冲突,到2007年,卡特失业了。他和他的妻子很快也要离开他们的房子了。然后卡特接到一个老朋友打来的电话,他想让卡特来见见与新视镜唱片公司签约的一个潜在客户,这位客户是斯蒂芬妮·杰尔马诺塔(Stefani Germanotta),也就是很快广为人知的 Lady Gaga。

卡特回忆说:"她戴着大墨镜走进来,穿着渔网袜,没穿裤子,播放着 *Hit After Hit*。我喜欢的就是她看起来像是来自另外一个星球,但她也承认这一点。"[5]

卡特同意当她的经纪人,并成立了一家名为"原子工厂(Atom Factory)"的新公司,把业务安排在洛杉矶的卡尔弗城地区。Gaga

在 2008 年 4 月发行了第一支单曲《舞力全开》(*Just Dance*)，但并没有立即在主流电台引起轰动，卡特给她安排了一个"吹牛老爹式的（Diddyesque）"日程表，有时她一天最多要演出四场。为了进一步扩大她的影响力，Gaga 开始使用推特、脸书和油管进行宣传。

大多数唱片公司在后纳普斯特时代对这类科技平台所持有的怀疑态度保留了下来，但卡特认为社交媒体是一种接触大量受众的低成本方式。当年 5 月，在 Gaga 的《舞力全开》音乐视频在油管发布后，这首歌登上了排行榜，并在 22 周之后占据了榜首，最终获得了超过 2.5 亿的播放量。卡特甚至把 Gaga 带到了推特的总部。

"她说了很多她有多么害羞，但正是推特，实际上给了她发声的机会，"在推特工作的埃尔曼说道，埃尔曼还记得有很多名人过来了解这个日益重要的平台。"坎耶（Kanye）来到办公室唱了一小会儿，说这是他第一次有机会直接和他的粉丝进行交流，真正地拥有了发言权，而不需要等待采访或寻找合适的节目，他就可以说出自己的想法。"[6]

Gaga 的首张专辑《超人气》(*The Fame*) 在全球卖出 1 500 万张，卡特从她不断增长的社交粉丝中看到了商机，他觉得社交平台不仅仅是用来做宣传的。通过与新视镜唱片公司合作，卡特帮助 Gaga 为歌曲《电话》的视频录制等集资金，该视频由碧昂丝主演，镜头中出现了长长的品牌列表。其中有一组镜头，Gaga 给餐馆的老主顾们提供了一批有毒的三明治，上面放着卡夫奇妙酱（Miracle Whip）（该公司证实了这种整合宣传是付费的）；在另一组镜头中，她使用维珍移动公司（Virgin Mobile）的手机（她的巡演赞助商）和 Beats 耳机（她自己心动的品牌）。

据我估计，Gaga 在 2010 年赚了 6 200 万美元，在 2011 年又赚了9 000万美元，而卡特的银行账户也因为八位数经营支出的削减而突然充盈起来。尽管卡特后来已经变得非常富有，但他仍然担心如果现金停止流动那将会发生什么。这是因为考虑到娱乐行业和演员同样是一时的兴致，资金停止流动总是有可能发生的。因此，当盖伊·奥塞里告诉他有机会投资一家名为Tinychat的视频聊天初创企业时，卡特立马就投了，并迅速重新定位了原子工厂的使命，在艺人管理之外增加了对初创企业的投资。随后又投资了眼镜初创公司瓦尔比派克。

"很少有人比特洛伊更了解信息传播的趋势变化，"[8]公司的首席执行官尼尔·布鲁门塔尔特别提到。或者，正如埃尔曼所说："特洛伊很早就与这些公司建立了联系，并的确尝试着了解如何让他的艺人们能够利用这些公司来提高他们自己在社群的影响力。"[9]

罗恩·康韦或许比任何人都更能帮助卡特在硅谷确定方向。这位经纪人花了大半天的时间坐在这位天使投资人位于旧金山的公寓里，在笔记本上记录着如何制定他的投资策略。康韦的策略是结交一些有见地的朋友并跟随对方进行一些感兴趣投资，这个策略对卡特来说很有意义，尤其是当他在北加州的圈子越来越大的时候。

"作为名人经纪人，所拥有的人脉很自然地契合了年轻创始人正在寻求的在业务发展、市场营销和品牌支持等方面的一些需求……"卡特说。"多年来与名人合作的经历可以转到我与创始人合作的工作当中。"[10]

2012年，当这位可以称得上是世界最著名的流行歌手贾斯汀·比伯17岁的时候，我写了他的《福布斯》封面故事，标题出人意料，《贾斯汀·比伯，风险投资家》(*Justin Bieber, Venture Capitalist*)。不过，当我们坐在好莱坞的一间录音室进行采访时，他是作为一位歌手而不是以一个记者提问题的方式开场的。

"你看了泰勒·斯威夫特的《整蛊总动员》了吗？"他问道。比伯指的是其中有一集，他哄骗这位超级巨星一起在马利布创作歌曲，并劝说她在举行海上婚礼的时候燃放烟花，而烟花似乎把一艘船点着了。"她说，'我恨你！'"[11]

成为恶作剧明星是比伯试图模仿库彻的几种方式之一。在经纪人斯库特·布劳恩的帮助下，比伯持有了一系列科技公司的股权。布劳恩是派对的发起人，后来成了超级经纪人。在2008年的时候，他在油管上发现了比伯，并帮助他迅速崛起。我开始问问题的时候，比伯就坐在键盘后面的椅子上。而最重要的一点是：为什么是他？来自加拿大中部只有3万人口的一个小村庄，这样的一位年轻人，怎么突然就开始投资创业公司了？

"科技对我来说只是一种兴趣，"他说着，在旁边的电子鼓上敲打出一段新的节奏，"我总是能从我的iPhone和iPad上找到我喜欢的新应用程序。"

Boom. Boom-boom chuk. Boom. Boom-boom chuk.（节奏响起）

"但我不会投资那些我不喜欢的东西，我必须要相信我投资的产品。"

Beeeep boop boop boop beeeep boop boop boop.（节奏响起）

"每个星期我都会学习一些生意和职业相关的我需要了解的东西，"他继续说着，仍然专注于刺激我们耳膜的作曲中，"我将满18岁了，必须学会承担责任。"

Thunk. Thadunk dunk dadunk dunk-dunk.（节奏响起）

"我可以告诉斯库特年轻人都喜欢什么。"布劳恩也承认了这一点。"他给我看照片墙，在此之前，我还不知道照片墙是什么。"经纪人向我诉说着他这位只有十几岁的明星，感染力到底有多强。[12]

比伯却能以一种布劳恩无法做到的方式同年轻人相处，布劳恩较比伯大12岁半，但布劳恩对自己的客户群体非常了解。回到2004年，布劳恩打算对一个新兴的社交网站进行天使投资，即后来众所周知的脸书。他给马克·扎克伯格发了邮件，扎克伯格的联系方式就在网站上列示着，但遭到了拒绝，因为这位脸书的创始人当时并不需要任何投资。如果当时布劳恩能得到邀请，向这家初创企业投入哪怕五位数的资金，那么他在几年前就已经是亿万富翁了。

但布劳恩得到了一个重要的安慰奖，那就是，从零开始，将比伯推到了流行文化的顶端。到2012年，比伯已经成为社交媒体的半神级人物，在脸书上有4 300万粉丝，比当年的总统候选人米特·罗姆尼和巴拉克·奥巴马的粉丝加起来还要多。他在推特上还有2 100万粉丝，在这世界上除了Lady Gaga外，他的粉丝比任何人的都多，有人认为正是他的帮助建立了微博网站。埃尔曼回忆起他的同事在办公室的墙上张贴了一张比伯的海报。

"坦率地讲，事实上，比伯在推特上非常受欢迎，他的粉丝也非常狂热。而不是说，'哦，他是我们增长的原因，'"埃尔曼说着，"那些都是作为一个员工很高兴看到的有趣事情，但是我们所做的大多数事情都与名人无关。"[13]

布劳恩不同意这种说法，他已经准备好投资了。在比伯身上，他不仅看到了一代流行歌手的身影，可以让这位歌手在老到可以享受免费租车之前就能赚到数亿美元，而且还发现了一个可以让他们两个人都能进入好莱坞和硅谷独家交易的人工密码。布劳恩充分利用了这个机会，从 2009 年开始建造自己的商业帝国。他的想法是，利用比伯这样的明星所拥有的新生力量，通过社交媒体与粉丝直接进行交流。

布劳恩说："这是有史以来第一次，艺人本身就是他们自己的关系网。在我成长的那个年代，如果一个艺人没有出演广播剧，你没有听说过他，那他就将不复存在，而逐渐淡出人们的视野。因此（比伯）和 Lady Gaga，他们每一天都可以和数百万的粉丝进行交流……而我们永远不会失去推特和脸书。"[14]

当我采访布劳恩和比伯时，他们已经持有大约十几家公司的股权。这两个人通常与经验更为丰富的投资者进行合作，他们参与了奥塞里、库彻和卡特的一轮 150 万美元的投资。还比如，为了投资社交策展应用 Stamped，他们与谷歌风投和贝恩资本合作；还与娱乐圈的同行合作投资了 Tinychat。他们也尝试聚焦慈善地产领域。艾伦·德杰尼勒斯曾多次邀请比伯上她的节目，并把他们介绍给了 Sojo Studios。这家社交娱乐公司开发了一款名为 WeTopia 的虚拟农场类型的应用，玩家在游戏中获得的虚拟点数可以转化为真正的慈善捐款。

在大多数情况下，布劳恩和比伯都在遵循着奥塞里和库彻所书写的剧本，即以五位数到六位数的金额投资一家想要上市的初创企业，利用名气获得进入私营企业的机会，这些机会通常只有十分成功的硅谷投资者才有可能进入。这对他们来说是一笔很划算的交易，但对那些还没有引起红杉资本和格雷洛克等公司关注的企业家来说，可能更是一项好交易。对于这些拥有数十亿资产可以挥霍的巨头来说，开出少于七位数的支票都不值得费一下神。

在21世纪10年代初期，好莱坞—硅谷高速公路上的交通越来越拥堵，投资风格之间的差异也越发明显。虽然一些初创企业仍然坚持所有的投资者都是个人投资者，而其他一些初创企业则承诺提供免费的股权，以此来吸引名人，将其称为"顾问股"或"血汗股权"，而持有股权则意味着有更高的参与度。一家以赠送少量股份而出名的初创企业名为Viddy，比伯、威尔·史密斯和杰斯都是少数股东，它推出了一款视频版的照片墙应用程序，这款软件很快就拥有了5 000万的用户。[15]

公司的创始人意识到，明星的加入让他们可以以一种相对低成本的方式来产生影响。比伯在脸书上发的一篇帖子，可能无法传达到全部4 300万粉丝，但如果有1%的人看到了他发布的关于Viddy的帖子，而其中又有5%的人下载了这款应用，那么就会有2万多名的新用户产生。由于每位用户的获取成本将近10美元，金·卡戴珊（Kim Kardashian）在照片墙上的品牌提及率将飙升至30万美元的价格，而比伯的一个帖子在公开市场上可能价值数十万美元，这很容易就抵得上赠予的那一星半点的股权。比伯只是众多愿意参与这笔交易的明星中的一个。

他告诉我："我不知道十年后推特、脸书或任何这类事物会变成什么样子。也可能会有一种变得更好的新事物出现，但你永远都不会知道。我总是，而且（斯库特）也总是，试着寻找下一个目标。"[16]

布劳恩还在为错过了脸书的早期投资而感到痛心，而比伯在照片墙上除大量的用户之外没有得到任何东西，布劳恩也因此而烦恼。对于他来说，只要价格方面合适，Viddy似乎很有吸引力。"如果我们投资并让比伯作为一个沉默的股东，这就没人会知道，那么我们也就不会要求任何特殊的对待，"布劳恩说道，"但是如果我们投资了并把他的名字列上,还有他的品牌、形象和社交媒体的影响力,那么我们会为此试着计算一个适当的作价。"[17]

尽管Viddy早前做出了承诺,但脸书算法的改变让流量减少很多;而照片墙本身也成了一个观看视频和浏览照片的地方。2014年,Viddy在当年底倒闭前仅仅以2 000万美元的价格卖给了一家名为Fullscreen的国际媒体公司,但这远远没有达到早期股东们所期望的九到十位数的价格。[18]

布劳恩、比伯和同行们发现,提供免费股权的公司并不总是最好的公司。Tinychat就是另外一个例子,尽管有比伯的宣传,但是这家初创公司并没有成为下一个大型的信息通信应用。假如这类公司的股权不是免费赠送的,那么这样的结果对那些真正花钱购买股份的股东来说,则是相当灾难性的。

卡特说:"最初的印象是,'哇,投资一家处于早期阶段的科技公司是多么好的机会啊!'这是一次很好的学习经验,但不是一项伟大的投资。"[19]

对于那些帮助创建了脸书和推特等平台的科技迷来说,艺人们似乎从社交媒体的出现中获得了相当多的好处,即使他们并未持有这个新兴行业中关键企业的股份。

埃尔曼表示:"在那个时代真正崛起的一些明星,确实能够以自己可控的方式通过直接渠道来建立受众群体,从而为自己创造大量的价值。一些早期的科技产品发展了起来并不断壮大规模,仅仅因为它们是伟大的技术。"[20]

许多创作名人有其他的想法。除了波诺早期在脸书的投资外,明星们普遍感到错过了投资那些分享他们作品平台的机会。2011年,Gaga决定在卡特的帮助下改变这种情况。

卡特说："我们经历了一个阶段，尤其是当脸书和推特开始真正获得关注时，可以通过直接的方式接触粉丝群和社区。在这成为一个行业前，我们从未见过规模如此之大的事物。随后，在那个时期投资了这些平台后，我们意识到，这些公司无论何时都可以改变算法，并根据你为平台带来的粉丝数量向你收费。"[21]

Gaga 的解决方案是投资了 Backplane 这家初创企业。这家公司用连接计算机的电路板命名，公司的创建是基于它强大的小怪兽百万粉丝网站，想要利用这个平台为其他的品牌建立社交网络。乔·朗斯代尔（Joe Lonsdale）开始执掌这家公司，他此前曾与参与脸书投资的彼得·蒂尔（Peter Thiel）共同创立了数据巨头帕兰提尔（Palantir）。Backplane 公司 1 210 万美元 A 轮融资的参与者包括：谷歌风投、红杉资本、门洛风投（Menlo Ventures）、格雷洛克和康韦的硅谷天使等硅谷巨头们，而公司的估值更是达到了 4 000 万美元。根据一份保密协议，卡特不能置评他和 Gaga 的资金投入，但似乎他们作为 Backplane 的创始人获得了股权。

随着粉丝群的不断壮大，卡特的投资机会也在增加，他可以投资更多的公司。脸书是 Zimride 的第一批投资者，而卡特因为与这家社交网络巨头的关系，也获得了一个早早投资 Zimride 的机会，后来 Zimride 成了来福车。卡特在之后见到了伊朗裔美国投资者舍文·皮什瓦（Shervin Pishevar），而皮什瓦在 Scour.net 网站上则是声名狼藉。这位投资人邀请卡特投资另一款共乘平台应用，即，由洛杉矶当地人特拉维斯·卡兰尼克共同创立的优步。卡兰尼克将他的新公司精心打造成了一个时尚的豪华车按需应用程序，这一特征也使其后来有别于脆弱的竞争对手来福车。优步与娱乐圈还有其他的关联，那就是它的名字。优步这个名字是卡兰尼克从环球音乐集团手中收购的。[22]

皮什瓦在交通运输业尖端的投资旅程可以追溯到他的父亲，他的父亲和家人逃离伊朗后在美国开出租车。"我基本上是在出租车里长大的，"年轻的皮什瓦说道。他来到美国时还是个孩子，几乎不会说英语。当一个专为天资聪慧和有才华的学生开设的项目录取他时，他的教育水平得到了提升。皮什瓦在高中时研究了一个对抗感染疟疾红细胞的项目，并在科学竞赛中取胜。[23] 从伯克利毕业后，他创办了几家高科技公司，其中有一家以 1.18 亿美元的价格卖给了维斯塔印刷公司（Vistaprint）。在第一次互联网泡沫破灭后，他在门洛风投公司找到了一份工作，帮助公司投资了瓦尔比派克眼镜和汤博乐等企业，获利丰厚。[24]

到 2011 年 9 月，优步每个月能从旧金山 9 000 名用户那里获得 900 万美元的车费收入，而将业务扩展到其他城市还需要筹集上亿美元。皮什瓦所在的门洛风投和安德森—霍洛维茨公司都渴望领投这轮融资，但卡兰尼克起初更倾向于后者，因为后者对企业家较为友好。当交易看似已经完成时，皮什瓦祝贺卡兰尼克获得了资金，并表示他很乐意继续待命以防交易落空。在那之后不久，报道称安德森—霍洛维茨公司要求为未来的雇员预留一个更大的股份池，在这一过程中，优步的估值从 3 亿美元降到了 2.2 亿美元。[25]

卡兰尼克在爱尔兰参加一个科技会议，他打电话给在突尼斯发表演讲的皮什瓦。"他问，'嘿，你还在等待吗？'"皮什瓦回忆道。"我说，'当然，'然后我就乘下一班飞机去见他……我很感恩接了那个电话。我的箴言一直是：上飞机。"[26]

两人在都柏林的鹅卵石街道上漫步了一个晚上，卡兰尼克第一次告诉皮什瓦他不仅想经营出租车业务，还想挑战汽车所有权的概念。在那晚晚些时候，皮什瓦写了一份投资意向书，对优步的估值为 2.9 亿美元,并发短信传给了卡兰尼克。

皮什瓦说:"在等待他回复的时候,我差点得了恐慌症,担心他告诉别人卖更好的价钱,所以我提高了报价。但他没有谈判。他说,'不,两亿九千万就可以了。我们就这么定吧。'一收到那条短信,我们就达成了交易,并在门洛风投合作伙伴的支持下,我们起步了。"

皮什瓦制定了一个计划。随着与卡特这样的好莱坞经纪人走得越来越近,他也越来越认识到娱乐圈对硅谷的初创企业重新燃起了兴趣,这可以在优步扩张期间转化为一种非常省成本的新用户获取方式。在卡特的帮助下,他发起了后来被称为"派对风"的活动,邀请了几十位明星和经纪人,活动的目的就是提高知名度。

卡特说:"在那段时间里,洛杉矶的很多人都没有听说过优步,因为那时在旧金山,这只是一种高档租车服务。我把(皮什瓦)介绍给一些经纪人、艺人和天才们……这对优步当时在洛杉矶的融资起到了很大的助力作用。"[27]

值得注意的是,投资优步的机会让创作者们,尤其是那些认为错过了与自己业务直接相关的初创企业股权的人,有机会利用自己的名声来换取另外一项不相关但有价值的资产。2012 年,优步宣布进驻洛杉矶,在一个名为 SmogShoppe 的翻新车库场馆举行了一场盛典,库彻、爱德华·诺顿和奥立薇娅·玛恩等名人投资者都来参加了。诺顿作为优步在这座城市的首批乘客体验搭车兜风,而优步在一篇博客文章中也宣传了这一事实。

他们与布兰妮·斯皮尔斯、杰瑞德·莱托等其他明星一起,大概都投了五六位数的资金。莱托投资了几十家初创企业,包括零佣金经纪公司罗宾汉和冥想应用程序 Headspace。虽然没有免费的股权,但在优步的上一轮融资中,两位创始人(特拉维斯·卡兰尼克和加勒特·坎普）是以普通投资者一样的估值进入的，这就意味着，他们在签约的那一刻就获得了可观的账面利润。到2016年，他们的股权价值是最初支付价格的20倍。[28]

库彻说服奥塞里和伯克尔，将超级天使投资公司的部分资金投入克里斯·萨卡运作的一只基金后，他们实际上已经提前投资了优步。萨卡曾是卡兰尼克的好朋友，他住在洛杉矶，喜欢穿绣花衬衫。这让他看起来更像是一个跳广场舞的牛仔，而不是一位非常成功的风险资本家（他后来退出了投资领域）。萨卡在优步估值还不到1 000万美元时就进入了，因而超级天使投资公司也获得了部分股权。和萨卡一样，库彻也意识到优步不是乘坐脏兮兮的黄色出租车，而是购买汽车的一种理念。

"我记得我们第一次听说优步的时候，我说，'每个人都想坐着林肯城市车兜风吗？真的吗？'"他说道。"然后你就会开始探究网络效应的力量性和即时性，你实际上并不是在开豪华轿车公司，你甚至都没有真正地创立出租车公司……一旦理解了这个立足点，可能性就会是，'为什么要买车？'"[29]

萨卡还帮助优步去招募名人投资者，包括那些无法开出七位数支票的人，比如女演员索菲亚·布什（Sophia Bush）。布什因为主演电视连续剧《篮球兄弟》（*One Tree Hill*）而出名，她投了10万—40万美元的金额。"非常低，"布什说。一年前，她与库彻、萨卡和优步的联合创始人一起投资了在线美容预订服务StyleSeat，这是她的第一笔创业投资。"但他们关闭了这轮投资，而且基本上是在说，'这是我们剩下的股权，也是多少人都想要拿到的，你想要什么？'，我基本上会说，'剩下的我全要了，就这样吧。这感觉就像是这笔投资涉及金额巨大无比。但其实我想买更多'。"[30]

创作者们可能错过了持有脸书和油管大量股权的机会。尽管如此，在卡特和皮什瓦的帮助下，像布什、杰斯这样的明星，作为一个相比硅谷传统投资者阶层更加多样化的演员群体，已经利用自己的名气获得了下一个价值数十亿美元公司的分成。奥塞里说："我一直在说，舍文让好莱坞更多的人变得富有，这比任何一部电影或任何一张专辑的收入都要多。"[31] 后来成为创业投资常客的布什补充说道："不瞒你说，我内心希望的是，我开的支票的 80% 都是给优步的，但这没关系。"[32]

在苹果公司的励志之旅后大约一年，卡特联系了谷歌，他想把 Gaga 带到公司的办公室开会，在这家科技巨头计划推出音乐流媒体服务谷歌商店之前。卡特想了解一下它们现在在创造什么，也看看是否有合作的机会。

谷歌的亿万富翁联合创始人之一拉里·佩奇（Larry Page）会见了卡特和 Gaga。玛丽莎·梅耶尔（Marissa Mayer）也会见了他们，她在 2012 年离开谷歌去执掌雅虎。梅耶尔向他们展示了两种绿色，谷歌对其中一种产品进行了 A/B 测试，结果发现人们更有可能点击其中一种颜色，而不是另外一种。佩奇称赞了这个研究效果，并问 Gaga 是否也做了同样的研究。

"毕加索要对他的画做 A/B 测试吗？"她回答说。[33] 卡特看到了事情的两面性。

"我更相信纯粹的艺术，让艺术鲜活起来并且富有表现力，"卡特回答，"与此同时，当你有机会获得信息和数据，知道什么行得通，什么行不通……这就显示了对 Gaga 这样的艺人来说，直觉和坚持你认为对的事情是非常有效的；而对谷歌这样的公司来说，坚持数据说话是非常有效的，这就是两者之间的区别。"

尽管在理念上存在分歧，卡特还是促成了 Gaga 和谷歌之间的一些交易，包括为谷歌网络浏览器拍摄广告，还促成了谷歌风投公司对 Backplane 的一笔投资。然而对于 Gaga 来说，创建一个属于自己的平台比为知名巨头代言要困难得多：Backplane 这家公司从未真正流行起来，最终遭遇了和 Viddy 一样的命运。

"科技公司失败了，"卡特说道，在我们采访的最后，他在电话那头似乎耸了耸肩，"我不认为这些特别的公司有什么特别……看看苹果，它在因特网包探索器（Ping）上失败了，却在尝试做社交网站……我认为这就是执行力。"

以另一种方式来看待这件事的话，那就是没有哪个主流艺人大得过主流平台。正如油管帮助谷歌将估值提高到了数千亿美元，而脸书收购照片墙是为了能够保持领先地位一样，内容创作者们获得了作品传播的新方式。但他们中的大多数人都无法通过获取股权的方式来体现自己的努力。是这样的，娱乐至死为威尔·法瑞尔和其他少数人创造了一些财富，但它一直是一种利基资产。

"我是否可以认为一个艺人能像脸书那样拥有一个 10 亿用户的内容平台？"卡特慷慨激昂地问道。

"这是……几乎不可能实现的。"[33]

但少数几家与娱乐圈没有关联的初创企业，比如优步，让众多巨星创作者们变得非常富有。这些人很快也将有机会拥有自己的媒体平台，这在一定程度上要感谢另外一位超级天使投资人的努力。

06

纳斯达克的金钱

纳斯是那种需要上门拜访的投资者。2012年,这位传奇说唱歌手在一家名为说唱天才的初创企业总部见到了公司的创始人。这个总部是由布鲁克林海滨的一间仓库改建而成的,在皇后桥区住宅项目以南几英里处,纳斯就是在那里度过了他的童年。在歌词注释网站上点击了几分钟后,纳斯被吸引住了。"这将比推特还要大,"他宣称,他在那之后没多久就投资了这家公司。[1]

2009年,三位耶鲁毕业生创立了该网站。一位是伊兰·泽科里(Ilan Zechory),他是谷歌的项目经理,还是受过培训的催眠治疗师;一位是汤姆·莱曼(Tom Lehman),他曾是一名对冲基金的计算机程序员;还有一位是斯坦福法学院的校友马哈茂德·莫加达姆(Mahbod Moghadam)。在解释肯隆的一首歌曲含义而产生争论后,网站突然变成了说唱注释(Rap Exegesis)。创始人胡乱拼凑了一个网站以提供众包化的注释,几个月后,将名字改为更容易处理的说唱天才。

在纳斯投资说唱天才后不久,他就成了该网站的第一个认证艺人。认证艺人意味着,他实际上会到说唱天才网站给自己的歌曲注释,有时还以视频的形式。就像推特和脸书的蓝色标记一样,这个项目为网站带来了一定程度的合法性，也巩固了网站作为创作者直接与粉丝联系的纽带。纳斯也给予了这三个人文化上的认同，统计上的数字并不完全符合说唱天才最初的关注点。他告诉我："你带来的并不总是钱。"[2]

对于纳斯来说，这家公司只是他不断增加的投资组合的其中之一。从21世纪10年代初开始，在一位年轻有远见的经纪人安东尼·萨利赫（Anthony Saleh）的帮助下，这位出生于皇后区的说唱歌手成了嘻哈界可以媲美阿什顿·库彻的人。他要么是作为天使投资人，要么是通过他和萨利赫后来创办的皇后桥合伙投资公司（QueensBridge Venture Partners），投资了多宝箱、来福车和铃声等公司。

正如纳斯自己所指出的那样，他很幸运从与他同名的美国最大的公共住房建筑群中走了出来，更不用说成为一名发行多张白金唱片的歌手和成功的风险投资家了。正如他在2001年的歌曲《毁灭与重建》（Destroy and Rebuild）中所唱的那样，他在一个"充满着僵尸、食尸鬼、黑帮/警察、怒火中烧的毒贩"的街头迷宫中长大。凭借这种语言表达上的敏锐，纳斯在每一场严肃的"谁是有史以来最好的主持人"的辩论中，都赢得了一席之地。但他永远无法与嘻哈界三巨头杰斯、吹牛老爹和德瑞博士的财富相提并论，因为他们都创立了属于自己的大公司，利用自己的名气来赚钱。

纳斯投资了说唱天才，这家公司自此后也从名字中去掉了"说唱"二字，并将业务扩展到整个网络。尽管仍然继续专注于音乐领域，但情况开始发生变化。2012年，本·霍洛维茨给这家公司开出第一张支票后不久就告诉我："我们认为，他们真的可以尝试去建立互联网的犹太法典，而且我们认为，这才是真正重要的事情。"[3]

06 纳斯达克的金钱

确实，如果没有霍洛维茨和其他超级天使投资人（其中许多人都投资了天才网站）的帮助，或者没有纳斯作为创作者的深厚根基，那么，纳斯作为投资人的成功可能是不会实现的。

尽管纳斯在整个职业生涯中一直都在战胜困难，但他是最有可能冲破皇后桥区混凝土的希望所在，至少从音乐方面来说是这样的。他的父亲奥卢·达拉通过吹短号（一种类似小号的乐器）获得了一定程度的名气。达拉是一名歌手，也是一名吉他手，多年来，一直出现在布鲁斯、芬克和爵士等乐队中，甚至还发行了两张个人专辑。

纳斯在很小的时候就沉浸在音乐之中。他上中学时，在Commodore 64电脑第一次激发了他的想象力后，纳斯便对科技产生了兴趣。纳斯说："我从我的计算机老师——76公立学校的伍兹先生那里学习编程，他告诉我们这就是未来。如果你做这些的话，那别的事情都不重要。"与此同时，他开始借助另一种技术来训练自己作为一名说唱歌手的声音，这种技术就是说唱派的标志性唱机。[4]

纳斯作为一名八年级的辍学生，他觉得当自己在20世纪90年代初签下第一张唱片合约的那一刻起，就已经成为一名商人。他的前八张专辑都达到了白金销量，其中包括他的首张专辑 *Illmatic*，在许多嘻哈历史学家看来，这张专辑仍然是嘻哈史上最好的一张。随着时间的推移，纳斯2001年的歌曲《拿着你自己的枪》预言了他自己未来的科技财富。他在歌曲中唱道："这是纳斯达克的钱，在我的纳斯卡赛车里，有了它，纳斯的说唱才流畅。"21世纪初，一场与竞争对手杰斯的持久口水仗，推升了两人的事业，而同样众所周知的，还有他们的和解。当杰斯接管街头教父（Def Jam）唱片公司时，他签下了纳斯，并在2006年帮助他推出了第三张排名第一的专辑《说唱已死》。

但在纳斯大部分的职业生涯里，他的财务功绩似乎从未赶上他在抒情音乐方面的成就。《说唱已死》是纳斯对白金销量所做的最后努力，随着销量的放缓，这位艺人在其个人生活和职业生涯中都遇到了麻烦。他和妻子凯利分手了，凯利是《奶昔》这首歌的演唱者。由于他要承担赡养费和孩子的抚养费，美国国家税务局在2009年对纳斯实施了260万美元的留置权。[5]

在这场混乱中，他联系上了萨利赫，也就是他后来的经纪人。萨利赫即将成为"《福布斯》30位30岁以下年轻人荣誉"的获得者。这个年轻人稳定了纳斯的财务状况，帮他获得了轩尼诗和雪碧价值数百万美元的代言合同。而且，在萨利赫精于盘算的帮助下，纳斯也有了现金流，并开始投资新兴科技公司。

"我关于投资的整个论点是，我确实对音乐领域缺乏创新这件事感到非常沮丧，"萨利赫说，"我们打算让自己周围围绕的都是更聪明的人，而其中真正有帮助的一个人，就是特洛伊·卡特"。[6]

萨利赫在卡特的原子工厂崭露头角，担任执行副总裁兼总经理。他们花了大量的时间去寻找有前景的创业公司，并让那些最好的公司与纳斯这样的艺人联合。2011年，这位说唱歌手又结识了另外一位改变他职业生涯的人，本·霍洛维茨。

"很明显，纳斯是做得最好的那个……而且很显然本也是这样的，而且我相信，将这些点连接起来要比人们曾经意识到的更有意义。"前音乐高管史蒂夫·斯托特（Steve Stoute）说。他创办了自己的营销公司Translation，并在一次沙龙式的晚餐上介绍了这两位认识。"我相信纳斯当时甚至都没有意识到,这个人就是硅谷的领袖之一。因为当时人们几乎就像在说,'一个领导硅谷的人为什么会知道《不证自明》的歌词?'"[7]

那天晚上,两个人在继续聊着天,纳斯和霍洛维茨因为在音乐和烧烤方面有着共同的兴趣爱好而变得亲密起来。纳斯在谈到霍洛维茨时说:"他在嘻哈方面的造诣让我感到震惊。我们会在这个问题上反复讨论。也正因如此,我们的友谊也在不断加深。让人意想不到的是,我同时也进入了这个(创业)世界,还有比本更好的导师吗?"[8]

与此同时,在美国政府的一些助推下,投资机会也越来越多。2012年,巴拉克·奥巴马签署了《创业企业融资法案》,也就是众所周知的"乔布斯法案"。这部法律放宽了美国更多拜占庭式的证券监管规定,目的是通过一系列条款来刺激对早期企业的投资。

其中有一些规定是立即生效的。比如第一条,让公司能保持更长时间的私有状态或以更低的成本上市。其他一些条款随后也开始生效。2013年出台的第二条,取消了此前对大范围募资的限制。这一轻微调整允许募资者向合格投资者推销自己,这使得初创企业更容易吸引投资者的注意。而合格投资者是指年收入超过20万美元或净资产超过100万美元的个人。换句话说,有钱的内幕知情人专属空间变得不那么排外,不再那么属于内部人士了。正如资深的天使投资人戴维·罗斯(David S. Rose)所说:"2012年在乔布斯法案颁布之前,私人企业筹集资金的唯一办法,就是不告诉任何人你要筹资。"[9]

这为新一波的出资人打开了大门。有些是通过种子投资(SeedInvest)这样的众筹平台进入的,种子投资为合格投资者提供预先审查交易方面的服务。但很多最好的投资机会仍然是通过内部人士关系进入的，就像纳斯这样的超级天使投资人。其中最有趣的是，说唱天才的投资机会更像是说唱歌手自然演化的产物。

纳斯说："我们一直在不断前进，而嘻哈一直都是这样的。我感觉我一直在那里等着，等待这一转变的发生。"[10]

Y Combinator 正在迅速地孵化公司，就像纳斯的大脑都是说唱乐歌词一样。在这里，任何一个想法的萌芽或者可能接近完全成形的东西，在完整发布之前都会被塑造成一个精美的实体企业。

这家创业加速器每年会让少数幸运的企业家来硅谷两次。一旦安顿下来之后，他们便会花上三个月的时间来打磨自己的使命，并向投资者推介，最后在展示日让一切达到高潮。这时，风投公司和天使投资人就会出现，他们希望与 Y Combinator 一起投资一系列初创公司。Y Combinator 通常会向每家公司投资 15 万美元。

"无论我做什么，无论一年当中发生了什么，我从未错过（投资机会），"盖伊·奥塞里说，"谁将成为下一个爱彼迎或多宝箱？它们有什么锦囊妙计？……但我从来没有厌倦过投资。"[11]

总之，加速器公司已经投资了大约 2 000 家这样的企业，包括前面提到的多宝箱和爱彼迎，这两家公司今天的总价值已经超过了 1 000 亿美元。从 Y Combinator 毕业就相当于创业公司拿到了常春藤联盟的大学学位。虽然这并不能保证什么，但却是对价值的一种认可。在风险投资领域，这种审查给劳动密集型的市场带来了一定的效率，因为天使投资人在投出一笔资金前一般已经拒绝了 40 个项目。[12]

2011年,说唱天才三人组加入了Y Combinator,为的是帮助增强网站的影响力,这让网站的月点击量提高到了100万次。从孵化器毕业后,说唱天才的创始人不仅吸引了几位超级天使投资人的兴趣,还拿到了超级天使投资基金的投资。泽科里说:"盖伊和阿什顿在我心里永远都有特殊的位置,他们是真正的第一批天使投资人……如果由他们做出承诺,那人们会感觉好很多、安全很多。"[13]

在后来的投资人当中,有一位是特洛伊·卡特。萨利赫记得,当时他坐在原子工厂的办公室里,当天才网站的创始人前来向卡特推销他们的企业时,卡特立即把他们介绍给了萨利赫。"那边的那个人是纳斯的经纪人,"卡特解释说,"他能改变一切。"[14]纳斯不敢相信他们在如此短的时间内究竟创造了什么,正是这些注释,才让他在自己的音乐中发现了新的意义。"我要说的是,每个人都有自己的想法,但他们在用一种甚至比我想的更好的方式给我做了注释,"2012年当我就这个网站采访纳斯时,他告诉我这些。[15]

纳斯和他的经纪人各自投了六位数的金额,纳斯还额外获得了一些血汗股权。[16]这家初创企业在种子轮的融资中,仅仅募集了不到200万美元。由纳斯牵头,说唱天才招募了许多嘻哈歌手为网站录制视频注释,这其中就包括RZA、A$AP洛基和50美分。泽科里还记得与50美分已故的经理人克里斯·莱蒂的交谈,他告诉泽科里,让纳斯加入网站,这会给50美分加入网站增加信心。2012年,同为嘻哈歌手的法瑞尔·威廉姆斯通过一家风投基金对天才网站进行了投资,而这家风投基金的普通合伙人本身可能不太会考虑投资这样一家公司。

同一年,安德森—霍洛维茨公司投资了1 500万美元,设想着说唱天才的注释功能可以在嘻哈歌词之外发挥作用(马克·安德森也曾经想在他最初的网景公司原型中加入类似的功能）。"纳斯的信誉产生了滚雪球的效应，"泽科里说道，"音乐界有很多人都加入了进来。"[17]

说唱天才在科技界和娱乐圈不断树敌，而依靠这种明星的信誉往往是可以避免树敌的一种方式。三人试图塑造一个坏小子创业公司的形象，比如，在布鲁克林总部举办堕落派对，在接受行业座谈或接受主要出版物采访时，摆出一种古怪的趾高气扬的姿态。他们摒弃了创业界低调的牛仔裤和卫衣制服，选择了奢华的高帮运动鞋、华丽的夹克衫和超大墨镜（通常是在室内佩戴）。2013 年，在霍洛维茨家的一次聚会上，莫加达姆公布了一张与会者的照片，其中就包括马克·扎克伯格。扎克伯格要求他删除这张照片，他也确实删掉了。但不久后他向一名记者讲述了这件事，并对这位脸书的创始人说了一些尖酸刻薄的话："去你的吧！"随后一则针对沃伦·巴菲特的指责，更是让说唱天才失去了与杰斯会面的机会。

这家初创企业还成功激怒了歌曲创作的潜在音乐发行商。说唱天才不同于纳普斯特，因为它没有非法展示录制的音乐。尽管创始人坚持他们的内容是众包的而不是剽窃的，但在许多音乐高管人士的眼中，任何歌词网站仍然都是与纳普斯特类似的。2013 年，美国国家音乐出版商协会将说唱天才列为"不受欢迎的歌词网站名单"之首，并发布了一系列的删除通知。[18]

两位创始人开始向他们的投资者寻求帮助。在这之中，卡特起了很大的作用。他在相互介绍说唱天才和出版商高管时，帮助创始人整理出了一些令人感到混淆的版权问题。这家网站最终与主要音乐出版商签订了许可协议，这才结束了一场法律纠纷。毫无疑问，是纳斯和法瑞尔这样的创意盟友促成了此事。一大群"认证艺人"

将说唱天才看作是一个有价值的推广工具，让它展现了与纳普斯特不同的形象，并避免了与它类似的命运。

不过，还是有一些问题，必须要说唱天才的创始人自己来解决。2013年的圣诞节，当他们一觉醒来，发现谷歌因为搜索引擎优化的实践问题而惩罚了该网站，把这家初创公司的歌词排到了谷歌搜索结果的第六页。甚至当用户输入"说唱天才"时也是如此，这对他们的业务可能是致命的打击，就像脸书的算法改变让Viddy注定失败一样。在这些不慎的言行中，莫加达姆一直标榜的"说唱天才博客分销联盟计划"，也成了谷歌网络计算不信任的一类非自然链接。

创始人立即着手处理每一个引起争议的链接。他们的工程小组整理出了一份包含177 781个说唱天才外部链接的列表。他们从中确定了3 333个可能存在问题的统一资源定位器（URLs），并手动逐个检查，将名单减少到只剩几百个最严重的、需要消除的违规行为。说唱天才的创始人和工程团队，在其博客中发布了关于公司所采取的技术补救措施的完整版说明。[19]

几天之内，一切又恢复了正常。莱曼说："那天是圣诞节，所以，我们本可以因为压力太大而扭打起来，或者不管不顾地吼叫解压。但是相反，我们团结了起来，每个人都在尽自己的一份力量。最终，我们解决了这个问题，战胜了很可能是一个非常糟糕的插曲事件。"[20]

然而几个月后，在加利福尼亚大学圣塔芭芭拉分校，一名疯狂的杀人枪手留下了一份宣言，当莫加达姆对这份宣言进行漠不关心的注释时，他似乎已经把另外两位创始人的耐心耗尽了。在此后不久，他就辞职了。

"莫如达姆是我的朋友。他是一个聪明、有创造力、内心复杂的人,但他的心中却充满了爱,"莱曼在网站上写道,"没有莫如达姆,说唱天才就不复存在。我很感激他为帮助说唱天才获得成功所做的一切,但我不能让他违背说唱天才的使命。"[21]

在成立五年后,说唱天才已经成为主流网站,期间经历了与一位联合创始人的高调拆分,也经历了那则本可能终结公司的谷歌丑闻。说唱天才正在成为网络上最受欢迎的嘻哈网站,即使当它的业务扩展到其他领域,注释着从新闻故事到圣经里的一切,仍然是最受欢迎的网站。

从种子期投资进入的纳斯到参与 A 轮融资的本·霍洛维茨,一大批投资人都认识到了说唱天才的巨大潜力,并开出了更大金额的投资支票。他们对这家初创企业本质的把握,总是会让这家公司的创始人感到很欣慰。泽科里说:"这些人在使用这个网站的时候就非常清楚,这确实是一个非常强大的资源。这对我们来说,能找到他们非常重要。我认为,任何公司都要找到真正理解你所做事情的投资者。"[22]

可能是因为已经有很多精明的投资者参与其中,所以亿万富翁丹·吉尔伯特、克利夫兰骑士队和快贷的老板在 2014 年夏天领投了说唱天才 4 000 万美元的 B 轮融资。吉尔伯特在网站上写道:"可能性是无穷无尽的。"该网站后来将"说唱"二字从名字中去掉,以表示其对使命扩大的认同。"协同注释将是互联网文本的未来。"[23]

当天才(Genius)经历发展初期的困难时,纳斯正在忙着树立自己的风险投资形象。2012 年,他加倍利用自己的名气来投资初创企业，与萨利赫合作成立了皇后桥合伙投资基金（Queens Bridge Venture Partners），它是一家专注于早期投资的风险投资公司。

"你尽职调查，仔细看的其实是一个想法，还有人，就这两样。因此，你真正需要了解的是，这是一个好的创意吗？"萨利赫说。"我们发现了诀窍。我们认为，'扩大规模的唯一方法就是获得更多的本金。'……但我们没有能力从自己的口袋里拿钱，快速地投入数百万接着数百万接着数百万美元的资金。"[24]

对于纳斯来说，创办自己的风投公司也是引领潮流的另外一种方式，而不需要模仿杰斯或吹牛老爹的策略，推出服装品牌或签订运动鞋合同。他说："当我开始作为一名投资者一觉醒来时，因为我没有看到其他人在做这件事情，所以我觉得很有新鲜感。我想做一些崭新的东西。"[25]

在一个不断成长的团队的帮助下，纳斯和萨利赫建立了皇后桥合伙投资企业，凭借前者的名气和后者找到的投资机会，他们的首只基金募集了1 000万美元。萨利赫不愿透露除了他自己和纳斯之外的其他投资人，因为签订了风险投资界比较常见的保密协议，但他称他们为"普通的富人"。[26]

2013年，皇后桥合伙投资公司增持了包括经纪应用罗宾汉和比特币公司等在内的初创企业股份。[27]第二年，参投了来福车和多宝箱，投资人中还包括U2乐队、珍珠果酱乐队（Pearl Jam）和盖伊·奥塞里等人。[28]而这些企业公司安德森—霍洛维茨公司全都投资了。

"当我们和本一起投资时，他会教我们怎么做，"萨利赫说，"不是直接说'嘿，把钱投进去'，而是说'嘿，你应该考虑一下这个。'（他）会告诉我们他如何评估一个人，或者他如何评估投资机会，这

些都是超高级别的东西。"²⁹

在纳斯的骨子里体现的还是嘻哈文化,并且他知道自己可以帮助像天才网站这样的企业腾飞起来。与库彻不同的是,纳斯并没有真正深究投资的每一家企业的基本面,而是依靠像萨利赫这样值得信赖的合作伙伴和霍洛维茨这样的导师以及直觉进行投资。当他通过皇后桥合伙投资企业进行投资时,他的这一依靠常识的方法也被证明是有价值的,尤其是当萨利赫想放弃对床垫初创企业天使投资人的另一个投资组合公司——卡斯帕的早期投资时。

"纳斯说,'我觉得把床垫装在盒子里是很酷的……如果你住在纽约,你能想象床垫是被装在盒子里寄到的吗?这样寄要容易得多,'"萨利赫回忆道,"我说,'你知道吗,这是一个好主意。好吧,很酷。'然后我就给那个人回电要投资。"

罗宾汉、卡斯帕、比特币公司、来福车和多宝箱现在都是价值几十亿美元的公司,要么已经在纳斯达克上市,要么正在朝着这个方向发展。纳斯在创业界的成功很快吸引了众多嘻哈界的同行,这其中也包括他曾经的死对头。随着优步的业务扩展到豪华轿车之外,杰斯与优步签订了一项200万美元的投资协议。然后他又亲自给优步的创始人特拉维斯·卡兰尼克电汇了500万美元,希望他能增加持股比例。但对卡兰尼克来说,名人投资也有其局限性。他很清楚,即使不追加这笔钱,杰斯的影响力也同样重要,而且他不想再出售公司的任何股份,所以他退还了杰斯刚刚支付的500万美元。³⁰

说唱歌手投资者的名单在不断增加,史努比·狗狗(Snoop Dogg)在2014年投资了红迪网和罗宾汉,并在第二年成立了自己的卡萨沃尔德资本(Casa Verde Capital)。在嘻哈事业达到巅峰后的很长时间里,威尔·史密斯和纳斯一起投资了袜子初创企业斯坦斯

(Stance)。他们还联手投资了推荐引擎 Fancy——想象一下拼趣和亚马逊的结合,这里可以提供一切产品,从专为猫咪设计的吊床(62美元)到水下摩托艇(13 500 美元),应有尽有。

来自加州科技中心以外地区的说唱歌手也加入了创业行动。亚特兰大本土说唱歌手小克利福德·约瑟夫·哈里斯(T.I.)增持了包括 Moolah 在内的多家公司股份。Moolah 是一款应用程序,通过手机端向客户提供广告,以换取返点和现金奖励。[31] 休斯敦的男歌手天生赢家(Chamillionaire),因 2005 年引起轰动的电影《肮脏的骑乘》[Ridin' (Dirty)]而出名,在迪士尼买下视频制作公司 Maker Studios 之前,投资了 5 亿美元。[32]

事实上,那些成功的嘻哈歌手发现自己作为天使投资的优势是,他们足够富有,拥有创业公司所需的可支配收入,但又不会因太富有而看不上小公司。像比尔·盖茨这样的亿万富翁,可能不愿意花时间为早期创业公司投资 1 万美元而操心。[33] 但是像天生赢家这样的百万富翁,可能会。而且嘻哈明星的生活经历往往会让他们对初创企业有一种天然的亲和力。

"这些公司……他们并不需要再多一个 MBA,他们已经有很多了。"萨利赫说,"他们需要文化,需要观点,需要消费者的眼光。"[34]

在纳斯开始从事投资之前,他已经是一个为人们所津津乐道的传奇人物了。他的投资为他赢得了嘻哈音乐同行的更多尊重,包括那些从 20 世纪 90 年代开始就在说唱界开辟赚钱新方法的人。"帕夫告诉我,'年轻人,你是我们关注的人,'"纳斯说道。他坚称自己不需要额外的关注,"我已经因为做音乐而出名了,我真的不在乎任何额外的认可。"[35]

用老生常谈的话来说，最好的作家都是因为他们的文字来自于生活而闻名。2018年冬末，妮琪·米娜（Nicki Minaj）的作品就做到了这一点。在洛杉矶的一个仓库里，摆放着毛茸茸的红色沙发，沙发的形状就像两片嘴唇，藏在两只淡紫色的眼睛下面，上面还有一顶豪华的金色王冠。这个10英尺乘10英尺作品的灵感来自于米娜的歌曲《生命瞬间》（Moment 4 Life）中的歌词"在这一刻，我就是国王。"

多亏了艺术家佩吉·诺兰（Peggy Noland）以及天才和多宝箱的合作项目《生活的歌词》（Lyrics of Life），才有了这些实物的具体表现。合作项目吸引了大批的观众前来观看米娜以透视画等形式的展出。这次活动还让我们预览了天才网站的最新业务，其中包括加大对音乐本源的投入，更多地专注于视频系列，比如核实认证（艺人们深入研究他们的歌词）和解构（制片人考察他们最热门的歌曲）。

"从说唱天才到天才的转变，并不是在说，'好吧，我们之前在音乐领域做了点事情，现在我们想要扩张发展了。'关于人们如何使用网站，这点是我们让产品与社区发生动态相适应的一种方式，"泽科里说道，他认为自己的网站受欢迎不单是因为注释音乐歌词的缘故，"基本上从2015年开始，我就在想，'好吧，我们确实在音乐领域做着一些非常有趣而且重要的事情，'这也是我们开始着手做的事情。我们建立了这个网站，发现社区的能量非常强大，给我们提供了一个真正从文化上改变的机会。"[36]

这一战略很有发展前途。2017年12月，天才网站总共获得了1亿次独立访问量，这是2016年12月浏览量总和的两倍多；年收入达到 1 000 万美元，第二年则翻了一番。[37] 对于一家已经融资超过 7 500 万美元的公司来说，这一数字并不巨大。但对于硅谷来说，风投公司通常要等上数年才能看到初创企业从受众获客模式转变为赚钱模式，这无疑是令人感到振奋的进步。[38]

即便在规模扩张之后，天才网站仍然继续依赖早期的投资者。例如，当泽科里计划在公司布鲁克林总部举办首届 IQ/ bbq——一种以音乐游戏和音乐会为特色的小型音乐节时，他向奥塞里请教了现场音乐业务，而且还获得了一些有用的介绍。不久后，他同演唱会巨无霸（Live Nation）的人（这些人正是奥塞里的朋友）进行交谈以探讨在演出中加入实时歌词分析的合作。[39]

即使纳斯没有积极地宣传天才网站，但他赋予该网站的合法性仍然存在。泽科里记得说唱歌手二链子（2 Chainz）在天才网站的一个视频中升级了他的游戏。"他对人们对他歌曲的歌词有如此深刻的理解，感到很震撼，然后他以某种方式对听众讲话，"泽科里说，"他说，'好吧，我真的要在这里谈谈我的窍门。这并不是一次肤浅的采访，因为这些人很重视'。"

这一战略的转变并不是与天才网站决裂的联合创始人莫加达姆会效仿的。"如果我留在天才网站，它将会成为一个通用的注释工具，"在我 2018 年为《福布斯》撰写关于天才的一篇文章中，莫加达姆对我说道，"相反，这是一个说唱音乐网站。"[40] 这位联合创始人回顾了对早期时光的某种喜爱，也承认在年轻时犯了错误。泽科里说："当一个公寓里只有三个人时，你可以沉浸在自己的世界里，但这是要承担后果的。这与你有关，或者与你的个性有关，与你讲的笑话有关，或者和任何事情有关，比如，你穿着有趣的外套。"[41]

纳斯为了自己在各个情况下似乎都做得很好。他从未公布自己的确切投资金额,天才网站也不愿透露当前的估值。这家公司也完全有可能永远无法实现一笔大的退出。但就目前而言,毫无疑问的是,这位说唱歌手的投资如今价值是他最初投入时的几个数量级。纳斯说:"风水转到我这边来了。"⁴²

在曼哈顿时尚的苏豪区 WeWork 大楼的二楼,你会发现另一家以嘻哈为主的媒体公司(Mass Appeal)总部,这里是名副其实的娱乐和风险资本融合的圣地。大厅的墙上挂着几张黑胶唱片,唱片的封面朝外,其中有 HBO 电视网《硅谷》(Silicon Valley)的原声带,还有几张纳斯的专辑。

这一切并非巧合。纳斯在 2013 年给 Mass Appeal 投资了六位数的巨款后,持有公司大量的股权。从那以后,他就采用了与天才网站类似的策略,帮助这家濒临倒闭的杂志转型为一家多媒体公司和创意机构。

Mass Appeal 的首席执行官彼得·比滕本德(Peter Bittenbender)说:"他投资的数额令人难以置信,"在二楼的会议室里,他就坐在纳斯的旁边,"但是他做的其他事情都比那张支票要值钱百倍。"⁴³

事实上,纳斯说服了他的朋友坎耶和吹牛老爹参演了 Mass Appeal 的纪录片《扮酷/时尚着装》,并通过代理方联系了曾任街头教父首席执行官的莱尔·科恩(Lyor Cohen)(在本书原版书编写时在油管任职)合作,组织了一场以嘻哈音乐为主题的谷歌 44 周年庆典活动。

"我知道这本杂志还有更多的东西,"这位说唱歌手用沙哑的男中音补充道，咬了两口龙虾卷，"我感觉火炬正在传递给我们。"[44]

这些天，纳斯和萨利赫在研究他们的下一步方案。2016年底，随着皇后桥合伙基金投资了一系列令人印象深刻的初创企业，萨利赫与包括梦工厂联合创始人杰弗瑞·卡森伯格在内的少数运营商合作，成立了WndrCo，这是一家支持和发展以消费者为中心的公司，因此，公司的总部设置在洛杉矶和旧金山两地。萨利赫是"交易高手"，而纳斯经常参与投资，常常投资那些证实他最擅长领域的早期公司。

尽管在过去十年的大部分时间里，纳斯都在投资初创企业，但他的风险投资生涯仍处于相对早期的阶段。这些企业可能需要15年的时间才能实现收购或盈利。直到最近，纳斯才开始看到他的六位数投资变成了七、八位数的意外之财。[45]在我撰写本书期间，他投资的几家公司都出现了这一幕，Pluto TV以3.4亿美元的价格收购了维亚康姆（Viacom），而亚马逊则以每家10亿美元的价格收购了上门药房PillPack和虚拟门铃设备公司Ring。[46]多亏了纳斯选择退出，他才在2018年赚了3 500万美元，并在44岁时创下了职业生涯收入的新高，随后在2019年又赚了1 900万美元。

而那些尚未上市或未被收购的初创企业则将继续着它们的轨迹，即使纳斯在生活中再也没有出演过任何其他的节目。可以肯定的是，许多甚至是大多数创业公司可能都不会成功。但正如任何一位硅谷的资深人士都知道的那样，一个成功可以弥补十几个失败。最重要的是，他在这些公司的股权价值与他在音乐事业上的成功无关。在一个众所周知的缺乏安全感的行业，这是一种极好的安全感。纳斯最遗憾的是，从梅勒·梅尔（Melle Mel）到大师弗莱什（Grandmaster Flash），这些嘻哈音乐最早的先驱者们，却从来没有机会拥有同样的财富。

纳斯说:"他们破门而入,目的是确保我就在这儿。当形势逆转时,就会有人来接手。杰斯和帕妃(Puffy)知道陈旧的方式在20世纪90年代已经过时了。人们开始创办自己的唱片公司,为了确保他们不会穷困一生,也为了确保他们不会混沌一世。"[47]

纳斯助推了嘻哈音乐商业化的下一步进程。尽管他和同伴们无法在油管或脸书的早期进入,但少数超级天使投资人确实成功地投资了下一个大平台。

07
声田观察者

作为一位正处于上升期的音乐人转行风险资本家，D.A. 瓦拉赫当然具备了适合的资质。他在一座小山上置办了必不可少的房屋，而在这座山上，曾经居住过几代好莱坞明星；房屋前面停着一辆特斯拉，这在某种程度上是对硅谷致以敬意。

瓦拉赫在他那所通风的屋子里向我打招呼，除了那一头让人震惊的红色卷发外，他穿着一身黑，盘着腿，坐在一张赤霞珠色的天鹅绒沙发上。虽然瓦拉赫已经35岁了，但他从一个广受好评的音乐人变成了一个全职的风险投资家，现在持有声田和太空探索技术公司的股权。有时，他也会在创业公司和娱乐圈的一些名人之间扮演一下长舌妇。

瓦拉赫作为联络人的角色在一开始并不是很顺利的。2007年，当时还是哈佛大学大四学生的他，第一次见到了校友马克·扎克伯格。他撮合这位脸书的创始人和时任新视镜唱片公司（Interscope Records）的首席执行官吉米·艾奥文（Jimmy Iovine）会面。那时艾奥文刚刚签了沃拉赫的切斯特·弗兰奇（Chester French）乐队，当时正想要进军科技行业，于是他决定飞到湾区去会面。

"这次会面吉米迟到了45分钟，"瓦拉赫回忆道，"他就说了句，

'哦，很抱歉我迟到了。我们的飞机早到了……然后我们路经苹果公司去见了史蒂夫（乔布斯），史蒂夫是我重要的合作伙伴。'他没有意识到扎克伯格很快就会比艾奥文更出名。"[1]

瓦拉赫还幻想着，在他的精心安排下，之后可以促成音乐领域和新兴社交媒体间许多重要合约。因为他感觉在扎克伯格这样的创始人和艾奥文这样的首席执行官之间，可以建立起一种关联，利用脸书的能量为音乐家来谋取一些利益。比如像"点赞"按钮这样的功能，可以帮助艺人和粉丝之间直接建立互动联系。但是艾奥文给扎克伯格留下的第一印象并不是很好。

"吉米，我想你用过脸书吧。"瓦拉赫开始说道。

"不，我不能用脸书，"艾奥文回答，"那样人们将会到处留言给我。我可不想陷入这种混乱之中。"

瓦拉赫心想：伙计，我可是费尽心思才安排了这次重要的会议。能把这两位介绍到一起，这已经是我最大的能量了，而吉米根本不清楚脸书是什么。

五分钟后，扎克伯格认为再坐下去也没有任何益处。这位年轻的亿万富翁为这次会议预留了一个小时的时间，而艾奥文在进入会议室之前就已经花掉了其中的大部分。

扎克伯格说："抱歉，三点半我必须结束。我不知道我们在一起能做些什么，但我很感谢你能来这里。很高兴见到你，我得走了。"

虽然这次会议对所有的参与者来说都没有产生什么效果，但瓦拉赫和艾奥文都找到了接下来进入两个专为音乐人服务的大平台的方法，这两大平台便是声田和苹果音乐。而且也还是要感谢瓦拉赫，让几位超级天使投资人及其他一大批的创作者们也能在流媒体的革命中占有一席之地。

07 声田观察者

2006年的某一天,艾奥文和老朋友德瑞博士在加利福尼亚的海边漫步。他们开始讨论超级制片人收到的一项鞋类合同,这份合同与几年前杰斯和50美分签订的协议并没有什么不同。"去他的球鞋,"艾奥文说,"我们卖扬声器吧!"²

而这大概就是他们接下来所做的事情。艾奥文和德瑞博士最初与魔声线材公司(Monster Cable Products)的李美圣(Noel Lee)合作,进行耳机的设计、制造、生产和分销,并给了他声乐设备品牌Beats by Dr. Dre中个位数的股权。黑眼豆豆合唱团(Black Eyed Peas)的威廉姆(William)和NBA球星勒布朗·詹姆斯获得了少量股权,而艾奥文和德瑞博士的持股比例最大。环球也持有了公司一部分的股权,并让巨星们在音乐视频中都戴上这家公司的耳机,尤其是艾奥文掌舵的环球旗下顶级品牌新视镜唱片公司。到2000年底,Beats频频出现在名人的头上,从Lady Gaga到美国奥运篮球队的队员。

大约就在德瑞博士和艾奥文散步的同时,有两个刚刚成立音乐流媒体公司的男士,在斯德哥尔摩的一间公寓里,正在胡言乱语,大喊大叫,希望能碰到一个在互联网上还未被使用过的毫无意义的名字。丹尼尔·埃克(Daniel Ek)听错了他的联合创始人马丁·罗伦森(Martin Lorentzon)的话,以为他说的是"声田",而且发现这个名字在谷歌上的点击率为零。彼时20多岁的埃克和40来岁的罗伦森,这两位瑞典的连续创业客聘请工程师来设计界面,并花了两年的时间试图说服欧洲品牌许可他们的产品目录。对很多人来说,声田的服务仍然带有很明显的纳普斯特味道,而且直到声田的创始人提供了数百万美元的预付款之后，唱片公司才终于答应。

"我们有时是在赌个人的财富，有时是在赌整个公司，"埃克说道，"我们依靠的是信念的指引，而不是理论，因为理论上这是不可能的。"[3]

继美国唱片销量在 2000 年达到 7.85 亿张的峰值后，唱片的销量在后纳普斯特时代却急剧下降了。尽管苹果在 2003 年推出 iTunes 商店让人松了一口气，但这项服务还是让消费者按单首 0.99 美元的价格来购买音乐，而不是按专辑收费。从 2000 年到 2008 年，总销量下降了 45%。直到声田出现的时候，各大唱片公司已经绝望到要仔细考虑那些他们曾经认为不可接受的想法。

到 2011 年时，声田通过免费订阅和高级订阅服务扭转了整个行业十年来下滑的局面，声田的收入占瑞典整个国家录制音乐收入的一半。声田在瑞典取得了成功，这也让各大音乐公司开始仔细聆听埃克的话。有些人可能后悔没有在十年前与纳普斯特签订协议，创建声田式的服务。这些大公司似乎并没有被老对手肖恩·帕克的参与震慑住。据报道，帕克在 2010 年斥资 1 500 万美元收购了声田 5% 的股份。

总之，这些大唱片公司的高管很清楚他们有很大的影响力，因为如果没有他们提供的几近无限量的音乐自助餐，就不可能有今日的声田。而且，正如那些见证了脸书和油管等公司成长的创作者一样，他们自己也想从这些平台中获得好处。他们决定进行相应的谈判并最终获得了声田 10%—20% 的股份。唱片公司的支持为声田 1 亿美元的融资铺平了道路，声田 2011 年在美国上市前的估值达到了 10 亿美元左右。

"他破解了这一难题，并提供了一个极好的平台。在这里你能听

07 声田观察者

到所有的音乐,感受着最棒的界面,并且它改变了原来的规则。"奥塞里说道,"在我们的众多投资当中,投资核心社区的并不多。通过声田,我们在自己的世界里发现了一些东西,并参与其中。而且我们了解它的潜力,如果唱片公司支持它,我们就能看到它的未来。它确实做到了,接下来的事儿,世人都知道了。"4

瓦拉赫虽然没能撮合脸书和新视镜,但他很快就找到了一种方式来帮助促进技术和创造力的另外一种融合,这几乎是他计划好要做的事情。瓦拉赫在威斯康辛长大,酷爱计算机和音乐。他在高中时作为音效师把创作和技术这两者结合了起来,"本质上,而且基本上,主要是计算机编程,"他说道。5 瓦拉赫直到上大学时才开始思考商业的价值,如何将自己的音乐卖给 Chester French 乐队,扎克伯格是这个乐队的早期粉丝。6

瓦拉赫说:"我们是第一代通过社交媒体而不是开着货车兜风来吸引观众的艺人。在我的职业生涯早期,并没有考虑过这些科技方面的因素,但它们确实发生了。我早期的职业轨迹也是受我选择做这些事情驱动,并且从一开始就是在真正地思考'在社交媒体世界中,组建一支乐队将会是什么样子?在数字录音的世界里录制会是什么样子?'"7

2007 年,瓦拉赫搬到了洛杉矶,在这里他的音乐事业迎来了一个充满希望的转折点。法瑞尔·威廉姆斯听了英伦摇滚乐队 Chester French 的演唱后,将乐队签到了他的新视镜旗下,并发行了第一张专辑《热爱未来》(*Love the Future*),2009 年该专辑在 *Billboard* 排行榜上名列第77位。通过一个共同的朋友，瓦拉赫认识了同为中西部居民的库彻。库彻在那之后不久就抢先获得了Popchips的股权，这是一种孩子们爱吃的年糕和薯片零食。瓦拉赫接下来做的一件事情就是与公司的高管们进行谈判，开展一项影响者营销活动。[8]

"当时他们正在募资，他们问道：'你想投资我们吗？'"瓦拉赫回忆说，"所以我投了5 000美元给Popchips……我以前从没干过投资这事。5 000美元对我来说是一笔相当大额的资金，而且这不是在投一家科技公司，而是一家薯片公司。"[9]

对瓦拉赫来说，这笔投资代表了他在风险投资界站稳脚跟的一种方式，尽管这家企业对他来说并不是非常理想的公司。今天，他的投资值1美元还是2万美元？"不知道，"他说道。如果瓦拉赫再等上一段时间，他的第一笔投资可能会好得多。投了Popchips的第二年，那时他还住在母亲密尔沃基的房子里，瓦拉赫接到了当时在硅谷门洛风投工作的舍文·皮什瓦的电话。

"我记得他打电话给我是说优步的事，'嘿，你想不想投5万美元？'"瓦拉赫说道，"我穿着平角短裤坐在计算机前和舍文通着电话，我想说，我不想听起来像是没钱的样子，但我不能投这5万美元，因为我几乎连5万美元都没有。所以，我可能只得强调我对这家公司的质疑。"[11]

随着优步的估值从3亿美元攀升至数十亿美元，瓦拉赫的悲观情绪逐渐消失。与此同时，他与Chester French进行了全球巡演，有时会吸引大量观众。但不幸的是，在英国布里斯托尔的一次巡演中，观众少到只有几个人。瓦拉赫渴望找到一种更为深入研究初创企业的方法，并找到了声田。2010年，当他第一次发现声田并缠着早期的投资人沙基尔·汗，请他介绍丹尼尔·埃克和肖恩·帕克认识。

这两位的组合给这位年轻的音乐家留下了深刻的印象,"丹尼尔是如此理性,如此冷静,有点不带感情色彩……肖恩创造了整个空间,他是一个疯子,他是我见过的最好的推销员之一,而且很聪明"。

瓦拉赫非常想投资,但他仍然没有足够的现金来购买大量的股份。因此,双方达成了一项协议,他将担任声田的驻场艺人并担任音乐大使。这就意味着,要创造一个像仪表板一样的东西,它可以告诉演出者他们的信息流来自哪里,这可以帮助防止类似 Chester French 乐队在布里斯托尔灾难性、代价高昂的事件发生。作为交换,瓦拉赫将获得"相当可观的股权",能够从这家已经估值近 10 亿美元的公司中分得好处。

更重要的是,瓦拉赫成了声田的传道者,就像皮什瓦对优步的传道一样,尤其是他在 2012 年开始筹备自己的一轮派对融资之后。三年前,Chester French 与吹牛老爹合作推出了一首名为 *Cîroc Star* 的歌曲。这是一首对拉斯维加斯派对的颂歌,这位嘻哈大亨在派对上与帝亚吉欧投资的伏特加共同出镜。于是,瓦拉赫给吹牛老爹打了电话,并获得了一笔投资。

吹牛老爹是瓦拉赫带来的众多创作者之一,但声田并不一定容易卖出去,尤其是对那些沉浸在纳普斯特时代的艺人来说。尽管如此,还是有少数人看到了这个难得的机会,在这个代表着行业未来的平台上分一杯羹的机会。瓦拉赫帮助声田与摇滚歌手杰克·怀特、说唱歌手埃米纳姆、眨眼 182 乐队的鼓手特拉维斯·巴克、青少年贾斯汀·比伯和经纪人斯库特·布劳恩达成了协议,总共筹集到了约 1 500 万美元。布劳恩是投资这个平台的几位知名艺人经纪人中的一位,但他同伴的参与并没有让每个人都感到很满意。

"我认为它们实际上是让人分心的东西,"风险投资机构(Code

Advisors）的创始合伙人弗莱德·戴维斯（Fred Davis）说道，他是一名风险资本家，"这些艺人代表是否在滥用他们的平台，用甜言蜜语来进入他们本不应该参与进来的投资交易？或者他们本身就是优秀的投资人？而好的投资人是会带来价值的。"[12]

然而对于声田来说，随着公司的持续扩张，得到经纪人和艺人的支持能带来巨大的价值。即使唱片公司将唱片目录授权给流媒体服务商，这样的协议通常都会有一个明确的条款，这也就意味着，当重新签约的时候唱片目录仍然有很大的影响力。不过，由于经常出镜的经纪人和艺人持有声田的股份，埃克和他的伙伴们便拥有了宝贵的支持者。

旧金山音乐科技基金（SF Mucic Tech Fund）和峰会的联合创始人布莱恩·齐斯克（Brian Zisk）表示："有一群音乐人投资声田是件好事，当你在理论上受到一个行业的攻击时，有这个行业的主要人员参与进来，这真的是件好事。"[13]

当声田努力在美国市场站稳脚跟时，艾奥文和德瑞博士正在忙于寻找耳机之外的新领域。目前，Beats 耳机在高端市场的占有率达到三分之二，他们的成功源自将耳机定位为一种时尚的配件。百思买首席执行官布莱恩·邓恩（Brian Dunn）解释说："我们考虑的问题是，'我要买 Beats 还是空中飞人？'"[14]

德瑞找到了与运动鞋品牌竞争的方法，这甚至都不用进入制鞋行业，这是他与艾奥文在海边聊天之前就计划好的。这两位得到了包括威廉姆、勒布朗·詹姆斯和吹牛老爹在内的众多著名股东大量的帮助，这些名人都在他们备受关注的日常生活中突出地展示了 Beats，而且，在 Beats 于 2012 年吞并了音乐订阅服务商 MOG 之后，德瑞和艾奥文也采取了类似流媒体的商业模式。Beats 聘请了九寸钉乐队的主唱特伦特·雷兹诺（Trent Reznor），负责创建与声田类似的 Beats Music，并于 2014 年初面向市场推出，而艾伦·德杰尼勒斯在早期的广告中担任主演。

苹果公司此时仍在哀悼 2011 年去世的史蒂夫·乔布斯，但他的去世为发行音乐的新计划打开了大门。据特洛伊·卡特说，乔布斯在 2010 年曾表示，大众永远不会完全接受流媒体，因为人们想拥有自己的音乐。他的继任者蒂姆·库克有着不同的理念，这从他在 2014 年春季以 30 亿美元收购 Beats 的决定就可以看得出来。[15]

除了将世界上最受欢迎的高级耳机与艾奥文和德瑞博士一起纳入苹果麾下——这两位成了苹果的员工，此次收购还将 Beats Music 本身纳入了苹果的核心业务。第二年，苹果公司推出了苹果音乐来对抗声田。苹果音乐摒弃了曾支撑其建立了苹果引以为豪的 iTunes 及其在线商店"数字下载至上"的心态，反倒转而采用以德瑞和雷兹诺为首的创作团队所推出的流媒体模式。

这笔交易突显了苹果的庞大规模，苹果公司的价值是支付 Beats 价格的数百倍，但它也再次向娱乐界展示了所有权的价值。这笔交易让两名资深音乐制作人德瑞博士和艾奥文拿回了上亿美元的支票，而威廉姆、勒布朗·詹姆斯则从中获得了上千万美元。根据我对《福布斯》的预计，德瑞博士 2014 年的税前收入高达 6.2 亿美元，几乎完全得益于苹果此次收购，这是自有记录以来，艺人税前收入最高的一年。这些人从有钱人变成了富豪。

随着德瑞博士圆满完成了苹果音乐的交易，吹牛老爹安坐于声田，而杰斯仍然是嘻哈三大巨头中最后一个在流媒体服务上没有重大经济利益的人，他们也是美国最富有的三个音乐人。杰斯开始悄悄着手建立自己的平台。他的一个副手向他推荐了 Aspiro，这是一家在斯堪的纳维亚上市的公司，旗下有两家小型流媒体服务公司泰斗（Tidal）和WiMP。2014年底，在Aspiro公司位于挪威首都奥斯陆的办公室里，有一名员工接到了一个代表美国一位非常富有的投资人的电话，该投资者有意收购这家陷入困境的公司，他认为这个人可能是唐纳德·特朗普。[16]

在这一年即将结束的时候，杰斯以神秘投标者的身份出现了。他以5 600万美元的价格买下了公开交易的Aspiro公司，比其公开市场价值高出约60%。当时，声田的大部分音乐投资人还没有被曝光，比如说，直到我出版了《三大巨头》（3 Kings）这本书时，吹牛老爹作为股东的身份才被曝光。虽然苹果音乐有德瑞博士这样的音乐人加入，但它并不是一家由艺人所有的公司。杰斯决定将他的流媒体服务平台与所有的竞争对手区分开来，将泰斗定位为由艺人所有并建立的公司。

在过去，也有音乐人曾试图创建自己的发行体系，但收效甚微。2001年，Prince成立了NPG音乐俱乐部。只要每月支付100美元，就可以将新歌直接分发给粉丝，并能提前获取音乐会的门票，还提供由粉丝主持的广播节目。Prince把终身订阅服务的价格降到了25美元，但在2006年终止了这项服务。[17] 8年后，加斯·布鲁克斯（Garth Brooks）试着推出了数字音乐商店GhostTunes。在他与亚马逊达成了一项数百万美元的协议并将他的音乐首次带到流媒体平台之后，布鲁克斯在2017年关闭了该网站。随后他告诉我："众所周知，我对自己的生意非常投入。我知道的太多了，这很危险……但工作就是我的乐趣。"[18]

杰斯试图以一种具有代表性而且非常大胆的方式来让他的计划变得与众不同。于是，他举行了一场新闻发布会来介绍他的艺人投资者们，因为他们已经作为音乐所有人正式签约了。虽然舞台上的阵容有点儿尴尬，但报道还是令人印象深刻的：蒙面DJ乔尔·托马斯·齐默曼（Deadmau5）与麦当娜击掌致意，而乡村歌手杰森·阿尔丁（Jason Aldean）和摇滚歌手杰克·怀特（Jack White）的第一次见面看起来就像姻亲会议一样舒适。杰斯、坎耶·维斯特和杰梅因·拉马尔·科尔（J. Cole）摆出了同样把手插在口袋里的姿势；碧昂丝在沉默的铬头盔二人组蠢朋克乐队旁边不安地微笑着。酷玩乐队主唱克里斯·马汀（Chris Martin）和超级制作人加尔文·哈里斯（Calvin Harris）以视频会议的方式参与进来，让这场活动感觉就像是碰巧在万圣节举行的标准企业销售会议，而不是超级音乐英雄聚会。

当泰斗的投资者都来签署某种文件时，事情变得更加奇怪。麦当娜在签名时暗示性地把腿搭在桌子上，坎耶·维斯特用石油勘探做了一个模糊的类比，艾丽西亚·凯斯引用了尼采的话"没有音乐，生活将是一个错误。"虽然这个活动可能有点儿超现实，但杰斯用一份非常具体的报价（低至个位数的股份）吸引着每一位艺人，以换取独家内容的承诺。[19] 他似乎认为这是与声田和苹果音乐竞争的最佳方式，同时让艺人们有机会完全拥有下一个大型流媒体平台。"现在，他们正在为我们写故事，"杰斯谈到音乐行业的老牌巨头时说道，"我们需要书写自己的故事。"[20]

他选择了与声田不同的道路，所以不得不将自己的大部分股份转让给唱片公司，以获得不限数量的流媒体音乐授权。在泰斗的案例中，这个过程仅发生在几个月的时间里，而不是几年。也许一部分原因就在于，唱片公司不想激怒那些最大牌的明星。事实上，杰斯的投资者名单上有来自各大唱片公司和几家独立公司的众多艺人。

然而，事实证明获得牵引力并不容易。即使在杰斯、碧昂丝和坎耶的一系列独家发行之后，泰斗每年仍然有数百万美元的亏损。根据无数报告显示，泰斗到 2016 年底时拥有数百万的订阅用户。但这只是声田和苹果音乐总数的一小部分，甚至这个大概的数字也似乎被夸大了。一年后，两个挪威商业记者写了一篇披露泰斗的文章，根据他们的说法，当时真正的活跃用户数量可能接近 100 万，较大的数字可能是因为包括了未激活的账户和已关闭的账户。[21]

然而，无线运营商 Sprint 公司在 2017 年 1 月向泰斗发起了猛攻，投资 2 亿美元收购该公司三分之一的股权，并给了杰斯一个公司合伙人的身份。这笔交易也给杰斯带来了 10 倍的账面利润，不过只有时间才能证明他的策略有多明智。不管怎样，杰斯与泰斗的举动非常吸引人：创作者已经变得足够富有，可以站在"内容换所有权"交易的另一端，仅向富有的音乐人发放股权。有趣的是，对于一个曾经引用过克里斯·洛克那句著名说唱歌词"去他的有钱，让我们变得有钱"的嘻哈明星来说，杰斯的策略反映了这位喜剧演员传播世代繁荣的密码，这就是沃尔玛的老板，他是通过建立新的沃尔玛来传承财富，而不是挥霍他的现金。

"股权……这在哲学上是非常重要的，而不仅仅是从金钱的角度来看，"杰斯说道，"这是一个开放的平台，而且是一个公开的邀请，所有进来的艺人都将参与到股权的既得好处中来。而且这种参与也很重要，通过董事会席位，通过真正成为这个行业的所有者来参与到这一过程中，这是一种不同类型的参与方式。"[22]

当肖恩·卡特（Shawn Carter）忙于与声田的战斗时，另一位在

07 声田观察者

音乐行业至关重要的人物——特洛伊·卡特（Troy Carter），将在丹尼尔·埃克的流媒体公司担任创意服务全球主管。但首先，他必须让瓦拉赫相信声田的优势。

2008 年，两人在碧昂丝妹妹索兰格·诺尔斯 22 岁的生日派对上相识，Chester French 乐队曾在派对上演奏过一组曲目。卡特对瓦拉赫的印象很深刻，第二年他就带着他的乐队参加了 Lady Gaga 的"名人舞会"（Fame Ball Tour）巡演。之后，瓦拉赫带着卡特在洛杉矶徒步旅行。卡特当时还是 Gaga 的经纪人，他们是在 2013 年分道扬镳的，而卡特对声田的态度也很矛盾。

"特洛伊和我远足了两个小时，一路上都在深入地辩论，"瓦拉赫说道，"最后，特洛伊暂时接受了声田所尝试的东西。"[23]

卡特质疑的点都是在围绕着声田是否有能力在世界各地获得授权方面而产生的，因为其中很大部分的授权都是一些主要唱片公司负责人的心血来潮而已。当他意识到他们已经参与其中时，他也参与了进来，最后还投资了这家公司。随着卡特对埃克了解得越多就越意识到，自己很认同这位声田创始人关于音乐业务发展方向的愿景。很快，卡特就接到了其他经纪人的电话，他们对把自己的艺人带到平台上抱有怀疑的态度，而卡特的转变让他成了一个有力的福音传道者。2016 年，卡特全职加入声田。

卡特在谈到流媒体服务时说："这只是很罕见的时刻之一，音乐人能够从一家本来是在他们身上获取价值的公司那里捕获价值。我认为这对艺人们来说，是一个非常好的机会。"[24]

财源滚滚的不只是音乐人。吹牛老爹把瓦拉赫介绍给了伯克尔，伯克尔让他和超级天使投资公司的联合创始人一起进行投资。库彻迅速地融入了声田的核心圈子，并与埃克成为朋友，向他灌输各种想法。库彻作为声田的忠实用户和狂热的慢跑爱好者，提出用他的智能手表听音乐还不可行。

他回忆道："我打电话给丹尼尔说，'哥们儿，给我的 Moto 360 做个应用程序，这样我就可以通过手表和蓝牙耳机离线听声田音乐了。'所以我们试图解决这方面的问题。"[25]

瓦拉赫成了连接内容世界和技术世界的另外一个桥梁，他帮助声田做了纳普斯特做不到的事情，那就是赢得了大量音乐人士的支持，尤其是那些经常出境的音乐人，他们可能会发声投诉或提起诉讼而毁掉声田的服务。当然直到今天，很多音乐人仍然对声田的模式持有怀疑的态度，但这些不足以毁掉它的服务。

与此同时，瓦拉赫的例子也证明了一个道理：想要分一杯羹，不一定非得是亿万富翁的风险投资家，也不一定非得是超级巨星或她的经纪人。在这个过程中，瓦拉赫通过一系列操作开始形成了自己的投资风格。首先，他会深入研究正在考虑的每一家企业，试着完全了解企业经营的市场，避开那些他无法理解的市场。在那些引起他兴趣的项目中，他会花时间与管理层进行交流，与竞争对手进行交谈，研究他们的财务模型，有时还会建立起自己的框架。

他表示："就这些投资工具所给予你作为投资者的权利和清算优先权而言，你会了解不同类型的投资工具意味着什么，以及在不同的情况下会发生什么。投资工具的选择是你能否收回成本，或能否得到回报，或被稀释到地狱的关键区别。如果你不知道这些东西，你很容易搞砸。这里有很多卖万金油的人。"[26]

随着时间的推移，瓦拉赫在投资上投入的时间也越来越多，而在音乐上投入的时间却越来越少。Chester French 乐队在 2012 年发行了最后一张专辑，但没能登上排行榜。而瓦拉赫广受好评的个人作品——《时间机器》(*Time Machine*)，在 2015 年也遭遇了同样的命运。"他是一个多才多艺的人，同时也是一个音乐家，"齐斯克说道，"他做投资人似乎比做音乐家做得更好。"27

瓦拉赫的朋友伯克尔似乎也同意这一点。这位亿万富翁已经结束了与奥塞里和库彻的超级天使投资基金的合作，正在寻找其他方式向创业界注入资金，于是他给瓦拉赫打了个电话。2015 年，两人成立了自己的基金，称为 Inevitable Ventures。在那里有比声田更深奥的业务，瓦拉赫被吸引住了。其中包括麻省理工学院的附属公司 Glympse Bio，使用先进的传感器进行早期疾病的检测，以及 8i 公司，它创建了用于增强现实和虚拟现实的人类全息图。

与此同时，瓦拉赫一直都在看托马斯·皮凯蒂（Thomas Piketty）的《21 世纪资本论》(*Capital in the Twenty-First Century*) 这类轻松的读物，进而思考现代创作者—所有者的模式。"他的基本观点是，资本主义之所以会出现不平等，是因为资本回报远远大于劳动力回报。而且随着时间的推移，资本回报的增长也要大得多，"瓦拉赫说道，"换句话说，随着时间的推移，拥有财富已经成为一种比过去更大的资产。相对而言，劳动力已经成为一种不那么有价值的资产。我还在从一个劳动者变成一个资本家的过程中。"28

当我和瓦拉赫在他的客厅结束采访时，他告诉了我另外一个吸引他投资伯克尔而不是投资那些进入声田的创作者的原因。可以肯定的是，瓦拉赫喜欢帮助艺人积累股权。但他在创造力和资本的交汇处发现了一个令人心酸的元素，他将其比作一个虚构的粉丝去后台发现因饰演《辛普森一家》(Simpsons)而成名的小丑阿壳,正在一根接一根地抽着烟。

瓦拉赫说:"所有那些我真正崇拜的艺人都被拖进了金钱对话的沟渠。这些人是我的创作偶像,他们存在于这个不可触及的、柏拉图式的纯粹艺术领域。但即使他们是艺人,他们也要生活在经济中,他们必须生存。所以,他们也必须要像世界上其他人一样考虑如何赚钱。看到他们全神贯注于这些事情,我感到很难过。"

在随后的牛市中,瓦拉赫观察到初创企业作为一种投资方式的吸引力,正从衰退后的低点开始大幅回升。由于世界各国政府都将利率维持在低位,以提振起初看似脆弱的经济复苏,但这导致了股市飙升至新高,迫使数十名富有的投资人(包括来自俄罗斯、中国、沙特阿拉伯和其他地方的个人和政府实体)不得不通过风险基金投资以寻求增值。

这些投资人并不仅限于常见的硅谷怀疑者。日本风险投资巨头软银在沙特阿拉伯为愿景基金(Vision Fund)筹集了450亿美元。沙特一直在积极寻求其他的途径来投资初创公司,不过大多数硅谷的公司都不愿公开它们的投资人。有些人甚至不接受美国公共养老基金的投资,可能是因为要求披露的信息要比他们希望披露的更多。[29]

无论如何,资本的流入让风险投资标的的需求超过了对有价值公司的需求。瓦拉赫说:"相对而言,这让企业家比投资者拥有了更大的权力。除了红杉资本和安德森—霍洛维茨等大牌公司,权力从'我们是一家小初创企业','有阿什顿·库彻在推特上谈论我们','我们太幸运了',演变为'杰瑞德·莱托,如果我们让你把钱投进来,那你是很幸运的',好像投资是没有风险的,这简直太疯狂了。"[30]

因此，最好的初创企业对免费或打折的股权变得更加吝啬。但由于早期的超级天使投资人打下了基础，精明的创作人在继续寻找着好的创业公司，而且在某些情况下还会自己创业。

08

新的所有权

2013年初，28岁的创作型歌手杰克·康特（Jack Conte）终于决定制作一部一直萦绕在他脑海中的音乐短片。康特在湾区长大，也是《星球大战》(*Star Wars*)的狂热粉丝，他曾在一个夏天将这部电影看了72遍。现在，成年后的康特开始重新制作汉·索罗船长千年隼号的驾驶舱，作为原创音乐视频 *Pedals* 的背景，展现电子轨道发出的砰然响声。[1]

康特一直都是用记事板来制作视频的，他还聘请了两个发明家，一个是美国的少年天才，另一个是英国的中年修补匠。他们带来了自己的作品——蜘蛛状的黑色机器人和没有肉体的电子脑袋，作为视频的联合主演。接下来是制作隼。康特在易贝上买了1 000个垫圈，在家得宝买了150个壁板。他连续工作了50天，每天工作16个小时，亲自给每块面板喷漆，粘上每一个接线帽。等到他和他的机器人同伴录制视频时，他已经花掉了1万美元，这是他所有的积蓄，除此之外他还刷爆了两张信用卡。

这项制作的成本花费超过了康特的预期数目。油管上，这段视频的点击量超过了200万次，但广告收入还不到1 000美元。换句话说，虽然现在与之前相比，内容传播方式更加多元化，但是盈利的手段仍然贫乏。康特的经历启发他创建了众筹网站 Patreon，在这个平台上，音乐家、作家、播客和其他各种创作人员都可以向赞助人发布作品，这些赞助人承诺每月或每次创作都支付特定的金额，Patreon 将对此收取 5% 的提成外加一笔手续费。这种模式通常会让创作者们感到非常高兴，因为他们已经习惯了和油管分享那点微薄的广告收入，就像康特原创视频 *Pedals* 那样的情况。

"就是因为那个视频才促成了 Patreon 的成立，"康特说道。他是个光头，胡子很浓密，千年隼号的复制品至今仍存放在他公司旧金山的总部里。"我觉得把它放在办公室里是非常酷的，这可以提醒我们是从哪里来的。这是一份艰苦的工作，我们为这个视频付出的所有努力和我为此得到的报酬之间存在着不可思议的差异。这是 Patreon 为何而存在的一个重要标志。"

康特成为创作者的时间比他担任科技公司首席执行官的时间要早得多。他从六岁就开始弹钢琴而且从未间断过，直到大学毕业后，由于加入了一个时运不济的流行乐队而中止了。2008 年，他和现在的妻子纳塔莉·唐恩（Nataly Dawn）组成了一个二人组合，取名为葡萄柚乐队（Pomplamoose）。他们一起翻唱了碧昂丝的《单身女郎》（*Single Ladies*）、伊迪丝·琵雅芙（Edith Piaf）的《玫瑰人生》（*La Vie en Rose*）等流行歌曲。他们独特的 DIY 视频在油管上获得了数亿次的点击量，但收益却并不高，至少在 Patreon 出现之前，收益情况是这样的。

为了创建这家公司，康特和既是程序员又是企业家的斯坦福大学室友萨姆·亚姆（Sam Yam）进行合作，在 *Pedals* 发布后，他们在 14 页打印纸上勾勒出了这个想法。2013 年，Patreon 首次亮相的两周内，随着越来越多的用户注册并支付给创作者费用，康特每个

08 新的所有权

月在音乐视频上的收入从200美元暴涨至5 000美元,这些用户也会提出关于新特性和新功能方面的建议。到2018年,Patreon已经从每月有200万的活跃用户成为一个由10万名创作者组成的社区,每年的收入大约有3亿美元,并计划在2019年客户量达到300万,收入达到5亿美元。

虽然是个人投资者在赞助这些创作人,但康特还是转战硅谷为Patreon募集资金,最终筹到了1亿多美元。康特是为数不多的能为自己公司筹集到九位数资金的艺人,也是为数不多的成功建立起一个能够提升其他创作者潜在收入平台的艺人。与此同时,这家公司的发展历程也是少数几个能够提供宝贵经验的例子,这些经验体现在增长所带来的风险以及筹集大量资金时所遇到的意想不到的困境。

就像康特创办了Patreon一样,其他行业的资深人士也开始看到这些由创作者所拥有的企业的价值,其中就包括连续创业家亚当·里林(Adam Lilling)。作为唱片公司的一名前高管,他在21世纪10年代初创办了南加州创业企业加速器(Launchpad LA)。里林开始花时间与娱乐圈的顶级经纪人和代理人交谈,免费为他们普及创业领域的知识。当然,他也得到了回报:一大堆名字的名片,它们将助力他在2013年成立加成资本(Plus Capital)一事。加成资本致力于为明星挑选匹配的初创企业。

他表示:"有的人在一天中所发生的变化可能比有的人一辈子的变化还要多,但他们需要与经营者和企业家联姻。在好莱坞,名人的周围有一个无形的磁场,而能驾驭这个磁场的只有骗子、疯子以

及发型师好朋友的表兄弟。"²

而且人们喜欢里林这样的人，因为他的模式提供了一个简单的替代方案。他会把名人和初创企业的创始人关联起来，寻找提高公司知名度的方法，安排股权交易，并在这一过程中收取提成；只有明星提高了公司的知名度才会得到报酬。这些名人通过经纪人安排演出或者出书，那么从本质上讲，为什么不找一位经纪人来获得初创企业的股权呢？也许因为同演艺圈阶层相似，并通过与艾伦·德杰尼勒斯签订协议来获得合法化，里林发现在娱乐圈进行招募相对更容易。

在公司成立之初，里林专注于"代言换股权"的模式。对这种模式持怀疑态度的人则有理由认为，明星们通常会通过谈判以最小的努力来换取最大的利益；仅因为名人持有一家公司的股权，这并不意味着他们真的会去推广这家公司。里林提倡交易中要包括相关的承诺，合作的明星通常会承诺在社交媒体上进行最低限度的推广。

加成资本的合伙人阿曼达·格罗夫斯（Amanda Groves）表示："这和传统的代言方式是一样的。你不会让他们什么都不做就给他们 50 万美元，你给钱是因为他们会对公司进行四次宣传，或者其他什么原因。"³

不过，随着时间的推移，明星们越来越不愿意在社交媒体上植入广告，即使他们持有这家公司部分股权。知名的创作者还有另外一种选择，那就是创办自己的公司，但不一定非要采取 20 世纪 90 年代的方式。那时的企业似乎与名人自身密不可分，比如玛莎·斯图尔特生活（Martha Stewart Living）和吹牛老爹的肖恩·约翰（Sean John）。

新一代公司更加独立于它们背后的艺人。里林利用了这种新趋势,成立了一个名为 Plus Foundry 的机构,帮助名人创建自己的公司。例如,这家公司与帕拉摩尔乐团的歌手海莉·威廉姆斯(Hayley Williams)合作,创立了无害的染发剂品牌(Good Dye Young)。这款染发剂在 2016 年成立以后的一年半时间里,成为丝芙兰的支柱产品。里林说:"如果一个名人加上一个共同创始人,那真的是好极了。"[4]

有时候,最大的影响力并不总是由这些最著名的人带来的。就像威廉姆斯和康特在创业前,只是音乐界庞大中产阶级中的一员。杰西卡·阿尔芭(Jessica Alba)也一直在 B 级电影圈中艰难地打拼,以寻求更好的发展。可以肯定的是,阿尔芭有很多工作,但主要是那些俗气的浪漫喜剧以及中等预算且确实算不上惊悚的惊悚片。仅仅在 2010 年这一年,阿尔芭就出演了五部电影,但只有一部电影在烂番茄影评网站上获得了好评。据烂番茄网站称,她最差的一部电影《我的无形符号》(*An Invisible Sign*)没有得到一个影评人的好评。

阿尔芭职业轨迹的改变源自一堆宝宝衫。2008 年,她在生下第一个孩子之前,洗衣服时得了荨麻疹,洗的这件衣服是她收到的迎婴派对礼物。阿尔芭下定决心要找到一种对她的孩子无害的洗涤剂,但却一直没有找到。在研究家庭主食时,她了解到许多常见的产品都含有潜在的有害化学物质。受此启发,她成了这方面的专家。甚至在 2011 年前往华盛顿时,她倡导制定新的立法来取代 1976 年通过的《有毒物质控制法》(*Toxic Substances Control Act*),因为该法案允许大约 8 万种未经检测的化学物质可以留在家用食品当中。

阿尔芭在 2015 年说道:"难道必须要有人因为某种成分或化学物质生病或死亡,这些产品才会被下架吗?"(她通过一位发言人拒绝了本书的采访。)"作为一个现代人,我觉得我的需求并没有得到满足。"[5]

阿尔芭的解决办法是成立诚实公司，出售不含有害化学物质而包含环保成分的日常产品。阿尔芭的丈夫、企业家兼电影制片人卡什·沃伦（Cash Warren）把她介绍给在线法律平台LegalZoom的联合创始人布莱恩·李（Brian Lee）。布莱恩担任诚实公司的首席执行官，并与另外两位联合创始人一起，为这家初创企业提供了600万美元的种子资金。2012年，诚实公司第一年销售产品的收入就达到了1 000万美元。

阿尔芭很快就面临在她的领域里与现有的巨头展开竞争的局面，就像康特在他的领域所遇到的一样。对于Patreon来说，其中就包括Indiegogo、GoFundMe和Kickstarter等众筹平台的领军者，它们都是在Patreon成立之前不久才出现的。[6]〔其中最著名的就是Kickstarter，库彻是这家企业的投资者，但是以间接持股的方式。他连续将超级天使投资公司的资金投入亿万富翁克里斯·萨卡的小写资本公司（Lowercase Capital），而小写资本是2009年Kickstarter创立后不久就进入的。〕

但Kickstarter的定位是为特定项目提供众筹服务。而Patreon的宗旨是以一种持续的方式来支持音乐家、插画师、油管明星，成为播客、网络漫画、写作和动画片的网络家园，并提供大量生动的形象。康特是这家初创企业的创意灵魂，而亚姆则专注于联系第一批投资人，这些投资人大多是硅谷怀疑者。虽然最终为Patreon募到九位数的资金，但康特最初的想法是筹集不超过70万美元的资金，其中一位投资人说服他把这个数字提高到了200万美元。康特说：

"这让我们可以多雇一些人,也让我们有空间再多犯几个错误。"[7]

康特将制作音乐视频的 DIY 方法应用到了 Patreon 上。公司的第一间办公室是他居住的那间两居室公寓,白天,员工们就在客厅里工作。不过,对康特来说,增加大型投资人是一件很复杂的事情。即使潜在投资者要求上调这一比例,但他依然坚持将 Patreon 的艺人收入分成保持在 5%(外加手续费)的水平。康特回忆道:"有些人会说,'嘿,看,如果你不调整比率,不提高到 15% 或 20%,那我们就不跟你合作了。'所以我们就没有和这些人合作。"

有一些投资人似乎是文艺复兴时期艺术赞助人的现代版本,他们支持康特是想通过众筹进行整体的再创造。例如,指数风险投资公司的丹尼·里默(Danny Rimer)是 Patreon 和多宝箱等企业的早期投资人,他曾是旧金山现代艺术博物馆的受托人。康特记得当他走进丹尼·里默的家时,发现里面堆满了来自世界各地的雕塑和摄影作品。

2014 年,指数风险投资公司领投了 Patreon 1 530 万美元的 A 轮融资,康特很快就换了一个更匹配的办公室。投资 Patreon 的还有湾区的投资人,其中包括罗恩·康韦的硅谷天使投资基金、好莱坞创新艺人经纪公司和联合精英经纪公司(UTA)的风险投资机构。虽然投资人如果能带来一些资金之外的关系才算是完美的,但创新艺人经纪公司、联合精英经纪公司这两家企业,与典型的风险投资机构相比,有着截然不同的人脉关系。

康特说:"他们一直在寻找帮助创作者和艺人赚钱的方法。他们意识到这是一个全新的时代,广告收入已经不能满足他们的需要。他们和成千上万具有创造力的人保持着联系,而这些人对我们来说很重要,而且也很适合我们。在过去的几年里,我们一直保持着联系，寻找着合作方式，帮助他们在候选名单中找到他们的创作者，发现他们的需求……我想我们现在是一家科技公司了。"

当然，康特也有自己的关系网，并借此很好地招募了像阿曼达·帕尔默（Amanda Palmer）这样的音乐家，帕尔默因在卡巴莱双人组合德累斯顿娃娃担任主唱而闻名。随着个人专辑的发行，她成了早期在 Kickstarter 上筹集到全部资金的艺人，一张专辑就募集了120 万美元。但对她来说，这只是她为了在下一个众筹网站 Patreon 上筹钱的一种赔本赚吆喝的手段。

2015 年，帕尔默在康特的平台上发布了她的第一首歌曲，这是一首名为 *Bigger on the Inside* 的原声悼词，可以在油管上免费下载。她将捐赠金额设定为 1 美元、3 美元、5 美元、10 美元、100 美元和 1 000 美元等不同的档位，并提供额外的增值服务。最上面的两个档包含了与她交流的环节，所以她分别把这两个档位的人数限制在 35 个左右，几乎立刻就卖光了。总之，她为这首歌筹集了大约 2.5 万美元，而这只是一个开始。到 2016 年，她每年从网站 8 500 多名赞助人那里能够获得超过 15 万美元的收入，[8] 三年内她的听众数量翻了一番。

她说："但这不是为了赚钱，而是为了创造一个可持续的环境，能够以非商业化的方式来扩大规模。我不需要把自己的灵魂卖给企业，也从来不需要向工作妥协，这就是最大的胜利。"[9]

随着 Patreon 的发展，康特发现自己正在努力解决所有行业的创始人都会面临的一些常见的问题，比如，雇用新员工，解雇不再适合企业的老员工，维持用户满意度，在不破坏公司最初发展的前提下扩大公司规模等。在学习成为一名高管的道路上，康特作为艺人的经历也派上了用场。

08 新的所有权

"这绝对是一种技能,"他说道,"当一个创作者变成了企业的高管人员,实际上你找到了一个能深刻理解用户的人。至少对我来说,我觉得自己对使用 Patreon 的创作者负有义务,因为他们中有很多人都是我的朋友和同行。我很关心他们的感受和需求。"10

随着诚实公司的不断发展,阿尔芭决定将业务扩展到每个年轻家庭都需要用到的纸尿裤上来。不过,为了与宝洁公司这样的巨头相匹敌,她需要更多的资金,于是她转战硅谷去融资。

阿尔芭找到了光速创投这个盟友。光速创投此前曾与安德森—霍洛维茨一起投资了金·卡戴珊的时尚订阅服务 ShoeDazzle。尽管 ShoeDazzle 的估值一度高达 2.5 亿美元,但据报道称,这家企业最终与竞争对手合并,估值仅为 3 000 万美元左右。没有达到超级明星公司潜力的部分原因可能在于,卡戴珊似乎是与公司相关的名人,而不是像阿尔芭那样是创建公司的名人。

"杰西卡每天都在办公室……因为这是她的公司,"光速创投的杰里米·刘(Jeremy Liew)说道,"创办这个公司是她的主意,这真的有很大的不同……她基于一些感兴趣的东西而建立了这个社区。"11

早在 2006 年成为光速创投首位消费者专家之前,刘在 20 世纪 90 年代中期就已经开始在城市搜索销售网站工作,最终才到安德森的网景公司任职(他说,这是在"摇滚明星离开公司大楼之后")。刘目睹了硅谷在第一次互联网泡沫破灭后逐渐远离以消费者为导向的行业;当他在光速创投时,电子商务似乎显得相当孤单。然而,在这十年间发生了很多的变化。初创企业的成本已经大幅下降(据

155

刘说，下降了90%左右），像脸书这样很快将成为巨头的公司开始快速发展。而这也提供了一种渠道，让那些知名的创作者们能够将客户引流到他们的初创企业中来。

刘表示："从历史上看，电子商务领域的初创企业只有在出现新的可扩展、可重复的客户获取渠道时才有机会发展起来。"他指的是像阿尔芭这样的明星，获得了大量粉丝的社交网络。"通常只有三年到五年的短窗口期……随着时间的推移，它会得到有效的定价。"

最终，刘是通过前摩根士丹利的零售分析师妮可·奎因（Nicole Quinn）介绍而加入光速创投的。他们非常喜欢从阿尔芭和诚实公司身上所看到的理念，于是，光速创投在2012年与另外两家公司一起领投了诚实公司2 700万美元的A轮融资。到2015年，诚实公司已经募集超过1亿美元的资金，营收达到1.5亿美元，估值接近10亿美元，这也同时让阿尔芭本人成为账面上的亿万富翁。[12]

两年后，奎因和刘以及光速创投的两位同事合作，参加了苹果电视的第一个原创节目。这是一个名为《应用星球》的创业大赛，由四位顶级评委组成的评审团领衔。阿尔芭带来了她在诚实公司方面的专业知识，而企业家加里·维纳查克（Gary Vaynerchuk）则利用他的经验，将家族的酒类商店发展成了一个价值6 000万美元的葡萄酒电子商务网站。黑眼豆豆合唱团的威廉姆则是作为Beats等初创企业的股东而来的；女演员格温妮丝·帕特洛（Gwyneth Paltrow）分享了她创立Goop公司的灵感，从每周的新闻通信到一家生活方式公司的策划，从健康食品到护肤霜，再到准科学观的健康建议。

在这10集的系列节目中，参赛者有60秒的时间来介绍他们开发的应用程序的优点。获奖者必须从四名评委中挑选一名作为导师，然后将他们的想法带到光速创投获得融资的机会，并在苹果商店获得一个最佳的位置。这个节目只持续了一季，但却在评委和选手之间建立了众多有价值的商业联系，比如，虚拟商城应用程序 Dote 的创始人劳伦·法利（Lauren Farleigh）。在硅谷的背景下，这种联系尤其具有价值，因为在硅谷女性创始人的缺乏会导致寻找导师时选择有局限，而这些导师也面临着类似的挑战。

奎因说："他们仍然会开会、打电话，劳伦喜欢从格温妮丝的角度来看待问题。这并不仅因为她是名人，还因为她是创始人。"[13]

帕特洛也从这段经历中收获颇多，在与刘、奎因和他们在《应用星球》（*Planet of the Apps*）上的同事成为朋友后，她让光速创投领投了 Goop 公司 5 000 万美元的 C 轮融资。"当融资时，能成为"格温妮丝·帕特洛"很棒，因为人们会参加会议，但随后你会遭到比他们不想合影时更多的拒绝，"帕特洛说道，"当你的业务蒸蒸日上、单位经济效益良好时，这就变得容易多了。"[14]

奎因将这家公司最初的成功归因于帕特洛让人们觉得 Goop 商店就像她自己的房子一样，他们可以通过购买一些生活物品来接近她的生活方式。然而，这些物品的优点完全是另外一回事。无论如何，相比通过电视或照片墙那种一般代言协议下推出的产品，明星创办的初创企业似乎更能引起消费者的共鸣。[15]

"没有人相信泰格·伍兹（Tiger Woods）是在做了全面的检查后才认定劳力士是世界上最适合高尔夫球手戴的手表，这也是他得到劳力士赞助的原因，"刘说道，"多年来，格温妮丝一直在发展 Goop，以此来表达自己对生活方式的兴趣和品位……这显然是她的品位。同样的道理，这也是杰西卡和诚实公司所做的事情。"[16]

刘对此的看法是，其中一群人是创始人，另一群人是艺人，在维恩图中，两者之间有很小的一个重叠区域。例如，他与阿尔芭的合作经历与他和非知名创始人的合作经历并没有太大的不同,他们都是坐在会议室里观看幻灯片。和大多数的企业家一样,她也是从经验中学习的。他说:"除非你以前做过创始人,否则你必须教会他们如何成为创始人。这是环境所需。"

与此同时,在 Patreon 成立几年的时间里,那些最有前途的创作者在这个平台上找到了每月赚取数万美元的方法。更多的投资人就意味着更多的资金会被提供给创作者,但也给康特带来了更多的麻烦。

他说:"当你有了自动化的支持,你的扩张速度是不合理的,这会显得非常奇怪。你可以迅速地扩大规模,所以,并为了跟上上涨的门票、涌入的顾客和付款,你必须以前所未有的速度增加员工。"[17]

当 Patreon 成为主流平台后,也开始出现在恶意类型的名单上。2015 年的秋天,公司员工发现黑客获取了大量用户的姓名、电子邮件和邮寄地址。这一事件震惊了康特所在的社区,并使公司增加了额外的开支,其中就包括聘请一家安全公司进行审计,并实施"新工具和实践以确保行业领先的安全性"。[18]

除了安全威胁,Patreon 还面临着来自资金雄厚的竞争对手的挑战,其中包括 Kickstarter,后者在 2015 年推出了一项名为 Drip 的新功能,这项功能允许创作者以和 Patreon 类似的众筹方式持续获得资金。同年,康特的公司收购了由油管明星创立的 Patreon 式的视频订阅服务 Subbable。交易条款没有披露,但 Subbable 当时在大约 25 万订阅用户的基础上又增加了约 4 万的用户。

08 新的所有权

为了支持所有的这些努力,Patreon 一次又一次地求助硅谷的投资人。公司在 2016 年的 B 轮融资中筹集了约 3 000 万美元,在第二年的 C 轮融资中筹集了 6 000 万美元,总融资额达到 1 亿美元。据报道称,这家公司的估值在 4.5 亿美元左右。[19] 公司的扩张也让康特面临更多艰难的决定,他承认自己并不总是能做出正确的决策。

例如,2017 年 12 月的第一个星期,Patreon 改变了公司的费用结构。当持有的份额稳定在 5% 时,公司将额外交易费用从 2%—10% 的浮动费率调整为 2.9% 的固定费率再加上 0.35 美元的费用。我们的目标是简化 Patreon 的流程,让支付更可预测。但这一决定在社区中引起了轩然大波,尤其是那些依靠 1—2 美元捐款的创作者们。不到一周,康特就改变了他的决定,向用户道歉,并承诺会想出更好的解决方案。[20]

帕尔默说:"我仍然认为杰克是我的艺人朋友,而他却决心成为一名 CEO。我很高兴他能够对团队负责并掌舵公司,但我也很清楚,成功的商业可能是一种不同于成功艺术品的奖励,我比任何人都更了解这种困境。所以,我偶尔会给他打打电话,偶尔会拥抱拥抱他,感谢他让我们所有人的生活成为可能。"[21]

康特似乎越来越适应自己在商业方面的角色。例如,在 C 轮融资结束后不久,团队想要建立一种更有效筛选新注册的创作者的方法。最有前途的创作者会被标记出来,团队会帮助他们推动内容的发布。康特并未觉得这会真的有所帮助,但他要求团队证明他是错的,用他的话说就是"不同意但承诺会做好"。[22]

康特说:"果然不出所料,他们能够筛选出注册用户,并与销售团队、创作者团队合作,识别出那些真正想在平台上发布作品的优秀创作者,并尽可能帮助他们创造出更好的作品。在季度结束时,他们超额完成了目标……你只需要相信身边之前曾做过类似事情的人。"

到 2018 年,一些顶级创作者的费用节省了 10 万美元以上,不是每年,而是每个月。其中包括刻薄评论员沙波·特拉普·豪斯(Chapo Trap House)、新闻迷菲尔·德弗兰科(Phil DeFranco),以及在线娱乐公司 Kinda Funny 和 Complexly。第二年,Patreon 宣布进行 6 000 万美元的 D 轮融资,资金主要来自普通的硅谷投资者。这是第一次在团队中还包含了创作者,有喜剧演员汉尼拔·布勒斯和音乐家塞吉·坦基安(以担任摇滚乐队 System of a Down 的主唱而闻名)。

作为一名高管,康特并没有声称自己是接近完美的。事实上,他似乎比大多数人更愿意承认过去的错误和未来将要面临的潜在挑战。比犯错误的想法更让他恼火的是,他所做的任何糟糕的决定都是投资者施压的结果,就像他改变收费结构时一些人提出建议的那样。康特声称,他的投资人实际上阻碍了他做出富有争议的效益优先的决策。康特说,他曾一度建议引入品牌战略作为个人创作者的赞助商,但是一位知名的风险投资家告诉他要慢慢来。他说:"Patreon 现在太酷了,别毁了它。"

根据康特的说法,他的投资人并没有为公司设定财务目标,公司的数字目标是由他和他的团队制定的。在他看来,经济上的成功以及掌控公司命运的能力,与 Patreon 帮助创作者获得报酬的能力是密不可分的,因为不同的治理结构可能会导致不太满意的平台出现。

"我不想把 Patreon 卖给油管,"他说道,"公司因为现金耗尽或其他原因而面临不得不退出的境地。所以我非常关心公司能否沿着健康的轨道独立发展。对我来说,这意味着未来公司将要 IPO,或者其他什么形式,但这是 Patreon 保持独立公司地位的一种方式。"

即使在掌管 Patreon 时,康特仍然会抽出时间进行创作。他每年大约会制作 100 个音乐视频,平均分配给葡萄柚乐队和他 2017 年创立的放克乐队(Scary Pockets)。他每个月都会花一个周末在洛杉矶创作一首特别动人的歌曲,比如,放克乐队翻唱的电台司令乐队的歌曲 *Creep*,现在在油管上的订阅用户已经超过了 40 万。[23]

他说道:"如果纳塔莉不担任葡萄柚乐队的首席执行官,而我的好友瑞安不经营放克乐队的话,那么这一切都将无法实现。这让我可以在 Patreon 工作的同时,可以作为创作者每周都能发行作品,还能够频繁地发布内容。"[24]

不断保持警惕性是至关重要的,这就像康特在 Patreon 被黑客攻击和费用结构反击之后所意识到的那样。其他艺人老板遭遇了更为吓人的争议,比如,对诚实公司商标的法律诉讼引发了集体诉讼的判决[25],也使公司的洗衣粉需要重新进行配方,婴儿湿巾和爽身粉被自愿召回;在此期间,公司取代联合创始人布莱恩·李作为首席执行官。据报道称,公司在 2018 年失去了独角兽的地位。[26] 同年,Goop 与加州食品、药物和医疗设备工作组一起解决了一场虚假广告的诉讼,但代价是花费 145 000 美元[27],此前该机构认为公司对 51 种产品做出了欺骗性的声明。[28]

Patreon、Goop 和诚实公司是估值合理但截然不同的三家公司,但却面临着同样的困境。这些困境和那些资金充足的公司所面临的一样(承诺保持年轻但却变成了尴尬的青春期):对于上亿美元的收购来说，公司的规模太大了。除了让投资者失望之外，什么都做不了。它们必须成为可持续盈利的私营公司，或者规模变得足够大，进而上市。

在硅谷，假设一家公司筹集了1亿美元，然后以2亿美元的价格出售，如果投资者与公司签订了有利的优先清算权，那么可以想象，创始人可能会一无所有地离开。筹集过多资金的想法以及由此而产生的期望，是许多企业家只有通过实践才能学到的教训，而这是以他们能持有公司股权到退出时为假设的。

康特说："无论你是一名艺人还是正在创建自己的公司，什么都不管用，各种问题都来了，你会被黑客攻击，这真的太难了。我想很多人都经历过这些，他们可能会认为，我想我做的可能不对，我应该放弃。上天在给我暗示，也许我该做些更容易的事情……但其实你只需要振作起来，继续前行。"[29]

当我们结束采访时，Patreon声音系统中的配乐响了起来，风之旅人的《不要停止相信》(*Don't Stop Believin'*) 和音乐组合春巴旺巴的 *Tubthumping*，它们都强调了这一理念。最后，作为一家科技平台的首席执行官，康特所经历的磨难并没有动摇他对自己使命价值观的根本信念，他最后用一个类比阐明了这一点。

他说："博物馆是为绘画服务的，是绘画的框架。我对Patreon和油管以及所有其他传播平台的看法也是如此。最终，传播平台来了又走，新技术变来变去；但是，艺术往往会悬挂在那里，数千年不变。而且从总体上看，艺术将永远是那些事物的焦点。"

09

运动员的股权

托尼·冈萨雷斯（Tony Gonzalez）是一个喜欢芝士汉堡的人。他的主食就是那种覆盖着厚厚的切德奶酪、上面撒上培根的芝士汉堡。他强烈反对摄入蛋白质，并要塑造肌肉块儿。冈萨雷斯曾十四次参加职业橄榄球大联盟的职业碗赛事，并担任边锋。[1] 所以让人感到惊讶的是，他在退休之后不久就连同比尔·盖茨、美国人道协会和硅谷几家风险投资机构，与运动员沙奎尔·奥尼尔、德安德烈·霍普金斯和凯里·欧文一起，投资了生产植物蛋白的初创企业别样肉客（Beyond Meat）。

他在电话采访中告诉我："我可以为别样肉客这家公司代言。我该做的、能做的，都已经做了，我不仅提供了我的名气，我还可以为公司的（某一轮）融资额外提供所需的资金。"[2]

对于冈萨雷斯来说，对食物和投资方面的爱好只是他在职业生涯后期兴趣转变的一部分。他在读了《中国研究》（*The China Study*）这本书后，开始尝试减少肉食。在这本书中，提倡饮食里要多吃水果、坚果和谷物来代替动物蛋白。[3]

冈萨雷斯同时也认识到他必须停止把钱投到有问题的副业项目，这样才能让他在 20 多岁、30 岁出头时所赚的钱足够维持他的余生。

其中有一笔投资就出现了这样的情况，那就是他投资的洗窗公司极限清洗（Xtreme Clean 88），这家公司被不合格的合伙人搞垮了。一家名为源自科学（All Pro Science）的能量补给公司似乎更有前途，尤其是当它的产品摆上全食超市的货架时。冈萨雷斯终于感到自己成了一名合格的商人。

"我拿着公文包，这个造型看起来太棒了！"他说道，"我还有独立的办公室，可以在那里招聘员工，解雇员工，审查产品，详细写下评论。我整个人都能全身心地投入其中。"4

生产源自科学商品的 Scilabs 企业因涉嫌产品造假而受到禁制令，这导致冈萨雷斯的业务也崩溃了。5 他说，这一事件最终让他损失了 100 多万美元，尽管对于一个职业球员生涯中赚了 7 000 多万美元的人来说，这点儿损失并不能影响他的生活质量，但却让他更加深刻地反思，为什么运动员会热衷于这种高风险的外部投资。

冈萨雷斯说："参加职业体育比赛成功的概率非常小，但我们做到了。所以我认为我们只是因为抱有同样的心态，比如，我们认为我们也可以做到。这就是为什么很多人破产的原因……因为我们会很大胆地认为我们可以战胜困难。"

直到经历了与在职业橄榄球大联盟比赛中获胜同样的经验性教训后，冈萨雷斯才最终在投资领域里获得了成功。众多顶级运动员迈进了奥尼尔等人打开的那扇投资大门，他也是其中的一员。

克里斯蒂亚诺·罗纳尔多在照片墙、脸书和推特上拥有近 5 亿位粉丝，其中包括在他足球生涯开始时英国曼联队的球迷，他在巅峰时期的东家西班牙皇家马德里的忠实粉丝,以及那之后在意大利尤文图斯队的球迷。但他的第一个在线支持者来自大西洋彼岸,一个留着胡子、痴迷棒球的耶鲁大学毕业生。

"我亲自创建了他的推特账户和脸书账户,"迈克尔·布兰克(Michael Blank)说道,布兰克现在有30多岁,是创新艺人经纪公司移动业务的负责人,"我很喜欢告诉别人我是他的头号粉丝。"[6]

早在2010年,布兰克就在一家代表罗纳尔多的公司工作。布兰克的任务是,在那年的世界杯之前培养这位足球明星的粉丝。这意味着要收回别人占用的社交媒体账户,并且为罗纳尔多开设账户,这样就建立了他与球迷的直接联系。布兰克在这一领域努力地耕耘,他决定跳槽到创新艺人经纪公司任职。在那里,他可以帮助其他运动员和艺人利用这些新渠道来赚钱。他引入了娱乐至死的交易经纪人迈克尔·亚诺弗,负责业务开发。

苹果的应用商店在那时还处于起步阶段,商店所提供的运动应用程序还远达不到几年前精心制作的移动设备端游戏水平,当时这些游戏得到了肯·小葛瑞菲(Ken Griffey Jr.)(《激烈的争斗》)和迈克·泰森(Mike Tyson)(《拳无虚发!!》)等明星的大力宣传。创新艺人经纪公司可以将客户与应用程序进行绑定,真正让它们变得流行起来。作为一个终身棒球迷,布兰克和明星接球手巴斯特·波西(Buster Posey)马上就开始行动起来。在21世纪10年代早期,名人将自己的名字添加到这类应用中,是为了换取后端的投资,而不是老式游戏那种前端费用的形式。为了开发出很快就众所周知的巴斯特棒球游戏,创新艺人经纪公司与一位只知道名字的开发者杰夫合作("就是这样,只有这些字母,就句号了,"布兰克说道)。杰夫在圣莫尼卡的一个共享办公空间外面工作。

和《娱乐至死》一样，他们也没有预算。那个时候，他们想在游戏中加入连环漫画式的前奏，就是那种打开玩具箱、拿出棒球手套、来到后院的场景，而他们唯一能请得起的艺人是南非一个坚持用简笔画画实体模型的人，布兰克最终不得不依靠自己来画。当布兰克不忙着做业余艺人的时候，他就会带着几袋垃圾食品开车去圣莫尼卡，给杰夫补充能量。

巴斯特棒球游戏在 2012 年上线，当时正值美国职业棒球大联盟全明星赛期间。作为旧金山巨人队的职业球员，波西正处于他表现最佳的赛季。游戏很快就吸引了他那些具有技术天赋的家乡观众们，这位明星接球手也找到了一种获得大量免费宣传的方式。布兰克说道："我们发行了这款游戏，然后在接下来的 5 天里，他创造了 4 个全垒打"，每当波西又实现了一个全垒打，他就会补充说道，"所有的报纸都开始使用'巴斯特棒球游戏'这个词了。"[7]

波西并不是创新艺人经纪公司中唯一一个在场外取得成功的运动员。在 Scilabs 惨淡收场之后，冈萨雷斯决定谨慎行事，只在股票和债券市场获得个位数的年投资回报率。直到他在创新艺人经纪公司的经纪人联系他，介绍了一家名为健康之星（FitStar）的公司给他。就像 20 世纪 90 年代家用录像系统的兴起带来了广受欢迎的健身视频热潮一样，健康之星的目标是开发可在任何屏幕上使用的适应性健身应用，并在 20 年后彻底改变这个行业。

由美国在线（AOL）迈克·马瑟（Mike Maser）领导的创始团队，在当时只有一个想法和一个演示文稿。团队连一个真正的代言合同都支付不起，但却给冈萨雷斯提供了利润分成。虽然这是他在职业橄榄球大联盟中的最后一年，但这却是一次被广泛报道的胜利之旅，这让他受到了更多的媒体关注。冈萨雷斯似乎也准备好了作一个广播宣传的角色,这将让他在退休后也仍会在大众面前保持热度。

这份与健康之星签署的协议,一开始就吸引了冈萨雷斯,因为他不需要投入任何自有资金。他加入了公司的董事会,很快就开始对产品进行反馈,甚至在平台上录制培训视频。随着对马瑟的印象越发深刻,冈萨雷斯改变了获得利润分配的主意。

"我和迈克越来越熟悉了,我看到了他是如何管理公司的,做得有多么好。我说,'好吧,迈克,你不用付我钱,'"冈萨雷斯说道,"我想把这些利润分成全部再投入公司'。"8

冈萨雷斯的抉择是明智的。2015年,位于旧金山的可穿戴健身巨头健康追踪以数千万美元的价格收购了健康之星,收购金额中很大部分是以健康追踪股权的形式支付的。创新艺人经纪公司也因此再次获利,这笔交易也让冈萨雷斯非常受益。虽然他没有透露确切的数字,但他证实,这要比他在职业生涯前五年的收入总和还多,预计有七位数的可观收入。

"和其他事情一样,当你第一次开始做的时候,你肯定不擅长,至少我是这样的,"当他谈到选择初创公司时说道,"这需要一段时间来理解,但一旦你弄清楚了,你就会努力坚持这件事情。"

在1981年全美橄榄球联盟冠军赛还剩不到一分钟的时候,乔·蒙塔纳所在的旧金山49人队的胜算并不大。他们落后可怕的达拉斯牛仔队6分。后面是一群防守中卫,其中就包括6英尺9英寸高的艾德·"太高"·琼斯(ED "Too Tall" Jones)。但蒙塔纳保持着冷静，用一个假动作晃过了琼斯，然后将球抛向灰色的天际，最终飞向最深处的终点区。球到那里落在了边锋球员德怀特·克拉克伸出的手中，49人队领先。

多亏了这场如今被球迷们称为"接球"的逆转比赛，旧金山队赢得了超级碗赛事。这也是蒙塔纳在职业橄榄球大联盟最大赛事中，迈向完美四分卫生涯的第一步。他获得了三次超级碗的MVP，在122次传球中没有遭遇过一次拦截。然而，蒙塔纳却认为，1986年他伤愈复出的那次可能是他在赛场压力下所取得的最有价值的成就。在接受背部椎间盘修复手术56天后，面对两倍于他身高的前锋发球，他投掷了270码并三次达阵得分，带领49人队以43∶17战胜了红雀队。9

"我只是不知道我该如何坚持下去，"蒙塔纳说道，他一直打到1994年，"我的体重减轻了很多，只有187磅，这是我非常非常瘦的时候。"10

在他宣布退休几年后，蒙塔纳进入了风险投资领域。现在，这位名人堂的成员将他的职业生涯决策分成了两个领域：足球和投资。他说，他在投资领域做的最好的一次是几年前与创业大师罗恩·康韦共同参与的一个项目，康韦是他在旧金山慈善圈的老朋友。

"到另一个房间等我……别走，我马上来，"康韦对蒙塔纳说完这句话，就马上消失了。几分钟后，他回来了，带着一种可以理解为或提示、或挑战、或直接命令的语气说道："你将开出一张你个人有史以来签过的最大金额的支票。"

"哦，不，"蒙塔纳记得在下决心行动之前说道，"那是我压力最大的时刻，也是我开过面值最大的一张支票。我不会告诉你支票金额的大小，但确实很大。我投的是照片分享网站——拼趣。"

09 运动员的股权

在拼趣 2011 年春季首轮融资时，蒙塔纳获得了这家数字灵感板的股权，当时拼趣的估值为 4 000 万美元。到 2011 年底，超级天使投资公司和安德森—霍洛维茨公司纷纷进入，将拼趣的估值推高到了九位数。这家公司很快就达到了十角兽的水平，并于 2019 年 4 月 IPO 上市。

对于蒙塔纳来说，拼趣是他职业生涯中最好的一个投资机会。

在蒙塔纳忙着打球的日子里，他的 49 人队队友们在选股交易和关注房地产。一些有创业精神的运动员充分利用了他们与硅谷有能量的经纪人之间的关系网络，尤其是在他们退役后。蒙塔纳的两位前旧金山队队友防守后卫罗尼·洛特和进攻前锋哈里斯·巴顿成立了一只基金中的基金（FOF），本质上是为极其富有的人群设立的共同基金，由专业公司来运营基金的投资组合。冠军投资（Champion Ventures）成立于 1999 年，起初募集了 4 000 万美元，直接投资了红杉资本和格雷洛克等公司的基金池。蒙塔纳在 2003 年加入了巴顿和洛特，将公司名字改为 HRJ，取自足球三人组每个人的名字首字母。

2005 年，蒙塔纳离开了 HRJ，留出更多的时间陪伴他的儿子内特和尼克，这俩孩子在高中和大学时代就开始了他们的四分卫职业生涯。没有了蒙塔纳，他的同伴们做得不如 49 人队时那样好，他的继任者史蒂夫·杨带领球队在 1995 年赢得了超级碗赛事。到 2008 年，尽管巴顿和洛特管理着 24 亿美元的资产，客户甚至包括棒球传奇人物巴里·邦兹（Barry Bonds）和休斯敦消防队员救济与退休基金，但公司采取了一种冒险的、非传统的做法。大多数组合基金是先从投资者那里筹集来资金，然后再将钱投给企业，但 HRJ 在筹集资金之前就进行了配售。当金融危机期间信贷市场枯竭时，HRJ 无法兑现承诺，开始向着资不抵债的方向急剧恶化，直到 2009 年一家瑞士的公司收购了它的资产。[11]

而蒙塔纳的儿子们并没有像他们的父亲一样，成为职业橄榄球大联盟的明星。当内特在考究其他职业选择时，乔开始带着他和康韦一起参加 Y Combinator 公司的投资活动。在那里，他们会见了一些初创企业的创始人，他们会记录下康韦对待创业者的方式。内特最终成为社交媒体监测公司（Niche）的早期员工；而在 2015 年，推特以上千万美元的价格收购了这家公司。

大约在同一时间，康韦建议乔成立一只自己的基金。他的一个朋友的朋友把他介绍给了迈克尔·马，一位 20 多岁的耶鲁大学毕业生。马在 2011 年把自己创办的本地商业评论公司 TalkBin 卖给了谷歌。他们又增加了第三位创始人迈克·米勒（Mike Miller）。米勒曾在 Y Combinator 工作，他自己的数据公司（Cloudant）在 2014 年被 IBM 收购（纳特·蒙塔纳在推特工作一年多后也加入了进来）。

"乔欣赏我的诚实，"马说道，"我记得很多最初的对话是这样的，甚至是，'嘿，也许这样做并不好。'他用自己管理的很少的钱就能赚更多的钱。但是我们正在尝试一些略有不同的东西。"[12]

蒙塔纳、马和米勒在 2015 年开始了早期基金的试运行，在没有报酬的情况下一起工作，以此来看看他们是否喜欢这种方式。他们很快就意识到已经找到必胜组合，马和米勒负责贡献他们精明的创业头脑和 Y Combinator 的人脉，而蒙塔纳则凭借无与伦比的客户资源进行商业经营。他们成立了自己的投资公司 Liquid 2 Ventures，这个名字显然是对他们投资本质是非流动性的一种揶揄式的认同。[13]

在蒙塔纳整个职业生涯中，他经常受邀参与湾区重要的并购投资活动。例如，红杉资本的亿万富翁道格·莱昂内（Doug Leone）是几位硅谷大佬之一，他在少年棒球联盟中是蒙塔纳孩子的教练（"这种关系是你必须拥有的，"这位四分卫球员说道，"对于教练这一角色来说，肯定作为投资者的角色更好一些，但看着他们很有趣。"）有一次，凯鹏华盈（Kleiner Perkins）的亿万富翁投资人约翰·多尔（John Doerr）走进蒙塔纳的办公室并打断了正在开会的他，告诉他有一笔热门的初创企业的投资生意。"你们想加入吗？"他问道，"我这里马上就有一个项目。只要你想，你就可以进来。"[14]

Liquid 2 Ventures的创始人意识到他们投资了很多种子公司，仅2016年一年，就成立了大约200只基金。但对于蒙塔纳来说，他们有一个优势，那就是，可以带来远远超过投资资金价值的社会资本。不管一家初创企业的某一轮融资额度有多紧张，但似乎总会给职业橄榄球大联盟名人堂的成员留有一席之位。

创始人都很喜欢简单的介绍。有一次，投资的一家名为TrueFacet的在线珠宝交易平台，需要与美国运通公司的某个人物联系上；而蒙塔纳刚刚在运通的办公室做了一次演讲，便促成了这次会面。在另一个例子中，专注于体育社交媒体的初创企业游戏开始（GameOn）想要结识史努比·狗狗这位歌手。这当然是没问题的，因为蒙塔纳的儿子们在参加橄榄球夏令营时就认识他了。就这样，史努比·狗狗也成了投资人。

马说："每当我与创始人交流时，我总是在想：'瞧，你永远不知道什么时候你就可能会需要那种名人或体育明星效应所带来的额外品牌度的提升了'。"[15]

在短短几年的时间里，蒙塔纳的 Liquid 2 投资公司已经取得了一些成绩。2016 年，投资的一家名为几何智能（Geometric Intelligence）的公司被优步收购；另外两家公司——软件开发工具（GitLab）和餐饮配送公司（Rappi）现在都已经是独角兽企业。马指出，截至 2017 年，Liquid 2 已跻身美国前十大最活跃的种子基金公司之列。

对于蒙塔纳来说，当所有的数字都符合预期后，他是否认为风险投资比职业体育更有利可图呢？"好吧，如果我今天还在打球，那可能就不会这样想了，"他说道，"当过去我还在打球的时候，我是这样想的。"[16]

2013 年的秋天，企业家杰米·西米诺夫（Jamie Siminoff）发现自己处于一个相当不寻常的境地，他在一个改装过的船运集装箱里将自己的虚拟门铃公司推荐给了阿什顿·库彻，这个集装箱曾经是《两个半男人》(*Two and a Half Men*) 剧组在伯班克的办公室。

超级天使投资公司的阿贝·伯恩斯安排了与西米诺夫的这次会面，与他一起坐在这个船运集装箱里的还有库彻和一位神秘的客人。"伙计，这是米拉，"库彻一边介绍他的名人妻子一边说道。急需资金的西米诺夫已经很紧张了，他几乎都无法做出回应。然而库彻似乎很感兴趣，他询问西米诺夫在未来可能会开发的其他功能，并问他为什么还没有开发出这些功能。但是，最后他还是决定放弃了这个项目。

西米诺夫在圣莫尼卡吃午饭时说："我觉得他就快要投资了。"

西米诺夫有 40 多岁，身材匀称，长得有点像演员布莱德利·库珀（Bradley Cooper）。"他很感兴趣，硬件方面也惊艳了他。我们还在很早期的阶段，将来还有很多事情要做。"[17]

作为一个终生的修补匠，西米诺夫童年时期在新泽西的地下室里便开始了他的尝试，他想发明一个更好用的捕鼠器，尤其是要更加人性化的那种。他试着制作一种带有网门的盒子和四面墙可以同时锁住的奇特装置，但都没有成功。[18] 在巴布森大学期间，他认为"企业家"一词包含了他想要做的事情。从电信到电子邮件安全的各种业务他都尝试过，但从未找到立足之地。[19]

直到 2012 年，西米诺夫下决心要成为一个全职的发明家。他窝在南加州的车库里，埋头研究那些还不存在但应该存在的东西。有一个小问题是西米诺夫听不到自己家的门铃声。因此，他仓促安装了"一个写着一堆废话的奇妙装置，并将其绑在前门上"，只要有人按门铃，他就会通过智能手机收到一个实时的视频提醒。他将其称为"无线门铃"。[20]

他很快就离开车库搬到了一间正式一点的办公室，并雇人帮助他将智能门铃（Doorbot）推向市场。有一天，当西米诺夫在狭窄的新住所安顿下来时，一位同事告诉他外面有人在一辆双门的宾利车里等着他。原来是纳斯的经纪人安东尼·萨利赫，他们是在几周前的一次会议上认识的。西米诺夫邀请萨利赫进屋，并向他展示了这款产品和他背后的团队。萨利赫不需要太多的说服性语言："喜欢它，喜欢活力。就这么办吧。"

据西米诺夫说，纳斯几乎在同时还许诺了"一张相当大额的支票"，西米诺夫高兴极了，这不仅仅是因为他获得了一位知名投资人的投资。"我是听着他的音乐长大的，"西米诺夫在谈到纳斯时说道，

"但是我更需要钱。所以，尽管这很酷，但如果有人来投资，那我也会很高兴的。"

西米诺夫很快就引起了其他几位知名天使投资人的注意。一位朋友的朋友听说《创智赢家》（Shark Tank）需要一批新的创业者。在这个真人秀节目中，选手们参加竞赛以争取来自传奇"鲨鱼们"的投资，其中就包括亿万富翁马克·库班、富布的创始人戴蒙德·约翰（Daymond John）、房地产专家芭芭拉·科科伦（Barbara Corcoran）、出了名古怪的软件创业家凯文·"奇妙先生"·奥利里（Kevin "Mr. Wonderful" O'Leary）。正如《美国之声》不一定代表唱片的制作过程一样，《创智赢家》也不一定代表典型的创业经历。

"《创智赢家》与天使投资的关系就像《夺宝奇兵》（Indiana Jones）与考古学的关系一样，"资深天使投资人戴维·罗斯说道，"它在大众意识和媒体中出现的次数比在现实世界中要多得多。"[21] 然而，这个节目某种程度的曝光开启了一波令人难以置信的热潮，并让天使投资成为主流。"我认为《创智赢家》所做的就是开启了这种对话，"2015年担任嘉宾的特洛伊·卡特说道，"你看看这个小组，再看看那些参与宣传的人们，你就会觉得自己能够胜任并且能够成为其中的一员。"[22]

西米诺夫给邀请他参加节目的一名制作人发了一封冷邮件，此后不久，他就被录取了。2013年中时，他开始为即将到来的录制工作搭建布景。他花了1.5万美元在家里的后院建起了一座微型的房子，而且相信库班将会是那个能给他带来改变人生投资机会的人。西米诺夫只从"奇妙先生"那里得到了唯一一笔70万美元的贷款，这笔贷款的代价是，西米诺夫要以10%的销售额作为回报直到还清为止，此外再加上5%的公司股权和7%的未来销售额特许权使用费。

西米诺夫拒绝了这笔交易。当然，这笔贷款能给他提供资金，但最终不得不去偿还。他说："胡扯！这并不是一个真正的交易，这太疯狂了。"[23]

西米诺夫向后靠着坐在那里，等待这一集《创智赢家》的播出，等啊等，一直等。随着公司资源的减少，他开始担心这个部分可能永远不会播出，这也浇灭了他对大规模曝光最后的那丝美好希望。终于，在2013年11月，这个节目在国家电视台上播出了15分钟，更准确地说是12分钟。几乎是在一瞬间，他就感受到了对公司的影响。芯片制造商提供了优惠的条件，而之前无法联系到的视频供应商的工程师，也突然迫不及待地前来提供帮助。

《创智赢家》让西米诺夫在百思买推销自己的产品时获得了信任，帮助他在密密麻麻的节日礼品市场中脱颖而出。在面世后的第一个月，智能门铃就获得了100万美元的收入，并在一年内卖光了所有的产品。甚至在西米诺夫把公司名字改成了"铃声"之后，光环效应仍然存在。铃声这个名字暗示了一种包罗万象的家庭安全措施。他认为《创智赢家》这些年来为他的公司创造了500万至1 000万美元的销售额。

西米诺夫说："这个节目更多的是以一种主流的方式向人们展示了如何讲述商业。你如何能筹到钱，怎么样才能拥有梦想，然后把梦想变成现实……这对那些没有取得多大成功的人来说是一种鼓舞。"

有一个人恰好也因此受到了启发，这个人就是沙奎尔·奥尼尔。尽管他已经是一名后备执法人员，但沙克仍然想知道是谁在他的门口。于是，他也安装了属于自己的"Ring"。因此，当西米诺夫告诉奋进娱乐公司的一位朋友他想做一个吸引人的商业广告时，这个消息传到了沙克那里。沙克的团队联系了 Ring 的创始人，希望能在拉斯维加斯的消费电子产品展览会上见面。这是一场科技的盛会，更广为人知的名字是消费电子展（CES），每年冬天都会吸引大约 20 万名的参会者。"我们一直都有参加，"沙克解释道，"有传言说沙克会帮助一家初创企业。"[24]

西米诺夫原以为这位超级明星会在私人房间里进行会谈，直到他看到沙克慢悠悠地走到 Ring 公司的展位边。西米诺夫说："他见到我和我的团队非常地兴奋，这和我见到他的感觉是一样的。"他们开始讨论拍摄商业广告的事儿，沙克对 Ring 公司印象深刻，就像冈萨雷斯对健康之星的印象一样，所以他决定把他的费用返还给公司，然后再投资一些。[25] 据西米诺夫反馈，沙克最终投了"大量的"资金，而沙克其实想要投的资金更多，但在该轮融资中没有足够的额度了。[26]

沙克在与西米诺夫一起拍摄的系列广告中完美地展现了他的幽默感，其中有一个场景是这样的：沙克玩儿了一个"躲猫猫"的游戏，试图避开 Ring 的探及范围，但没有成功。事实证明，对于这家初创企业来说，这位大人物的人脉比他的名气更有价值。当西米诺夫寻求当地政府的补贴时，是将铃声定位为一种阻止犯罪的工具。公司介绍了一个在洛杉矶进行试点的项目，结果入室盗窃减少了"55%"，尽管这个数字在《麻省理工科技评论》的一份报告中遭到了质疑。[27]

不管怎么说，这项技术还是引起了警察局的注意，尤其是当沙克提醒他们要关注这项技术时，而且沙克夸耀自己在执法部门工作时拥有一份令人羡慕的关系网。因此，就会出现这样的场景：如果西米诺夫碰巧在和沙克讨论迈阿密地区的一项倡议，或许在片刻之后,沙克就会把电话递给他,警察局长正在电话的那端,将和西米诺夫通话。[28]

"我们创造了比营销组合更多的影响力……沙克与警察合作,把我们介绍给警察局长并帮助我们,"西米诺夫说道,他现在是安全会议上代表沙克的固定发言人,"这是一个人脉网的独角兽……如果仅仅因为出名,那他是做不到的。他能做到,是因为他的一生都在支持警察。在这一过程中,他也得到了警察的尊重。"

西米诺夫不需要开发视频门铃就能看出铃声已经有了一位更加高调的仰慕者——亚马逊。2013 年底,亚马逊将注意力转向互联网公司(Alexa)和联网家庭后,开始对 Ring 进行投资。Ring 与亚马逊合作开发了许多产品,也让这两家公司的关系越来越密切。虽然西米诺夫并不是真的想卖掉 Ring,但当亚马逊出价超 10 亿美元收购 Ring 时,他改变了主意。

这笔交易于 2018 年完成,这让西米诺夫再也不用花时间在自己的车库里修修补补,除非他自己想这样做。虽然沙克和纳斯的投资金额从未公布(两位明星都不愿对总数发表评论,西米诺夫也不愿意),但这些名人从 Ring 公司的交易中估计获得了八位数的收入。亚马逊的收购进一步证明了,运动员创业投资的成功可以让他们的赚钱能力与赛场上的巅峰水平相当。"尤其是 Ring 这笔交易,"沙克说道。[29]

在西米诺夫看来,体育明星能够在创业界找到立足之地,这件事情是很有意义的。和冈萨雷斯一样,他指出运动员在职业舞台上脱颖而出的概率很低,就像顶级企业家需要克服同样规模的竞争对手,才能站到自己领域的巅峰一样。最后,他在亚马逊并购中获利,这有力地反驳了对名人投资或好莱坞式品牌推广的质疑。

"几年前，硅谷的一些大佬们说，'真正的公司从不进行营销……真正的公司只依赖于它的产品，'我认为这是错误的。"西米诺夫说，"现在这种声音已经不那么明显了，因为有这么多成功的例子说明了这一点。"30

除给初创企业带来明星效应以外，沙克和托尼·冈萨雷斯还改变了硅谷白人男性投资者的传统人口结构。需要说明的是，冈萨雷斯在途经葡萄牙时追溯自己为阿根廷白人血统。31

越来越多的运动员开始参与到创业投资中来。勒布朗·詹姆斯将 Beats 耳机和布雷滋匹萨（Blaze Pizza）的小额股权变成了八位数的财产。棒球球员阿莱克斯·罗德里格斯（Alex Rodriguez）在《创智赢家》上担任嘉宾评委，同时还因为持有即时通信巨头 Snapchat 和中国叫车应用滴滴出行的股份而获利。网球巨星塞雷娜·威廉姆斯（Serena Williams）投资了数十家初创企业，其中就有加密货币独角兽比特币公司，并从 2018 年调查猴子（SurveyMonkey）的 IPO 中大赚了一笔。"我想参与其中，"第二年她向《福布斯》讲述道，当时她已经发行了自己的基金——塞雷娜创投，"我想参与基础设施建设。"32

对于冈萨雷斯来说，投资回报也在相继涌现。在健康之星上取得成绩后，他重拾了对创业公司投入现金的意愿，但只针对那些看着有成功把握、拥有众多投资者的企业。冈萨雷斯加入了 NBA 传奇科比·布莱恩特和克里斯·保罗的行列，投资了运动医学公司 Fusionetics。最关键的是，他完成了对别样肉客的投资。

冈萨雷斯以约 5 亿美元的估值入股了这家植物蛋白公司，并在一年内让初始投资额翻了一倍多。别样肉客于 2019 年中上市，市值达到 15 亿美元，到当年底增长了两倍。因此，在短短几年的时间里，冈萨雷斯的投资也增长了数倍。与此同时，他一直在朝着与个人价值观相符的目标而努力。

冈萨雷斯说："在我看来，我参与的是那些有助于让世界变得更加美好的事情，尽管这听起来很老生常谈，但我不会投资我不喜欢的东西。"[33]

然而，就在冈萨雷斯的投资大获成功之时，其他沿着硅谷—好莱坞路线的好高骛远之士却在走向破产，而且，不只是在经济方面。

10
伊卡洛斯股份有限公司

时间回到20世纪80年代末期，那时的海迪·罗伊森在加入苹果公司前还曾担任软件制造商T/Maker的首席执行官，之后去了软银集团，再之后去了德丰杰风险投资公司。她发现自己在拉斯维加斯目睹了一场尴尬的"邂逅"。

早在沙克参加国际消费类电子产品展览会很久之前，罪恶之城拉斯维加斯的科技大会就因其"展台女郎"而声名狼藉。罗伊森在电话中将其描述为"一群非常好看的女人，穿着非常暴露。她们的工作就是站在展台边吸引男士来和她们交谈，而她们在科技展会上并没有任何其他目的。"但有个例外，在展会上，罗伊森公司的展台边只有员工团队。而团队里这些人碰巧又都是女性，这引起了一位男性与会者的兴趣。

"啊，我想看看你的展示，因为我听说这个展位全都是展台女郎，"这位男士对罗伊森的一位同事说道。用罗伊森的话说，她的同事"是一位相当激进的女权主义者，而且又非常有魅力"。结果如何？"结果她大发雷霆，"罗伊森回忆道，"说得好像我们雇用了展台女郎，但其实这些人都是我们的员工，而不是展台女郎。"[1]

不幸的是，这种看法在接下来的几十年里并没有发生太大的改变,科技界女性代表的数量下降了。现在,美国计算机相关岗位中女性只占四分之一的比例,而1991年这一数字是三分之一。对于黑人来说,这个数字仅有3%;对于拉丁美洲的人来说,只有1%。顶尖风投公司的合伙人中女性不到10%。所以,如果女人领导的公司只收到了仅仅2%的风险投资基金,这也没什么好惊讶的。[2]

可以肯定的是,科技界在新千年出现了多位有权势的女性。雪莉·桑德伯格(Sheryl Sandberg)在2008年加入脸书担任首席运营官,并在她的任期内成为亿万富翁,凭借着社交网络这笔交易,她的财富增长了近100倍。苏珊·沃西基(Susan Wojcicki)是油管的首席执行官,她将这一视频巨头的收入提高到了数十亿美元。而且这两位女性都因为她们的性别而遭遇过很多的困境。[3]

沃西基在《财富》的一封公开信中特别提到:"我的工作能力和贡献都受到了质疑。我一直被排除在重要的行业活动和社交聚会之外。我与外部领导开会,他们都和资历比我浅的男性同事讲话。我的发言经常被打断,我的想法也被忽视,直到这些男人们换个说法把这些想法说出来,这些想法才会受到重视。无论这一切发生得多么频繁,我都会感到受伤害。"

长期以来,对于一些女性来说,包括罗伊森,从边缘化到不易察觉的削权,再到公开的性骚扰,这些似乎都是硅谷不太可能改变的部分现实。她和她的同伴们在职业生涯早期也经历过一些灰色地带,感觉科技世界很像好莱坞。

她说:"你的很多个人生活以及私人关系都是在工作中产生的,因为你要一天工作24小时,一个星期工作7天。你会和一起工作的人产生暧昧关系,这可能与联合主演没什么不同。"她也指出,由于她的职位和声誉,她不再需要做类似职业生涯早期所做的无用的进步。

"我的同龄人看着比我要年轻 20 岁,我认为这是一个不同的世界。"[4]

如果说被誉为"私人飞机领域优步"的 BlackJet 公司的发布会预示着什么的话,那么在 2013 年的情人节这天,好莱坞和硅谷这种分分合合的关系似乎进入了高潮。这家公司的投资者包括阿什顿·库彻、杰斯、旧金山的亿万富翁马克·贝尼奥夫和优步的联合创始人加勒特·坎普(Garrett Camp),而坎普也是这款共享飞机应用的联合创始人。[5]

公司包下了旧金山的联合广场,用以庆祝新开通的湾区和拉斯维加斯的航线。庆祝活动在开始时吸引了一大群狂欢者在红地毯上排队。自从展台女郎时代到来以来,情况似乎并没有得到什么改观。如果你戴上 BlackJet 的帽子,那么这家初创企业请来的衣着暴露的"天空天使"就会与你合影,而有些客人则得到了夏威夷人戴的花环,但公司还没有开通夏威夷航线。前 1 000 名客人获得了 BlackJet 的免费会员资格;而其他人,则可能必须要在支付 2 500 美元的年费后,才可以享受使用手机购买从旧金山到拉斯维加斯航班 1 500 美元两张机票的便利。航班大概有十几名同机乘客,如果航线较长,则需要支付更多的费用,根据需求不同费用是变化的。[6]

BlackJet 的首席执行官迪安·罗特钦(Dean Rotchin)表示:"目前,预订整架飞机的包机活动采用的也是类似的方式,现在你可以立即预订,就像你通过优步叫车一样。"[7]

可能最著名的客户就是舍文·皮什瓦,他刚刚被任命为 BlackJet 的董事会主席。正如投资优步一样,这位风险投资家发挥了关键性的作用，他从硅谷和好莱坞请来了一群投资人。除库彻外，纳斯的皇后桥风险投资公司也参与了投资。所以就看到了很多熟悉的面孔，包括罗恩·康韦的硅谷天使投资基金和威尔·史密斯的欧文布鲁克娱乐公司（Overbrook Entertainment）。

根据Crunchbase的数据显示，投资者超过30人，金额最大的一轮融资为210万美元。皮什瓦自己投了10万美元。[8] 然而，许多人对这样一家将打车服务带到天空的公司通常是抱有怀疑态度的，也对这一想法产生了分歧。特洛伊·卡特表示："市场并不像优步那样大，单位经济效益对我来说没有任何意义。使用频率不高，客户群体也有限。"[9]

另外一个小麻烦是，联合广场的这场盛会与其说是一个发布会，不如说是品牌的重塑。美国证券交易委员会2012年归档的文件显示，该公司2008年在特拉华州实际注册的名字是Green Jets Inc。公司拒绝披露当时的收入，但显然是希望这些知名的投资人涌入，以此来提高其对富豪阶层的知名度，并指望借此带来销售额的激增。[10]

这条旧金山—拉斯维加斯航线是那些昂贵线路中最便宜的一条，然而也有一种经济论点认为，对于需要出行的富人来说，时间就是金钱。BlackJet跨国航班的单程票价为3 500美元，这与从肯尼迪机场出发到洛杉矶国际机场的头等舱机票价格相当；私人包机的费用是这个金额的好几倍。然而，这还不足以说服所有对共享飞机产业质疑的人。

在BlackJet成立之时，私人飞机租赁服务网站PrivateJet.com的首席执行官肯·斯塔恩斯（Ken Starnes）说："很多人都试图打造共享座位的商业模式，但皆以失败告终，因为让那些非常富有的人和别人共租一架飞机很难，他们的自尊心大得就像办公大楼一样。"[11]

10 伊卡洛斯股份有限公司

这也是在指那些对斯塔恩斯和卡特视而不见的投资人。然而，仍然有很多人似乎还是愿意跳进这个日益火热的市场中来。

"一百万美元已经相当酷了。但你知道什么叫真正的酷吗？"贾斯汀·汀布莱克以他在《社交网络》电影中所扮演的风险投资家肖恩·帕克的身份问道，"一亿美元"。

他正在同扮演脸书联合创始人马克·扎克伯格和爱德华多·萨维林的演员谈话，三个男人主导了场面。他们在一家亚洲餐厅吃饭，忽略了扮演萨维林女友的演员布兰达·宋。《社交网络》获得了影评人的一致好评，但也有人揪住电影里对女性的轻视和人格物化不放。电影编剧阿伦·索尔金（Aaron Sorkin）声称，这部影片只是影射了硅谷的厌女症。[12]

事实上，在风险投资领域和娱乐圈最新结合的世界里，生活和艺术变得难以区分。2011年最后一季《明星伙伴》中包含一个情节，阿德安·格兰尼饰演的主角的原型是马克·沃尔伯格，他投资了龙舌兰酒公司；同年，沃尔伯格将大笔资金投入了碱性水品牌Aquahydrate。《硅谷传奇》（*Silicon Valley*）是一部讲述创业公司创始人的喜剧，许多演员在里面扮演了重要的角色后，也开始参与投资真正的创业公司。

汀布莱克自己也投资了初创企业，结果也是有好有坏。他参与了新闻集团旗下我的空间3 500万美元的并购。公司想努力将自身打造成一个音乐天堂，汀布莱克在网站再次易手前成了公司的公众代言人。2012年，他加入了其他明星的社交电子商务公司BeachMint，作为名人大使宣传一款名为HomeMint的在线家具产品。汀布莱克在一场新闻发布会上提到，此举来自他"对建筑和室内设计的热爱"。[13] 几乎没有人购买这款在线产品，也没有人购买这家公司的商品。BeachMint 在 2013 年破产了，并在第二年与《幸运》(Lucky)杂志进行了匪夷所思的合并。与此同时，在母公司 2016 年卖给时代公司后，我的空间这家企业就成了一个历史。[14]

最终，汀布莱克发现了一家胜利者，这就是抗氧化饮料供应商 Bai Brands。在罗翰·奥扎（Rohan Oza）的帮助下，他希望能找到和 50 美分维他命水一样神奇的饮料。[15] 2016 年，汀布莱克投资了这家公司。在那一年晚些时候，胡椒博士（Dr Pepper）宣布计划以 17 亿美元的价格收购它。[16]

在 Bai Brands 被收购之前，汀布莱克到底做了什么，这仍然是个谜。他随后就被任命为"首席口味官"，这一模棱两可的职位也没能澄清事情的真相。在交易完成后，汀布莱克确实给这个品牌做了一个非常公开的宣传，他和克里斯托弗·沃肯一起出现在了超级碗的广告中，还把广告推给了推特上的 6 500 万粉丝。在广告现场，这两人坐在木制客厅里噼啪作响的炉火前，沃肯朗诵着 *Bye Bye Bye* 的歌词，这是汀布莱克还在超级男孩演唱团体时最受欢迎的歌曲之一。

虽然事实证明这是一笔利润非常丰厚的投资，但 Bai 可能让汀布莱克感到很不是滋味。因为在后来的一起指控这家饮料公司进行虚假宣传、标榜其只包含天然成分的集体诉讼中，这位歌手被点名了。尽管汀布莱克是首席口味官，但报道称，他的法律团队一直声称汀布莱克并不知道 Bai 公司的饮料是由什么制成的，而且也没有人能证明他知道。[17]（汀布莱克最终也因为这起公诉被公司解雇了。）[18]

与此同时，其他名人也在努力应对持有一家知名公司股份所带来的复杂局面。

10 伊卡洛斯股份有限公司

2013年，舍文·皮什瓦募集了1.53亿美元成立了自己的风险投资公司夏尔巴资本（Sherpa Capital）。等到BlackJet公司引起他的兴趣时，他已经从共享领域拓展到了真空管领域，也就是埃隆·马斯克推出的超级高铁系统。在皮什瓦的坚持下，在同年召开的一次会议上对超级高铁系统进行了展示。[19]

"我们看到一种文明在终结而另一种文明在开始，并且我们正在建设的这种交通基础设施开启了格子金属架的新时代，"两年后，在他的超级高铁公司走出隐身模式后不久，皮什瓦解释道，"没有回头路可走了。"

然而，BlackJet的加速度远远没有达到超声速。事实上，在花哨的旧金山发布会这一年里，这家公司的价值在持续下降。由于无法筹到额外的资金，皮什瓦辞职了，BlackJet也在2013年9月裁掉了大部分员工。一名前员工声称，这些飞机在飞航线的时候几乎都是空载的，这就导致公司每周都会损失20万美元。正如卡特预测的那样，单位经济效益并没有奏效。事实证明，当每架飞机每次飞行的成本为2万美元时，那么不管有多少乘客，要保证横穿全国的票价为3 500美元，这是不可能实现的。[20]

"我们应该从头开始孵化它，"皮什瓦在哀叹这次空中冒险时说道，"因为在没有恰当团队的情况下，就采取一个完全不同于优步的成本模型，这还为时过早。"[21]

另一个有趣的细节可以在2012年BlackJet的财务报表中找到。这家公司新进投资者的最低投资额为0美元，这也就意味着，名人股东可能是免费获得的股权。[22]在这种情况下，他们损失的也只是时间而已。虽然商业计划遭到了质疑，但是如果这些知名投资人能够更加努力地宣传，或许这家公司就可以生成足够多的有钱用户而得以存活下来。这样，他们也就有动力参与其中来赚更多的钱。

皮什瓦同时也在继续着自己高消费的生活方式。他会出现在史努比·狗狗和其他名人的合影中，并凭借自己的力量成了一位明星。在福布斯榜单上，他的资产净值为5亿美元。2014年，据博客网站硅谷闲话报道，刚刚离婚的这位巨头已经开始约会泰拉·班克斯（Tyra Banks）。班克斯是一位超模，现在转做创业投资者。2013年，她加入阿什顿·库彻，成为社交购物网站The Hunt的投资人。

然而，这一路也并非一帆风顺的。2017年底，彭博社发表了一篇报道，其中引述了几名女性的说辞，宣称皮什瓦利用自己的身份强迫她们发生性行为和性关系，他否认了这些指控。23 硅谷一些朋友为他辩护但未达到预期，其中有一位匿名消息人士坚称，皮什瓦不可能在优步的圣诞派对上对任何人进行性骚扰，因为他一只手拿着饮料，另一只手牵着他带来参加庆祝活动的小马的绳子。24

随后，皮什瓦以休假为由离开了超级高铁（Hyperloop）和夏尔巴资本［夏尔巴资本后来改名为"顶峰资本"（Acme Capital）］。25 同时，他坚称自己是一场精心策划的诽谤行动受害者。26 类似的丑闻同时也让好莱坞、硅谷等地的权力人物下台。

整个2017年秋天，美国反性骚扰运动发展成了一场全国性的革命，引发了众多行业对有毒上层阶级的变革。《纽约时报》和《纽约客》发表的两篇报道称，哈维·韦恩斯坦（Harvey Weinstein）遭到

10 伊卡洛斯股份有限公司

了猖狂的性骚扰和性侵犯,这让《金刚》电影的制片人下马;尽管他否认了这些指控,但他还是被自己的公司解雇了。截至发稿时,这位制片人正在等待包括强奸在内的一系列指控的审判。[27]

在接下来的一年里,全球数十位最有影响力的男性皆因为不当的性行为,从娱乐圈有权势的职位上摔了下来,其中包括嘻哈大亨拉塞尔·西蒙斯(Russell Simmons)、哥伦比亚广播公司总裁莱斯利·穆维斯、好莱坞电影制作人布莱特·拉特纳(Brett Ratner)、新闻主播马特·劳尔(Matt Lauer),还有很多其他人。据《纽约时报》统计,共计有超过 200 位有权有势的男性下马,而其中有一半的职位被女性所取代。[28]

"贬低、侮辱或不尊重女性的男性可以免受惩罚,这不仅仅发生在好莱坞,在科技界、风投界和其他领域皆是如此。在这些领域里,他们的影响力和投资活动可以成就一个人的事业,也可以摧毁一个人职业生涯,"比尔和梅琳达·盖茨基金会的联合主席梅琳达·盖茨在接受《纽约客》采访时表示,"权力的不对称很容易被滥用。"[29]

当然,早在美国反性骚扰运动成为主流之前,硅谷的女性就已经给我们敲响了警钟。海迪·罗伊森在 2014 年写了一篇题为《女孩不一样》的博客,描述了长期主导她世界的文化。比如,在她担任首席执行官期间,在一次晚宴上,她最大的客户拉开裤子拉链并把她的手塞到他的腰带下。"你没有人可以诉说,"她说道,"尤其是当你是首席执行官的时候。"[30]

最具爆炸性的新闻可能是 2017 年苏珊·福勒(Susan Fowler)写的信件。她在两年前加入优步,担任网站的可靠性工程师。在她第一天见到新团队时,福勒的经理在聊天中告诉她,他处于一段开放的关系中而且努力"在工作中尽量别惹麻烦",但他忍不住这样做。另一件事是，公司为工程小组的每个人都订购了皮夹克。但据福勒说，团队中有6名女性收到了电子邮件，邮件里说她们不会收到皮夹克，因为"小组里女性数量不够下单最低数量"。她向人力资源部报告了这两起事件，但都无济于事。福勒写道，当她把这些向上级汇报时，她遭到了报复性的威胁。[31]

这段经历让福勒跳槽去了另外一家公司工作。今年2月，她在一篇题为《反思在优步非常非常奇怪的一年》博客文章中，讲述了自己的经历。随之而来的是大量对优步毒文化的批评，这迫使优步首席执行官特拉维斯·卡兰尼克在6月中旬开始无限期地休假。一周后，在一项由优步委托、美国前司法部长埃里克·霍尔德领导的调查中，要求重新审查卡兰尼克的角色。他的投资人都要求他辞职，包括门罗风险投资公司、皮什瓦的老字号。因此，卡兰尼克辞去了首席执行官的职务。2017年底，福勒凭借揭开优步的黑幕而成为《时代》杂志封面年度人物"打破沉默者"。

这一事件却让硅谷迈出了重要的一步，使其成为对所有人来说都更加友好的一个地方。这段不愉快的经历也在不断地提醒着人们，对像索菲亚·布什这样的优步女性投资人的偏见依然存在。同时，也强调了她们参与拼车公司和排外的风险资本领域的重要意义。

布什说："很多人在一开始就入局了，然后他们认识的朋友也进入了，然后他们都赚了钱，再然后他们把赚到的钱再进行投资，这个圈子就保持着这种封闭性。让人们选择有意识地说话，这真的非常重要，'还有谁会来参与？还有谁会被允许来挤占这里的份额？'"[32]

10　伊卡洛斯股份有限公司

对于像海迪·罗伊森这样的硅谷资深人士来说，近期的进展只是一个开始。正如她在采访快结束时所建议的那样，但这是她审慎乐观的原因。

她说："我们这里对于性骚扰的讨论有不同的论调，因为很多争论都是在围绕着同工同酬、职场上的认同以及建立一个没有敌意的环境展开的。但肯定有一些滥用权力的行为存在。"[33]

的确，罗伊森自己的公司对这样的争议并不陌生。德丰杰投资公司的创始合伙人史蒂夫·尤尔韦松（Steve Jurvetson）在被爆出与在商业会议上认识的女性有婚外情后，便离开了公司。[34]尤尔韦松在一份声明中间接提到了一段"不明智的关系"，但否认了任何有关"性侵犯和职场性骚扰"的指控，而是将他的离职归咎于"与合作伙伴间的人际关系问题"。[35]德丰杰投资公司也改名为起点风投（Threshold Ventures）。

罗伊森在这次危机后仍然留在了公司，对她来说，硅谷仍然会滋生分不清商业和个人生活界限的情况。她指出了一种假设的情形：假如两个人是一种两相情愿的性关系，其中一个人有钱有势，会带着另一个人一起乘坐私人飞机，参加亿万富翁和名人经常出席的活动。"如果是这种情况……这算不算权力滥用？当你不再与他们发生关系时，你会拒绝他们提供的所有机会吗？"罗伊森问道。"有很多男士会说，'不，那不是滥用权力，那是这个时代约会的方式'。"[36]

谈到硅谷更为广泛的文化问题，罗伊森对完全消除工作场所不当性行为这种可能性的前景略显悲观。"你永远不会摆脱我们是动物这一事实，这才是真相。我们是性欲野兽，"她说道，"这就是我们物种繁衍的方式。"

当涉及刑事案件时，起诉侵犯者是一件棘手的事件，尤其是那些发生在久远的过去、超出诉讼时效范围的事件。对有钱的侵犯者进行经济处罚几乎是不可能的，尤其是那些没有被定罪的人。哥伦比亚广播公司拒绝了莱斯·穆恩福斯（Les Moonves）1.2亿美元的黄金降落伞，就在几周后，有报道称他在圣巴茨岛上度过了新年，在亿万富翁大卫·格芬的游艇上度假。据说几乎同时在这个豪华岛屿上的还有舍文·皮什瓦和布莱特·拉特纳。[37]

"很不幸，我们现在的情况是，投资界的绝大多数权力仍然掌握在男性手中，"罗伊森在2018年底告诉《财富》杂志，之后她暗示即使不够完美但未来可能会更加光明，"我们正处于雾蒙蒙的天气中，可能会面临着一些艰难的境况，但我通常会认为我们正在朝着正确的方向前进。"[38]

11

做得很好

1986年，由牛仔、嬉皮士和"垮掉一代"组成的一支不起眼的乐队在得克萨斯州奥斯汀市举办了一场音乐节，当时在好莱坞和硅谷很少有人注意这件事。这支乐队认为，源于得克萨斯州腹地的创造力即使不强于地球上的其他城市，也绝不逊于它们。30多年后，事实证明他们做得很好。现如今，每年3月份都会有25万人来到这座城市，仅仅是因为喜欢他们音乐本身。西南偏南艺术节也由此成为娱乐圈和科技界之间的一座桥梁。

在奥斯汀迅速扩张的机场乘坐优步，沿着塞萨尔查韦斯大街，穿过堵满了打着硅谷和《娱乐至死》广告的特斯拉轿车和三轮车的城市东部，你可能很容易就到达加州的某个地方。在雷尼街左转，你最终会发现自己来到了时尚的范赞特金普顿酒店。在一个阳光特别灿烂的周六，街道两旁会排起长队观看一场独家演出——不是当地传奇人物威利·纳尔逊（Willie Nelson）或小加里·克拉克（Gary Clark Jr.）的私人音乐会，而是一场由阿什顿·库彻和盖伊·奥塞里领衔的创业大赛。

在带有游泳池的酒店四楼，奥塞里欢迎着数百位前来参观风险投资活动的客人。库彻坐在讲台上，旁边是一群全明星评委，包括亿万富翁马克·贝尼奥夫、演员马修·麦康纳、创业大师加里·维纳查克，以及StyleSeat的创始人麦乐迪·麦克洛斯基（一个早期接受库彻投资的人）。他们在这里聆听了五位创业者的推介，获胜者将获得稳健风险投资基金（Sound Ventures）10万美元的投资，这是奥塞里和库彻在超级天使投资公司获得成功后又创办的一家公司。

这是一种超现实的情形。当每一位选手上台时，这位昔日的《70年代秀》明星都会向创业者们抛出一连串充满创业术语的问题，既犀利又有助益。"你们目前的获客成本是多少？"他问Daymaker的创始人。Daymaker是一家初创企业，专注于将儿童对儿童的慈善捐赠游戏化。他向另一个选手追问潜在的市场规模，接下来问及一些隐私的问题。当维纳查克把一个和善的企业家追问得过于严肃时，库彻反击道："加里，他刚才还夸你的鞋呢。"[1]

在所有的项目中，库彻对一家名为LearnLux的公司特别感兴趣，这家公司使用在线工具向大型组织教授个人理财技能。公司的商业模式是由企业注册，支付给初创企业每个月、每位员工1美元的费用，用以提高全公司的财务知识。公司的联合创始人丽贝卡·利伯曼（Rebecca Liebman）一度提到，她正在将25万名免费试用的签约用户转为付费用户。

"我们正在转这些用户。"她答道。

"进展如何呢？"

"虽说40%的千禧一代因为不知道要做什么而选择退出401k养老计划，"她解释道，"但我们却看到了选择加入401k计划的比率在大幅增长。"

与此同时，库彻自己的转变也证实了类似的成功，他从涉足初创企业的演员变成了有演员特点的风险投资家。

11 做得很好

到 21 世纪 10 年代中期,库彻的创业活动比他的演艺事业做得要好,而且他饰演的角色也继续反映着他对技术的热情。他在 2013 年主演了苹果创始人乔布斯的传记电影《史蒂夫·乔布斯:灵光乍现》(*Jobs*),尽管电影本身的评价不温不火,但他的表演获得了不错的反响。《旧金山纪事报》(*San Francisco Chronicle*)称赞他的表演非常具有说服力,但对电影的描述就没那么仁慈了:"令人惊讶的是,影片并没有像人们想象的那样失败。"[2] 他在天才网站上对史蒂夫·乔布斯的一次演讲进行了诠释,这引起了超级天使基金投资的一家企业的关注。他成功找到了将演员的角色和投资者的角色连接起来的其他方式。[3]

库彻还曾当了五年美国收入最高的电视演员,在《好汉两个半》中代替查理·辛饰演一位互联网亿万富翁。在第一年时,库彻会在剧中角色使用的笔记本电脑背面贴上他在现实生活中持股公司的标志,像 Foursquare、Flipboard。据报道,这种行为引起了联邦通信委员会的注意,并警告他不可以在没有披露许可的情况下随意植入广告。

2015 年,也就是他这部情景喜剧收工的那一年,库彻和奥塞里一起成立了稳健风险投资基金。这一次,他们与伯克尔分道扬镳。伯克尔是他们的第三个火枪手,也是超级天使投资公司的导师。第二年,当我在写关于库彻和奥塞里的封面故事时,伯克尔只是说了一些好话。"我们会和以前一样亲密,我们的团队还会一起合作。"他解释道,他以前的合伙人也是这么做的。奥塞里说:"我们大受欢迎。"库彻补充道:"因为我们是好朋友,我们不希望在潜在市场方面发生观点上的冲突。"[4]

那为什么伯克尔没有留下来呢？也许这位亿万富翁不愿意对任何人负责，包括稳健风险投资基金的机构投资人自由媒体集团（Liberty Media）。这家巨头上市公司在2016年宣布为稳健风险投资首只基金提供1亿美元，私募股权巨头德太投资（TPG Capital）也随时准备为那些寻求更大规模注资的企业提供额外的资金。不过，也许伯克尔只是想走一条与库彻和奥塞里不同的道路，他更愿意专注于他与瓦拉赫在同一时期创办的Inevitable Ventures，而库彻和奥塞里的目标就没有那么明确了。

"我们想说的是，'没有被移动通信技术破坏的绿地在哪里？'"库彻在那时告诉我。"我们没有选择类别，只能开始回顾我们的投资，而且'你知道，我们也不是真正在选择阶段。'我们只是投资那些有巨大价值、巨大上升空间和势头、真正颠覆那些有趣领域的事物。我们认为，如果想要有效地做到这一点，我们需要成立一个不分阶段的基金。"自由媒体集团是演唱会巨无霸的大股东，奥塞里通过巨无霸安排的一次会面，认识了自由媒体集团的首席执行官格雷格·马菲（Greg Maffei），这为新基金的成立奠定了基础。吸引库彻和奥塞里的地方是自由媒体集团作为唯一投资者，操作简单，因为他们刚刚经历了超级天使投资基金的融资程序，在多方合作的模式下，每个投资人都有一套自己的规范和报告要求。

自由媒体集团对稳健风险基金的投资则代表了一家大型机构投资者对库彻和奥塞里投了大量的信任票，这让他们有机会证明自己的价值，并再次收取约占资产2%和利润20%的费用。这一开始就是一个悖论：一家由好莱坞明星领衔的基金收购了人力资源自动化（Zenefits）和家政服务（Handy）等不太引人注目行业里的企业。

然后是考乐（Cowlar），奥塞里把它描述为"奶牛界的追踪器"，这家企业是 Y Combinator 风险投资公司的两位创始人发现的。他们和其他几家公司一起成了考乐的投资人，其中就包括乔·蒙塔纳的 Liquid 2 Ventures。

就如同这家公司的名字所暗示的，它提供的是一个"牛的项圈"。但这是一种智能项圈，它能够在有经验的农民发现情况之前，通过动物步态的改变来发现其蹄部感染，或通过奶牛行为的变化来识别它是否怀孕。项圈的费用是每头牛 69 美元，外加每月 3 美元的会员费。到 2017 年初，在考乐的平台上有 600 头奶牛，名单上还有 7 200 头在排队。[5]

奥塞里说："如果有一款奶牛追踪器，你能知道它们什么时候生病，什么时候怀孕，什么时候更适合挤奶，那么效率就会提高很多，损失也会少一些。"[6]

对于那些不需要相信考乐公司优点的人来说，另一个问题可能也是会出现的，这个问题就是，库彻是在爱荷华州长大的，早年甚至做过一段时间屠夫，但对于一家客户主要是中部地区农民的公司来说，一个电影明星能给公司提供什么价值呢？库彻在斯蒂芬·科尔伯特（Stephen Colbert）的《深夜秀》(The Late Show with Stephen Colbert)节目上回答了这个问题，并探讨了他的一些投资项目。

"在一项创业项目还没进入你的耳朵时，我通常就开始喜欢它了，"在谈到他最喜欢的初创企业时，库彻这样告诉科尔伯特，然后又举了爱彼迎这个重要的例子，"人们可以睡在别人家的沙发上，并且每个人都能接受这种方式，这种想法是有点疯狂的。"[7]

他还大肆宣传了橡果公司，这家企业能够让人们以接近 1 美元的价格购买日常用品，并自动将差额重新投资于指数基金。科尔伯特当时还不能马上明白这家公司是做什么的,他让库彻重新解释了一遍,结果一个全国性的电视节目在长达一分钟的时间里,都聚焦在这家初创企业。橡果公司的首席执行官诺亚·柯纳（Noah Kerner）表示:"那是我们成长最快的一天。"他估计公司在随后的 24 小时内增加了 1.5 万名新用户,"我们都是以较低的成本来获取用户,但这次显然是免费的。"[8]

同样,考乐公司也在库彻与科尔伯特的谈话中得到了大力的宣传。对于这样一家默默无闻的初创企业来说,这两位超级巨星 1 万瓦特光芒所产生的影响力,在其他各方面都是无法想象的。公司创始人乌默·阿德南（Umer Adnan）在谈到库彻在《深夜秀》节目中提及考乐公司时表示:"我仍然记得在很长的一段时间内,很多人通过邮件、电话来咨询我们的证券代码是什么,我们不得不一直澄清,我们还不是一家上市公司。"[9]

也许有一天考乐会考虑上市。阿德南和他的团队在与农民们讨论了产品的第一次迭代后意识到,产品大规模采用的主要障碍是每个项圈都要更换电池。农民更换每头牛身上电池的过程需要花费大约 20 分钟,这对拥有数千头牛的农民来说,是非常不方便的。考乐公司从稳健风险投资基金和其他公司那里募集了大约 100 万美元的资金,然后花费了一年多的时间重新开发核心产品,就这样,一个可以使用 10 年价格 99 美元的太阳能项圈产生了,产品的使用年限超过了大多数奶牛的寿命。[10]

在库彻宣传考乐后不到一年的时间里,它的候补名单就增加了一倍多。阿德南指出,农民并不是唯一可以使用这种产品的人。新的项圈和它的传感器可以监测超过 25 头牛的行为,这让开发兽医药物和营养补充剂的研究人员对考乐产生了兴趣。与此同时,库彻和阿德南还讨论了如何在电视上进行搭售,包括让考乐在库彻主演的奈飞情景喜剧《牧场趣事》(*The Ranch*)中出镜的可能性。而且,正如奥塞里所指出的那样,这是一个可以依靠自己养活自己的循环。

"我们最终做的很多事情,并不完全都是我们在创立一家企业第一天就在谈论的事情,但现在,这些事情成了我们生态系统的一部分,"奥塞里说道,目光转向了我,"而且我现在正和你见面,作家先生,我要告诉你关于考乐公司的事情。"[11]

就在库彻开始在《深夜秀》节目中宣传奶牛可穿戴设备的同一时间,沙奎尔·奥尼尔的儿子要求去斯台普斯中心参加一场特别的活动。当他们来到老奥尼尔曾随湖人队连续三次赢得NBA总冠军的球场时,沙克发现这里几乎已经物是人非,球场上挤满了前来观看两个孩子在台上玩电子游戏的青少年。

"我就想,'这是什么鬼东西?'"沙克回忆是这样问他的儿子的。"他说,'这就是电子竞技。'而我从来没有听说过。"[12]

这位名人堂成员很快就熟悉了这种新兴的职业团队活动——在一款特定的电子游戏中一决胜负,而观众可以来现场亲自观看或在线观看,虽然团队成员都还没有达到买酒的年龄。所以当前苹果公司高管安迪·米勒打电话问沙克,是否愿意投资电子竞技俱乐部NRG(一家旗下战队分布在不同游戏领域的电子竞技组织)时,沙克立即就加入进来。那时,他已经是萨克拉门托国王队的共同所有人,而他看到了这个可以在早期进入将成为下一个大事件的机会。其他明星也都跟随沙克投资了NRG,包括歌手詹妮弗·洛佩兹,退役棒球运动员阿莱克斯·罗德里格兹和莱恩·霍华德,以及前职业橄榄球大联盟杰出球员迈克尔·斯特拉汉和马肖恩·林奇。

"你知道椰菜娃娃吗?"他问道,"一旦孩子们想要,父母就会参与进来,它就会大受欢迎。所以,我知道电子竞技将会大有市场。"

但当 NRG 的第一组玩家战队在一款流行的多人射击游戏《守望先锋》的联盟开幕比赛中首次亮相时,与沙克和他的投资者所期待的相比,结果却不尽如人意。团队成员没能一起完成比赛,其中有一半人甚至不知道对方的真实姓名。比起为 NRG 赢得一场胜利,他们更关心的是获得联盟历史上的第一次击杀,结果他们输掉了一场本来很容易获胜的比赛。比赛结束后,米勒请霍华德来队里讲话。

"嘿,伙计们,我想把你们介绍给莱恩,"米勒开始说话,"莱恩是世界职业棒球大赛的冠军、全国联盟的 MVP,在优秀的队和较差的队都打过球,他知道如何组建一个团队。今晚,你们还不是一个团队,就让莱恩帮你们组建吧。"[13]

"我想说的第一件事是,你们当中有谁认为自己不是世界上最好的玩家?"霍华德开始提问。

队员们吞吞吐吐,但没有人回答。

霍华德接着说:"如果你们不认为自己是世界上最好的,或者这支队伍不是世界上最好的,那就没有理由留在这里。那是门,马上出去。你们知道我为什么这么说吗?因为有十万个孩子想取代你们的位置。"

队员们迅速集中注意力,米勒在一旁惊讶地看着。

霍华德说:"如果你们想拥有最好的队伍,你们必须了解对方,必须爱对方,必须信任对方,而且没有人想成为英雄。虽然你们都想要首杀,而这也的确很令人兴奋……但我能告诉你们的是,我都不需要听你们讲就知道你们的交流很糟糕。你们必须学会如何成为一个团队。"

队员们理解了霍华德的讲话。米勒说:"他们牢记在心了,我们在这一年当中每一个赛季都有所提高。"[14] 团队合作的氛围也感染了 NRG 的其他游戏团队。霍华德亲自宣布了一名来自费城的新玩家加入《堡垒之夜》。罗德里格兹录制了一段介绍 NRG《战争机器》团队的视频,洛佩兹、林奇和斯特拉汉也出现在了宣传视频中。当米勒想要招募一名特别有天赋的《守望先锋》玩家海鸥时,沙克在推特上鼓励他:"是时候加快步伐了,"沙克写道,"加油,星辰大海!"[15] 很快,随着海鸥和其他几位玩家的加入,NRG 的价值也在飙升。虽然这家公司最近没有进行融资,但类似规模和业务范围的团队估值已超过 1 亿美元。[16]

其他明星也加入了这场竞争。2016 年,电子音乐明星史蒂夫·青木收购了肉鸽游戏的控股权,这款游戏因《守望先锋》团队而闻名。两年后,电子竞技巨头 ReKTGlobal 买入了该公司的多数股权,青木保留了两位数的持股比例。青木和 ReKT 的发言人证实了这笔交易,但拒绝提供详细的数据。对于青木来说,这笔交易是罕见被高度宣传的一则商业新闻,通常他会对自己的财务状况保持沉默,尽管他在舞台上是喧闹的。现在已经 40 岁出头的青木,在他早期 DJ 职业生涯的大部分时间里,都是在激情四射的现场表演,向粉丝的脸上扔蛋糕。

但在曼哈顿下城的一顿自由午餐后,没有现场表演的青木告诉了我他那些远远超出电竞领域的创业投资组合。2006 年,他才开始考虑投资,"我第一次真正赚到钱的时候,我说,'哇,我没有债务了'……当我去纽约时,我就不用再住在我爸爸的房子里了"。但青木并没有深入地研究初创企业,而是想通过发展自己的餐厅来打动他的父亲,也就是已故的红花餐厅创始人洛奇·青木(Rocky Aoki)。史蒂夫得到了一个投资 Shin 的机会,这是一家位于好莱坞的韩国烤肉店。一起投资这家餐厅的还有鼓击乐团(The Strokes)的朱利安·卡萨布兰卡斯、演员杰拉德·巴特勒以及《70年代秀》的演员们,青木不记得库彻是否参与了。

"你觉得呢,爸爸?"他问道,"在这家有这么多名人投资的餐厅里,投入一分钱就能赚到3万美元。"[17]

"你想知道我的真实想法吗?"他的父亲问道,"你会失去你所有的钱……因为我不想看到债务,我不想看到任何糟糕的事情发生,所以我现在才告诉你这些。如果你只是为了虚荣心,那就去做吧,但我要告诉你的是,你连成本都拿不回来。"

史蒂夫没有理会父亲的忠告。他想,我要让他知道,也让我自己知道我能行。这家餐厅在短短几年内就关门了,之后直到2011年,当瓦拉赫动员青木参与声田的艺人轮投资时,年轻的青木才敢再次进行投资。这位 DJ 成员记得当时是在比弗利山庄的半岛酒店见到瓦拉赫和肖恩·帕克。这两人花了大约五分钟的时间劝服他在进行另外一笔投资前一起投资声田,现在青木已经卖出了股份。青木当时开出了一张六位数的支票,并在几年后以当时投入价格的6倍出售了股权。

青木突然就迷恋上了投资初创企业,他用汗水和现金帮助创立了几家处于早期阶段的公司。其中一家是无人航拍机 Lily,这是一款带有内置摄像头的无人机,只要你在手腕上戴上跟踪设备,它就会跟踪并拍摄你去过的任何地方。Lily 原本是为了吸引冲浪和滑雪爱好者（也许还有扔蛋糕的 DJ），但却得到了广泛的应用。Lily 在 2015 年从众筹网站 Kickstarter 上筹集了 3 400 万美元，在此之前已获得了包括乔·蒙塔纳的 Liquid 2 和罗恩·康韦的硅谷天使投资基金等公司投的 1 500 万美元。青木在国际消费类电子产品展览会上露面，并在采访中推荐了这家初创企业。但是 Lily 的创始人花了大量资金进行研发，所以在把产品推向市场之前，他们就花光了钱。青木损失了六位数的投资，更不用说花在推广上的无数时间了。

"这就是商业的本质，"他说，"在经历了几次投资之后，这是损失最大的一次。你会发现想法很好，但执行起来却是另外一回事。当遇到真正好的想法但基础不好时，我会非常非常地谨慎。因为说到底，你需要投资，你想要进行基础建设，但你需要确保运营公司的人能够搞清楚，并能很好地经营公司。"

青木转向了后期投资，投资那些他知道已经可行的企业。采取这种方式的话，他可能永远不会得到 50 倍的回报，但他认为可以轻松赚到数倍于投入的钱。他和团队坐下来，列出了一份目标公司的简短清单。在 2014 年至 2017 年，他想办法参与到了爱彼迎和拼趣等几家企业的投资当中。

青木常常选择迂回的路线。他投资优步是因为上门推销，都是一系列漫无目的的事件促成他的下一笔大买卖。2016 年，他参加了白宫记者协会晚宴，与阿里安娜·赫芬顿、比尔·奈和 DJ 卡利坐在一起。青木跟随这些人前往华盛顿一位要人的家中参加派对，在那里他遇到了一位优步高管，这位高管帮他联系上了一名美国太空探索技术公司的员工，而这位员工希望能出售这家私人公司的股票。

青木说："有很多认识的人，彼此都是朋友。他们都了解真实的情况，并已经完成了审查程序，比如，'这个人真的会在经济上或战略上帮助我们吗？还是他们只是说说而已？'"

青木的父亲一直没能看到儿子在投资领域的丰硕成果，这位红花餐厅的老板于2009年去世了。但青木知道洛奇至少会欣赏他的创业生涯。青木说："他很高兴我在做自己的事情，我也很高兴。"

虽然像青木这样的明星纷纷涌入世界顶级的创业公司，但库彻和奥尼尔在风险投资界已经占据了先机，不仅是与其他明星和经纪人相比，甚至与好莱坞一些最强大的公司相比，也是领先的。

在21世纪10年代初，创新艺人经纪公司大部分时间都在尝试投资创业公司，通过《娱乐至死》等项目获得了成功。有一个典型的例子是，迈克尔·亚诺弗接到了一家大型风险投资公司的电话，邀请创新艺人经纪公司投资一家有前景的初创企业，并预留出公司价值数十万美元的股权。亚诺弗敲开了首席财务官的门，来征求他的同意。随后，他们围绕经纪公司的总体战略进行了反复讨论。亚诺弗常常不得不重操风险投资家的旧业，而且婉拒了投资建议。

在一次这样的推介之后，亚诺弗带着一家很有前途的照片分享服务企业的创始人和他的伙伴，来到创新艺人经纪公司洛杉矶总部对面的商场吃午饭。

"你们公司总共有多少人？"待大家都坐下后，亚诺弗问道。[18]

"4个人。"和他一起吃饭的人回答。

"那我现在正和你们公司一半的人在吃饭。"

"是的，可以这么说。"

"好的，你们想筹集多少钱？你们需要多少？"

"你应该投 10 万美元。"

"我没有 10 万美元可以投资，"亚诺弗感叹道，"但我希望我能有。"

这位联合创始人正是凯文·斯特罗姆（Kevin Systrom），这家公司的名字叫作照片墙。几个月后，脸书以 10 亿美元的价格收购了照片墙，这笔交易被广泛认为是硅谷近期历史上规模最大的一次收购。但也正是这段经历，给了亚诺弗建立创新艺人风险投资公司的动机，这是一只由艺人经纪公司和希望从关系中获利的外部投资者共同投资的基金。

此后，创新艺人风险投资公司投资了几十家初创企业，虽然还没有找到下一个照片墙，但是也有不错的投资，包括约会应用 Hinge 和冥想应用 Calm。Hinge 最终被 Match 集团收购，Calm 的投资人中增加了库彻和奥塞里。最近，许多名人都成立了自己的基金，比如凯文·杜兰特（Kevin Durant）、卡梅隆·安东尼（Carmelo Anthony）、杰斯和德瑞克·基特（Derek Jeter）。

库彻和奥塞里也不甘示弱，他们继续着自己的风险投资事业。2018 年夏天，美国证券交易委员会的一份文件披露了一只 1.5 亿美元的新基金，即稳健风险投资基金二期。库彻、奥塞里和埃菲·爱泼斯坦（Effie Epstein）是董事，而埃菲正是库彻、奥塞里在一年前请来帮助运营基金的。[19]

爱泼斯坦说："阿什顿和盖伊已经从事投资事业十多年了，所以我们的关系网有很多的重叠。他们在圈里的名声超级好，有着创始人第一的心态和异乎寻常的聪明。在我加入稳健投资之前，我们花了将近一年的时间来了解彼此。"[20]

奥塞里证实了自由媒体集团不是稳健风险投资基金二期的投资

人，新基金是"少数人的集合基金"，²¹ 爱泼斯坦将投资人描述为是"一个紧密联系的有限合伙人团队，其中包括我们的创始人、非常大的家族理财办公室和企业。"²² 根据爱泼斯坦的说法，尽管投资人分成了不同的类别，但基金仍然符合库彻和奥塞里在过去十年中所奉行的投资理念，即投资最好的企业家，无论他们在哪个行业或处于哪个阶段。

爱泼斯坦说："我们是一家人。我们采用直接的、合作的、不怕有意见分歧的方式交流。我们三个人都参与了获取交易、评估的过程，并和稳健投资的杰出团队一起支持我们的企业家。"

在本书付梓时，爱泼斯坦和奥塞里都没有对此作出进一步的阐述。奥塞里表示："现阶段没有太多可讲的。"直到2016年登上《福布斯》封面故事时，他和库彻才真正接受关于超级天使投资公司的深度采访。"我们等了九年，才等来写你的故事！"²³

回到奥斯汀的范赞特金普顿酒店，评委们已经从舞台上回来了，开始讨论这些选手的表现。看热闹的人会侧身走向酒吧，或者走到外面去享受得州片刻的阳光。我和我的邻居赌20美元丽贝卡·利伯曼会赢，但我输了。最后，库彻带着贝尼奥夫、维纳查克、麦康纳、麦克洛斯基以及一张亚马逊门桌大小的支票回到了舞台。

"我们已经做出了决定。丽贝卡还在吗？"

当丽贝卡走向舞台时，一排穿着印有"Kiss My Asset"T恤的观众发出了集体的欢呼。

"丽贝卡，我们得进行一次简短的谈话，也就是我们的尽职调查谈话，"库彻说道，"你们公司的估值是多少？"

"我们现在就结束比赛了吗？"她问。

库彻点点头。

"你认为你的公司能值多少钱?"他询问道。

"好吧,如果像贝宝那样运作,你就会考虑它未来的估值。"

"我现在讨论的是今天。"

"今天,让我们算一下……1 000万或1 200万吧。"

"如果这里不是1,而是2,你会怎么想?"库彻指着手中的巨额支票问道。

"太棒了!"

"好的,LearnLux投资20万!"

观众沸腾了,库彻再次向她表示祝贺。

然后贝尼奥夫走上前去。"我能再给你20万吗?"这位亿万富翁问道。

丽贝卡·利伯曼欣然接受,观众们再次欢呼。

这是利伯曼和她团队的巅峰时刻,也是库彻、奥尼尔和稳健投资的高光时刻。虽然他们一开始是跟随有经验的投资人参与交易,后来与伯克尔建立了合作关系,但现在,他们自己已经获得了足够的尊重,硅谷的亿万富翁们都愿意跟随他们进行交易。

利伯曼的创业让人想起了"超级天使投资"逻辑的一部分,即投资有前途的公司(有时是免费的),确实是很多普通人都能参与进来的。正如利伯曼在演讲开始时指出的那样,很大比例的员工未能利用雇主提供的投资计划。拒绝401k计划提供的免费资金,这几乎就像是,一位名人对优步上市前唾手可得的股份袖手旁观一样。

奥塞里在看待自己和库彻的角色时有些不同。

他说:"我们没有把钱留在桌子上。"这是他和库彻在好莱坞把创业投资作为一种范式之前的事情。"我们之所以参与进来,是因为我们对这些创始人以及改善我们生活的新想法和新方式感到兴奋。"[25]

12
做伟大的事情

斯瓦尔巴群岛位于挪威上海岸和北极之间，这里只有2 000多名居民；但有很多北极狐和北极熊在此游荡，比天使投资人或电视演员还要多。2018年，索菲亚·布什参观了斯瓦尔巴群岛的全球种子库，发现人口数量在减少。这个机构就像是世界粮食供应的备份驱动器，一旦发生灾难，各国可以从斯瓦尔巴群岛取回种子重启农业生产。布什惊讶地发现，从美国到俄罗斯，从委内瑞拉到朝鲜，许多国家都在她漫步的这块控制温度的区域里做了存储。

这并不是布什感兴趣的唯一类型的种子投资。她在优步上取得的成功给了她信心，所以她扩大了自己的投资范围，包括笔友互助学习（PenPal）等初创企业，这家企业提供从财务知识、资金管理到地球保护的各种课程，涵盖了150个国家的25万多名学生，以及世界各地的教师和同行。

"真的就有人创造了这个令人难以置信的教育空间，让孩子们能够了解这个世界，了解环境，也了解彼此。"在一年的旅行之后，布什打电话告诉我，"这感觉像是一条不断向前延伸的道路。特别是当你看到孩子们更专注了，更友善了，同理心更强了，更会觉得这种积极的影响正是我们真正应该关注的事情。"[1]

多亏了布什等人，笔友互助学习学校在 2017 年的种子轮融资中募到了 100 多万美元，虽然与那些硅谷质疑者投入的相比，只是一个很小的金额；但尽管如此，这仍然是一个强劲的开端。或许更为重要的是，这家初创企业强调了慈善和赚钱可以齐头并进的理念。这是布什和她的娱乐圈同行们非常关心的问题，而且她们的努力在一些投资中已经产生了明显的效果。

在曼哈顿下城一个温暖的夏日，波诺告诉我："资本主义不是万恶的，而是与道德无关的。它是需要驯服的野兽，需要我们的指导，是更好的仆人，而不是主人。"这句话是他在为《福布斯》百年特刊拍摄照片之前说的，这辑特刊突出了世界上现存的最伟大的商业思想。2

这位 U2 乐队的主唱多年来一直遵循着这一理念。在风险投资领域，波诺很早就投资了脸书、Yelp 和搜诺思（Sonos）。自从 2013 年盖伊·奥塞里担任 U2 的经纪人以来，U2 乐队已经入账超过 5 亿美元。虽然波诺已经成为世界上最富有的音乐家之一，但这位歌手仍然专注于将自己的影响力与市场经济相结合，以此来赚取更大的利益。

2006 年，在达沃斯世界经济论坛上，波诺发起了一个名为 RED 的慈善机构，这个组织旨在与企业进行合作，将大量的营销预算用于抗击艾滋病毒和艾滋病。在波诺和伙伴们的巨大推动下，RED 不断壮大，已经筹集了大约 5 亿美元的资金来对抗这两大问题。

波诺的下一个目标出现在娱乐、风险资本与慈善的交叉领域。

选择这个目标的灵感来自他与苏丹裔英国富豪莫·伊布拉欣（Mo Ibrahim）几年前进行的一次对话。这位电信大亨创立了"伊布拉欣奖"，奖金有数百万美元，用于奖励那些既能改善国家状况，又能在任期结束时按时离任的非洲领导人。他欢迎波诺和少数"硅谷榜样"（这位歌手拒绝透露他们的名字）来到非洲大陆接受挑战。

波诺记得这位亿万富翁说："他说，'看看你们，你们以为自己很勇敢，但实际上，你们只是在纳斯达克的浅水里划水。来非洲投资吧，这里是深水区。如果你真的相信我们，就投资吧。不要只是相信我们，而是与我们一起投资。'对于我来说，这里是善睿思基金（TPG's Rise Fund）的起点。"[3]

波诺提到的善睿思基金，是他与高管比尔·麦格拉汉和易贝的亿万富翁杰夫·斯科尔（Jeff Skoll）共同创立的，主要投资非洲等地区。这只基金还有一些显要的人物参与，像劳伦娜·鲍威尔·乔布斯、理查德·布兰森（Richard Branson）和伊布拉欣。善睿思基金的目标是筹集15亿美元，基金的高级顾问约翰·克里将善睿思基金与马歇尔计划的私人资助版本做了对比，这是美国在第二次世界大战后主导的数十亿美元欧洲重建行动。[4]

在很多人开始合理地质疑亿万富翁是否反映了一种社会弊端，而不是一种潜在的良性力量时，善睿思基金和其他类似的基金才姗姗而来。根据盖洛普最近的一项民意调查显示，在18岁至29岁的美国人中，有51%的人对社会主义持积极态度，这一比例在过去十年中一直保持不变；只有45%的人看好资本主义，但在短短两年内下降了12个百分点。[5]

波诺与约翰·克里同一群亿万富翁拯救世界的事，在最好的情况下，很容易被批评者嘲笑为新自由主义的同人小说；而在最坏的情况下，则会被认为是一些邪恶的白人救世主思想和为了掩饰机构投资的激烈竞争所采取的公共关系计谋。值得注意的是，在善睿思基金成立几年之后，随着麦格拉汉 2019 年因大学招生操纵丑闻被捕，他与善睿思基金就分道扬镳了。[6]

同时，我们也不能否认，这个世界需要富有想象力的解决方案。或者，就像克里所说的那样："在一个需要一百个马歇尔计划，但几乎没有任何地方的选民站出来支持这些计划的时代，你能做些什么？答案就是，你会用不同的方式来思考，而且你会有创造性地思考。"[7]

或许并不令人感到意外的是，以好莱坞和硅谷为核心的一些更为知名的公司也推出了与善睿思基金类似的基金。安德森—霍洛维茨公司在 2018 年成立的文化领导力基金就是其中之一。这只基金由克里斯·莱昂斯（Chris Lyons）领投，莱昂斯曾担任公司的首席执行官长达 5 年之久。文化领导力基金旨在进一步促进创作者和所有者之间的公平竞争。

莱昂斯和霍洛维茨在介绍基金的一篇博客文章中写道，"消费者行为，换句话说，消费者文化已经成为成功研发、营销和销售新技术的核心。非裔美国人发明了所有现代形式的音乐，从爵士到蓝调，从摇滚到嘻哈。在美国，大多数时尚、舞蹈和语言的创新都来自这个相对较小的群体。"[8]

莱昂斯和霍洛维茨认为，尽管安德森—霍洛维茨公司投资了许多黑人企业家创办的公司，从史蒂夫·斯托特的音乐发行平台 UnitedMasters 到瑞安·威廉姆斯的 Cadre，但这些人从流行文化中获利，他们的背景与创业者的背景并不完全匹配。严格来说，文化领导力基金从众多名人那里筹集了1 500万美元，包括纳斯、珊达·瑞姆斯、威尔·史密斯、贾达·萍克特·史密斯、吹牛老爹和凯文·杜兰特。

文化领导力基金与安德森—霍洛维茨公司一起，借助关系网获得了硅谷非常优秀的一些项目，而且还将超级天使投资的方式制度化，但是目标更加崇高。为了确保这只基金不仅仅是一个让有钱的名人发家致富的工具，基金创始人做了一个调整：将所有的费用和激励所得（大约2%的管理费、20%的利润），捐给那些专注于帮助非裔美国人进入科技行业的非营利组织。这种思路引起了其他硅谷投资者的共鸣。

光速创投的杰里米·刘说："如今的消费技术更多关注的是流行文化而不是技术本身。"他注意到光速创投投资的三分之一企业的创始人都是女性，而几年前这一比例只有四分之一。"流行文化的领导者往往不是白人男性，更多是女性和有色人种。"[9]

因此，就像安德森—霍洛维茨的文化领导力基金专注于让更多黑人企业家进入这个圈子一样，其他人也在努力帮助未被充分代表的更广泛的群体。例如，后台资本（Backstage Capital）的目标是投资女性、有色人种、"彩虹族"等企业家们创立的公司。虽然这部分人口占了世界人口的大部分，但总共只能收到大约20%的创业资金。[10]

后台资本的创始人是曾担任巡回演出经纪人和杂志出版商的阿兰·汉密尔顿（Arlan Hamilton）。公司网站上将她描述为"一个来自得克萨斯州的黑人女性"，她是一个不折不扣的同性恋者。她大学未毕业，也从未想过自己能在硅谷大展拳脚，直到"某件事激发了她一种意想不到的新激情……她了解到，像艾伦·德杰尼勒斯、阿什顿·库彻、特洛伊·卡特这样的娱乐圈名人都在投资科技创业公司"。

汉密尔顿募集了一只基金，并在 2015 年设定了一个目标，要在五年内投资 100 家由未被充分代表的群体企业家领导的创业公司。她提前一年半实现了目标，向面部识别初创企业 Kairos 和高中体育视频分享公司 Mars Reel 等投资了 400 万美元，其中 Mars Reel 是一个由 20 多岁的双胞胎布兰登·德约（Brandon Deyo）和布拉德利·德约（Bradley Deyo）创建的公司。

布拉德利·德约在筹集了 470 万美元后说道（投资者包括德雷克、勒布朗·詹姆斯和纳斯）："我记得那是我们第一次发现可以为自己的事业筹集资金。在此之前，我们可能会通过修剪草坪、铲雪来赚取资金。"[11]

2018 年，汉密尔顿宣布了后台资本的下一步计划，募集一笔 3 600 万美元的基金，投资领域更为聚焦，用于资助黑人女性的创业公司，每次 100 万美元。汉密尔顿在推特上写道："他们将其称之'多元化基金'，我将其称之'这该死的时间基金'（It's About Damn Time Fund）。"[12] 正是卡特这样的名人，为后台资本这样的机构铺平了道路，让汉密尔顿和德约兄弟等人也进入了创投圈，这些无疑都是在向世人展示：没有大学学历的局外人，也可以成为硅谷的圈内人士。

"对于有色人种、嘻哈族，或是创业背景与我们类似的人来说，没有太多的融资机会，"卡特说道，并特别提到有整整一代人将看到创业成功的例子，这些行业将在未来几年内提供上百万的工作机会，而不止是几千个岗位而已。"现在这已经成为创业圈行话的一部分，而不仅仅是在舞台上或在球场上……就机会而言，创业圈将会有更

12 做伟大的事情

广阔的世界。"[13]

事实上，卡特的许多同行也在强调，对投资常识假设的挑战是改变硅谷某些失衡的关键。与卡特一起投资优步的名人有很多，布什就是其中之一。她说自己之所以热衷于投资创业公司，实质上是因为她在慈善事业上的人脉关系。

她说："当女性开始赚钱时，就会有人邀请她们当慈善家。当男性开始赚钱时，就会有人找他们投资。没有人邀请我们女性参与投资……似乎人们感觉做一个待在房间里的女人很重要。"[14]

虽然，这些在传统上未被充分代表的群体，找到了进入风险投资领域的新途径，但在更广泛的投资领域里，正在发生着根本性的变化。在美国，关注社会责任的投资从 2014 年的 6.57 万亿美元增长到 2016 年的 8.72 万亿美元，增幅接近 33%。[15]

尤其唐纳德·特朗普 2016 年当选总统，以及随之而来的环境和社会事业的倒退，都让美国的年轻人越来越关注可持续性的投资。2015 年，28% 的千禧一代对这类投资非常感兴趣；2017 年，这一数字飙升至 38%。然而，许多面向公众的影响力基金都有很高的最低投资额度限制，比如，世界上最大的资产管理公司贝莱德集团（Black Rock），要求的最低投资额为 1 000 美元；而其他机构较为便宜些的股票，通常都是大公司的一篮子股票，比如，像沃尔玛这样的公司碰巧给慈善机构捐了很多钱。到 2017 年，像 Motif 这样勇敢的新进入者已经取得了初步的发展，他们允许小规模的影响力投资。但对大多数人来说，选择还是相当有限的。

正如莫·伊布拉欣告诉波诺的那样，影响力投资的前沿在非洲，而且是围绕那些建立了变革机制的私人企业。2017年，善睿思基金首次推出时设定的最初融资规模是15亿美元，目前已募集到20亿美元，投资那些致力于改善环境和社会公益的企业。[16]

善睿思基金的第一组投资显示出目标的广泛性。分布式太阳能公司（Fourth Partner Energy），这是印度的一家企业，阻止了1 600多万吨碳排放到大气中。拉丁美洲的数码屋（Digital House）编程学校，在短短几年内，学生的数量就从60名扩大到8 000多名。Cellulant，一家位于肯尼亚的货币平台公司，目前正处理着非洲12%的数字支付业务；在非洲大陆，发展的需求往往超过了现有传统银行基础设施供给。因此，这家公司对非洲来说至关重要。

善睿思基金比大多数基金做得更好，是因为它创建了一个量化影响的分析机构。这只基金用影响力货币乘数（IMM）进行衡量，IMM是一个基于几十年广泛社会投资研究的指标。基金的目标是，每投资1美元，至少产生2.5美元。随后，善睿思基金将这家公司独立了出来，名为Y Analytics，这就可以让其他的公司也能更容易地量化自己的努力。[17]

得州太平洋集团（TPG）在一份声明中表示，"Y Analytics将为那些追求改变的资本提供更多的信息，确保每一美元都得到最有效的利用，并为那些追求积极影响的投资提供共同语言。"我们的目标是"缩小实现（联合国）可持续发展目标的差距，推动可持续性和经济包容性的进步。"

有时候，善睿思基金的目标实际上也会与那些不单纯追求社会回报投资者的目标重叠。这只基金投资的最知名的企业可能是橡果公司，这家企业已经从得州太平洋集团、自由媒体集团和稳健风险投资基金等投资者那里筹集了超 2 亿美元。橡果的柯纳说:"如果你没有目标,不正直地专注于以正确的方式做事,那么我们也不会在这里,因为人们最终不会喜欢我们的产品。"[18]

"我们投资的企业有一个共同的主题,这就是他们改善了我们的生活。当一切进展顺利时,这只是真实目标的副产品,因为我们正与世界上最伟大的人才合作,而且也会帮助他们解决问题。"奥塞里补充道。[19]

在整个 2018 年和 2019 年,大盘继续稳步上涨,徘徊在历史高点。无论是道琼斯工业平均指数,还是以科技股为主的纳斯达克指数,都比大萧条时期的最低点上涨了数倍。在风险投资领域,这些数字尤其惊人。2018 年,全球交易量飙升至将近 3.4 万笔,同比增长 32%,较 2014 年以来增长了近 60%。换句话说,年均增长速度一直在加快。根据 Crunchbase 的数据显示,2018 年四季度的投资额为 914 亿美元,较三季度增长 2.4%。[20]

在交易繁荣发展的过程中,好莱坞和硅谷也逐渐修复了经常出现裂痕的关系。比尔·格罗斯说:"我认为现在的情况已经发生了变化,我们可以一起做很多伟大的事情。"格罗斯的创意实验室孵化器在帕萨迪纳市相继孵化了大量有前途的初创企业。"现在的公司都必须是科技公司了。过去,娱乐公司认为它们可以成为非科技公司。那个时代已经经过去了。"[21]

与此同时,大型科技平台也清楚他们不能没有内容。有些公司,比如声田,以音乐的无处不在和临时股权来吸引艺人。而其他一些公司则认为，股权并不是补偿创意人员的唯一方式。2018年，奈飞公司（Netflix）在内容上花费了120亿美元，这一费用在2019年增加了20%，在20世纪中期很少有人会预测到会出现这种现象。[22]

瓦拉赫说："在过去的五六年里，每个人都相信，'内容不再是你赚钱的方式，传播渠道成了赚钱的方式，'因此，所有人都纷纷涌向科技领域。而在媒体领域，传播渠道正遭到破坏。但在他们的思维模式中，这种想法已经外溢到科技领域。'科技是一种新的娱乐。'而且形势几乎又要回转了……内容变成真正有价值的东西，因为现在的传播平台都在竞争差异化的内容。"[23]

尽管创意界对未能在社交媒体平台上获得一席之地而感到绝望，很多人也认为社交媒体平台是以艺人为基础建立的，但近年来，关于脸书等公司的争议让问题更加复杂化了。如果很多人认为一家公司在进行不法的个人数据存储并能影响选举，那艺人们还会真的想申辩从这家公司拿了好处吗？没有这家公司，唐纳德·特朗普可能永远不会当选总统吧？因为好莱坞并不都是完全支持他当总统的。

的确，风险投资家罗杰·麦克纳米对社交网络有着强烈的意见。麦克纳米本人就是一位巡演音乐人，他和波诺也是脸书的早期投资者。麦克纳米说，他曾在2016年试图警告脸书的管理者，弄虚作假的信息会利用它的用户，但这则警告被忽视了。麦克纳米在2019年出版的《"扎"心了：警惕脸书灾难》（*Zucked: Waking Up to the Facebook Catastrophe*）一书中写到："快速行动，打破一切，道歉，再重复这一过程。他们从第一天开始就这样做，这是文化决定的。"[24]

尽管某些科技巨头的股价飙升，但更大范围的乌云笼罩着金融界。随着债务激增、贸易战和不可预测的行政搅动着市场，剧烈的波动已经成为常态。最近，一些世界上最受欢迎的初创企业IPO都

12 做伟大的事情

不是很理想，而其他的企业则以失败收场。风险投资公司一直在提醒所投资的企业，要为即将到来的经济低迷做好准备。

美国合成生物科技初创企业 Zymergen 的创始人指出，"我们当然希望能筹到一些钱。但只有当人们想把钱给你的时候，才是募集资金的时候。"他已经筹集了数亿美元，其中大部分资金都是在最近募集的。[25]

超级天使投资人和他们的盟友们在经济大衰退中建立了一种投资哲学。而且，正如特洛伊·卡特等人所指出的那样，从上一次科技泡沫破裂中吸取的一个教训是，最好的公司总能找到度过艰难时期的方法。

"我们经历过这样一段时期，大量的资本投给了那些不符合风险投资标准的企业，而且很多创始人或许不应该成为 CEO。企业能否找到快速盈利的方法，将是进一步发展的关键因素。我确实认为，像亚马逊和声田这样愿意在潜在亏损的情况下继续经营的公司，将会越来越少……但我觉得像这种伟大的企业，它们会继续获得充足的资金，"卡特说道。[26]

"如果一切都只是利润，利润，利润，那我们到底在做什么？"索菲亚·布什在采访接近尾声时问道。

近年来，创作者也面临着同样的困境，他们与企业家一起从风险投资界吸取了经验教训，并将这些经验应用于慈善事业。例如，马特·达蒙的保护水资源组织（Water.org），目前不仅致力于筹集资金为世界上最贫穷的家庭提供室内水管，还致力于通过创建风险投资基金提供廉价的小额贷款，但基金只能产生很少的个位数收益。

爱彼迎、脸书和优步等公司的创始人都是亿万富翁，他们承诺将把超过一半的财富捐赠给慈善机构，这是"捐赠誓言"的一部分。2010年，比尔·盖茨和梅琳达·盖茨以及沃伦·巴菲特发起了这项倡议。目前，全球最富有的人之中约有200名个人或夫妇参与其中。截至发稿时，善睿思基金正在进行第二轮数十亿美元的募资活动。

当然，这些行为不可能神奇地解决世界上所有的问题，但这是一个开始。如果幸运的话，当代的电影人、运动员、音乐家以及其他受此启发的人们，将会找到新的、有创意的方法，以某种方式让世界变得更好。

波诺说："我从来没有那种老一套的看法，即商业和文化是不同的。无论是歌曲、商业还是解决世界贫困人口问题的方法……作为一个社会活动家、艺人、投资者，以及来自同一个地方的人，我一直都在想，我应该做什么。"[27]

而且，下一代艺人已经开始使用这个平台，践行U2主唱等人提出的主张。

布什说："就波诺的观点而言，我确实认为，如果能重新调整一些环境因素，我们可以做得更好。我的目标一直是谈论如何打消'慈善或商业，两者取一'的想法，因为两者没有理由不能兼得。"[28]

致　谢

如果没有在本书中提到的天使投资人的帮助,这本书是不可能完成的。首先感谢力求完美的威廉·克拉克,他作为经纪人和我的朋友对这本书的支持。另外,我还要感谢编辑菲尔·马里诺和利特尔＆布朗出版社的同事们,感谢他们的理解和对我视野的磨砺。

如果没有我的这些资源,我也不可能写成这本书。在这里没有一一提名道谢,并不是因为缺乏感激之情,而是这里要感谢的人太多了,你们可以在注释部分看到其中大部分的人。另外感谢 Crunchbase Pro 的数据库以及《福布斯》杂志的财富榜,这些非人力资源也为本书的写作提供了极大的支持。

我要深深感谢《福布斯》杂志的一众同事,无论是在过去还是在现在,都给予了我大力的支持,尤其是兰德尔·莱恩、迈克尔·诺尔、罗布·拉弗兰科、苏·拉德劳尔、迈克尔·所罗门、纳塔利·罗贝梅德、哈娜·阿尔伯茨和保罗·安德森。而且,还要特别感谢我在垒球场上的队友们,有没有布鲁姆杯都不重要,重要的是我们一起度过的消遣时光。佯装娱乐也是一种很好的放松方式,为此,我必须称赞《铁面英雄胆》(*Commish*)和《超能少年》(*Cable*)全体人员,他们已经分散了我 25 年的注意力。

场景的变化常常对写作很有帮助，对报道也很有必要。这本书从各地人们的热情中获益匪浅，东海岸的莫斯、西摩尔、阿德勒斯和布拉姆斯，西部的布鲁纳-克纳斯和拉什曼，以及中部的奥马利、佩克斯和拉罗科斯。纽约的朋友们还提供了各种娱乐活动，从参观中央公园（肖皮、马德琳·克纳、大卫·科恩戈尔德、肖恩·普尔、朱莉娅·金），到转变对领带的热情（彼得·舒瓦茨、迈克·萨菲尔），再到卡拉OK和油管（丹·卡托、安娜·茹科夫斯卡亚、迈克·赛普洛维茨、维基·舒斯勒和内森·格里菲斯，格里菲斯为本书的封面写到了最后一刻，他是真正的"全明星"）。

每一本书的无名英雄都是那些早期的读者。我非常幸运地得到了挚友的帮忙，其中包括创业爱好者妮科尔·维伦纽夫和安德鲁·塞多塔尔。在北加州的公路旅行途中，他们非常友善地投入了很多时间，还拿出大块时间来讨论我的手稿，甚至是讨论最原始版本的书稿。乔恩·比特纳让我随时随地都能接触到创始人的思想（丽贝卡·布卢姆非常体贴地鼓励我这么做，与此同时，她也展现了出色的自我），谢丽·胡则确保我能把事实搞清楚。和往常一样，尼克·梅西特给了我一轮无情而又尖锐的评价，但这确实帮我充实了这本书。

如果父母是非常有天赋的作家和编辑，这对任何作者来说，都是很幸运的。而我足够幸运，拥有了三位。所以，万分感谢，感谢我的妈妈，从得克萨斯州中心城区给我的鼓励；感谢我的父亲，在纽约共进晚餐时的长谈；感谢朱迪丝，作为科学类教材的编辑，她和往常一样仔细地检查我的草稿，帮我把不好的部分删掉。

最重要的是，我要感谢我优秀的妻子丹妮尔·拉·罗科。她已经足够仁慈地忍受了我写四本书过程中的种种：忧郁的音乐氛围，

致　谢

遗忘在炉子上的意大利面，充满了即兴写作的周末和假期，以及比我记忆中更多的意外（虽然她可能会记得）。尽管如此，作为前几版非常粗略初稿的读者，她还是给出了明智的建议，并到布鲁克林深处找回了丢失的照片，甚至还为本书的封面出谋划策。沙克可能是个大人物，但是，丹妮尔，我对你的爱更加伟大。

后 记

硅谷已成为 21 世纪最强大的财富创造引擎，但正如本书自始至终所指出的那样，科技界的模式是让以白人和男性为主的群体富裕起来。尽管众多的超级天使投资人为更加多样化的创始人和投资者打开了大门，但要让初创企业经济的构成更加接近美国和世界的组成，还有很多的工作要做，一点一滴于此皆有帮助。因此，本书每卖出一本，就会有一笔钱捐给 Black Girls Code——一个致力于为有色人种女性提供早期技术培训的非营利组织。这些女性也是硅谷未被充分代表的一个群体，Black Girls Code 的目标是到 2040 年培训 100 万名年轻女性，助力她们在计算机领域找到工作。如果想了解更多的信息或者进行捐款，请访问网站：www.blackgirlscode.com。

词汇表

好莱坞和硅谷交汇在一起会显得非常繁乱,这里有众多的明星、创业公司、企业家、投资者和经纪人。为了简化起见,下面的词汇表供参考。

超级天使投资公司(A-Grade),由罗恩·伯克尔、阿什顿·库彻和盖伊·奥塞里创办的第一家风险投资公司,投资了爱彼迎、优步、声田、瓦尔比派克和拼趣。

橡果公司(Acorns),这是一家位于南加州的公司,将人们日常购买的金额四舍五入,并自动将账户里的差价进行再投资。

乌默·阿德南(Umer Adnan),Cowlar的创始人,公司生产一款"奶牛可穿戴的智能追踪器"。

爱彼迎(Airbnb),一家民宿公司,对酒店业的生存构成了威胁。

杰森·阿尔丁(Jason Aldean),乡村歌手,流媒体平台Tidal的投资人。

杰西卡·阿尔芭(Jessica Alba),明星演员;诚实公司的创始人,倡导健康生活方式;初创企业的投资人。

保罗·艾伦(Paul Allen),微软已故的联合创始人;摇滚乐爱好者;20世纪90年代初期,科技界和娱乐圈的联系人。

马克·安德森(Marc Andreessen),网景公司的联合创始人;安德森-霍洛维茨公司的联合创始人,另一位是本·霍洛维茨,投资了爱彼迎、来福车和多宝箱。

史蒂夫·青木(Steve Aoki),DJ歌手/音乐制作人;优步和声田的投资人。

贾斯汀·比伯(Justin Bieber),流行偶像;声田等公司的投资人。

BlackJet，私人共享飞机领域的初创企业，尽管有来自优步等众多投资者支持，但最终还是破产了。

迈克尔·布兰克（Michael Blank），创新艺人经纪公司的经纪人；巴斯特·波西（Buster Posey）的宗教导师；推动了众多创作者应用程序。

理查德·布兰森（Richard Branson），英国维珍集团（旗下有唱片、航空、银河等公司）的创始人，亿万富翁；投资了 Ring 和移动支付 Square 等独角兽公司。

斯库特·布劳恩（Scooter Braun），经纪人，发现了贾斯汀·比伯；好莱坞的权力经纪人；优步、声田等多家公司的投资人。

罗恩·伯克尔（Ron Burkle），亿万富翁，超市大亨，后成为初创企业的投资人；与库彻和奥塞里一起创办了超级天使投资公司。

特洛伊·卡特（Troy Carter），音乐行业资深人士；Lady Gaga 的前经纪人；从声田的质疑者到声田的投资人，再到成为声田的高管；优步、来福车和声田等公司的投资人。

肖恩·"杰斯"·卡特（Shawn "Jay-Z" Carter），企业家；优步、BlackJet 等公司的投资人；偶尔做说唱歌手。

布莱恩·切斯基（Brian Chesky），爱彼迎的联合创始人；库彻和奥塞里的朋友；办公室狗狗生日派对文化的倡导者。

币基公司（Coinbase），由几家大型风险投资公司和超级天使投资人投资的加密数字交易平台。

尚恩·"吹牛老爹"·库姆斯（Sean "Diddy" Combs），坏小子唱片公司的创始人；嘻哈歌手；罗恩·伯克尔和本·霍洛维茨的投资伙伴。

杰克·康特（Jack Conte），独立二人组葡萄柚乐队中的一名成员；Patreon 的创始人。

罗恩·康韦（Ron Conway），硅谷天使投资基金的创始人；投资的公司包括推特、脸书。

创新艺人经纪公司（CAA），由迈克尔·奥维茨联合创立的好莱坞经纪公司；创新艺人风险投资基金（CAA Ventures）投资了 Patreon、Hinge 等企业。

马克·库班（Mark Cuban），亿万富翁、企业家；NBA 达拉斯独行侠队的老板；《创智赢家》的评委。

罗伯特·菲茨杰拉德·迪格斯（Robert "RZA" Diggs，RZA），纽约武当派的元老人物；国际象棋爱好者；初创企业投资人。

多宝箱（Dropbox），提供网络文件存储服务；在多宝箱成为一家市值数十亿美元的上市公司之前，纳斯和安德森－霍洛维茨公司投资了这家企业。

凯文·杜兰特（Kevin Durant），NBA明星；硅谷投资人，投资了送餐服务公司Postmates和美国数字银行平台橡果。

乔希·埃尔曼（Josh Elman），硅谷资深人士，曾任职于脸书、推特、格雷洛克和罗宾汉。

丹尼尔·埃克（Daniel Ek），瑞典人，与马丁·罗伦森联合创立了音乐流媒体巨头声田。

埃菲·爱泼斯坦（Effie Epstein），库彻和奥塞里稳健风险投资基金的合作伙伴。

脸书，由马克·扎克伯格等人创建的社交网络；快速变化，打破一切；波诺和格雷洛克是早期的投资人。

苏珊·福勒（Susan Fowler），软件工程师；作家；优步的吹哨人；改变硅谷文化的倡导者。

比尔·盖茨（Bill Gates），微软的联合创始人，慈善家；长期以来一直是美国最富有的人；吸血鬼猎人巴菲的粉丝，这已经不是什么秘密了。

天才（Genius），一个歌词网站，最初的名字为说唱天才；整个互联网的注解者。

托尼·冈萨雷斯（Tony Gonzalez），职业橄榄球大联盟（NFL）的传奇人物；别样肉客和健康之星（后来被健康追踪收购）的投资人。

比尔·格罗斯（Bill Gross），创意实验室的创始人；奥塞里和库彻的投资导师；谷歌的早期股东。

格雷洛克公司（Greylock），来自硅谷的企业，投资了爱彼迎、脸书、多宝箱和照片墙等公司。

阿兰·汉密尔顿（Arlan Hamilton），Backstage Capital的创始人；将卡特和库彻看作励志的榜样。Backstage Capital是一家致力于投资女性和有色人种的公司。

保罗·"波诺"·休森（Paul "Bono" Hewson），U2乐队的主唱；脸书的投资人；慈善家；经纪人是奥塞里。

本·霍洛维茨（Ben Horowitz），企业家；风险资本家；嘻哈爱好者；

他的公司安德森—霍洛维茨投资了爱彼迎、来福车、多宝箱、比尔·格罗斯的创意实验室；是娱乐圈和科技界的早期关系人；孵化了几家估值数十亿美元的公司。

照片墙，照片和视频分享平台，现在隶属于脸书。

柯蒂斯·"50美分"·杰克逊（Curtis "50 Cent" Jackson），说唱歌手；企业家；维他命水的投资人。

勒布朗·詹姆斯（LeBron James），NBA球星；投资了Beats by Dr. Dre，Blaze Pizza和面向"千禧一代"的体育网络 Mars Reel。

纳西尔·"纳斯"·琼斯（Nasir "Nas" Jones），说唱歌手；风险资本家；霍洛维茨的朋友，经常和霍洛维茨一起投资；天才、铃声、来福车、多宝箱等数十家公司的早期投资者。

碧昂丝·诺尔斯（Beyoncé Knowles），国际明星；超级明星歌手；优步的投资人。

阿什顿·库彻（Ashton Kutcher），演员；一直是奥塞里的商业伙伴；超级天使投资公司和稳健风险投资基金的联合创始人；爱彼迎、优步、声田等多家公司的投资人。

汤姆·雷曼（Tom Lehman），天才的联合创始人和CEO；陶瓷专家。

杰瑞德·莱托（Jared Leto），演员；歌手；投资了数十家初创企业，其中包括罗宾汉。

杰里米·刘（Jeremy Liew），光速创投的风险资本家，专注于零售领域。

克里斯·莱蒂（Chris Lighty），50美分的后期经纪人；维他命水交易的共同设计者。

亚当·里林（Adam Lilling），加成资本（Plus Capital）的创始人，将明星和初创公司联系在一起。

响云公司（Loudcloud），马克·安德森和本·霍洛维茨创立的软件公司，即后来的奥普斯威公司。

马丁·罗伦森（Martin Lorentzon），瑞典人，与丹尼尔·埃克联合创立了音乐流媒体巨头声田。

来福车（Lyft），拼车应用软件，前身为Zimride；投资者包括特洛伊·卡特和纳斯。

迈克尔·马（Michael Ma），企业家；种子轮风险资本家；与乔·蒙塔

词汇表

纳创立了 Liquid 2 Ventures 风险投资公司；与奥塞里、库彻一起投资了考乐公司。

马歇尔·"埃米纳姆"·马瑟斯（Marshall "Eminem" Mathers），说唱歌手；21 世纪最受欢迎的表演者；德瑞博士提携的门生。

保罗·麦卡特尼（Paul McCartney），前披头士乐队的传奇人物；音乐出版爱好者。

马哈茂德·莫加达姆（Mahbod Moghadam），与天才决裂的创始人；亿万富翁里的煽动者。

乔·蒙塔纳（Joe Montana），职业橄榄球大联盟（NFL）名人堂成员；罗恩·康韦的投资伙伴；Liquid 2 Ventures 的联合创始人；和库彻、奥塞里一起投资了考乐。

我的空间（Myspace），美国在线社交网站名称，领先的社交媒体初创企业及音乐中心。

沙奎尔·奥尼尔（Shaquille O'Neal），小名"沙克"（Shaq），绰号"大鲨鱼"，NBA 名人堂成员；偶尔做说唱歌手、演员、执法人员；谷歌、铃声、维他命水、优步、来福车的早期投资人。

奥普斯威公司（Opsware），参见响云公司的介绍。

盖伊·奥塞里（Guy Oseary），麦当娜和 U2 的经纪人；与阿什顿·库彻一起作为超级天使投资公司和稳健风险投资基金的联合创始人；优步、爱彼迎、声田等众多公司的早期投资人。

迈克尔·奥维茨（Michael Ovitz），创新艺人经纪公司的创始人；好莱坞的当代先锋；霍洛维茨的顾问。

罗恩·奥扎（Rohan Oza），从可口可乐、雪碧起步的营销大师；维他命水交易的联合设计者。

阿曼达·帕尔默（Amanda Palmer），非凡的创作者；德累斯顿娃娃乐队歌手；Patreon 的艺人。

格温妮丝·帕特洛（Gwyneth Paltrow），演员；系列剧《Goop 生活方式》的创始人。

Patreon，由康特联合创建的平台，用来连接创作者和观众；艺术家的作品可以直接销售给订阅的粉丝并以此获利。

拼趣（Pinterest），一家社交媒体初创企业，照片分享，用以展示美好事物的好看照片。

舍文·皮什瓦（Shervin Pishevar），风险资本家；优步、爱彼迎等多家公司的早期投资人。

美国版饿了么（Postmates），凯文·杜兰特投资的外卖初创企业。

妮科尔·奎因（Nicole Quinn），光速创投的风险资本家，专注于零售领域。

罗宾汉（Robinhood），由杰斯、纳斯和凯文·杜兰特等明星投资的零佣金股票交易平台。

铃声（Ring），虚拟门铃初创公司，亚马逊以超过10亿美元的价格将其收购；前期的投资人包括沙克和纳斯。

大卫·罗斯（David S. Rose），他写了一本关于天使投资的书——《超级天使投资：捕捉未来商业机会的行动指南》。

海迪·罗伊森（Heidi Roizen），几十年来一直在硅谷科技公司（苹果）和风险投资公司（德丰杰）任职的资深高管。

霍华德·罗森曼（Howard Rosenman），电影制片人，代表作有《请以你的名字呼唤我》《吸血鬼猎人巴菲》；早期试图联合好莱坞和硅谷的观察家。

乔治·赫尔曼·"贝比"·鲁斯（George Herman "Babe" Ruth），名人堂篮球队队员；超级天使投资人的典范。

克里斯·萨卡（Chris Sacca），30多岁便退休的亿万富翁投资者；小写资本的创始人，优步的早期投资者；库彻和奥塞里的伙伴；牛仔衬衫迷。

安东尼·萨利赫（Anthony Saleh），纳斯的经纪人；多宝箱、来福车、天才、铃声等公司的投资人。

罗伯特·施韦普（Robert Schweppe），作家；一直是洛杉矶道奇队的管理者。

红杉资本（Sequoia Capital），硅谷的风投公司，投资了苹果和美捷步。

稳健风险投资基金（Sound Ventures），这是一家风险投资公司，由库彻和奥塞里在超级天使投资公司取得成功后所创办。

杰米·西米诺夫（Jamie Siminoff），虚拟门铃初创企业铃声的创始人，公司的投资者包括沙克和纳斯。2018年，亚马逊以10亿美元的价格收购了这家企业。

声田（Spotify），由丹尼尔·埃克和马丁·罗伦森联合创立的流媒体网站。

词汇表

史蒂夫·斯托特（Steve Stoute），市场营销大师；杰斯和霍洛维茨的朋友和投资伙伴。

Sweetgreen，以沙拉为主的休闲食品连锁品牌；投资者既有大型金融机构，也有像杰斯这样的明星。

推特（Twitter），一家由硅谷投资、库彻和其他好莱坞明星推广的微博网站。

优步（Uber），特拉维斯·卡兰尼克创立的拼车公司；投资者包括超级天使投资公司。

维他命水（Vitaminwater），加味水品牌，投资人包括50美分和沙克。后来母公司酷乐仕被可口可乐以41亿美元的价格收购。

D. A. 瓦拉赫（D.A.Wallach），风险资本家；音乐人；马克·扎克伯格的大学同学；声田等公司的投资人。

威廉莫里斯奋进娱乐公司（William Morris Endeavor，WME），阿里·伊曼纽尔（Ari Emanuel）领导的好莱坞超级经纪公司。

Y Combinator，初创企业的创业加速器，帮助爱彼迎、天才和币基公司的发展。

迈克尔·亚诺弗（Michael Yanover），创新艺人经纪公司的经纪人，帮助公司进行初创企业投资。

伊兰·泽科里（Ilan Zechory），天才网站的联合创始人兼总裁；训练有素的催眠师。

布莱恩·齐斯克（Brian Zisk），企业家；风险资本家；夏威夷衬衫爱好者。

马克·扎克伯格（Mark Zuckerberg），脸书的创始人；瓦拉赫的哈佛大学同学。

注　释

前　言

1. 2016年10月，作者在马萨诸塞州波士顿与阿什顿·库彻进行访谈。

2. 作者注：这段话最早出现于我在《福布斯》杂志所写的关于库彻和盖伊·奥塞里的封面故事中，资料来源为：

"Eight and a Half X," Forbes, March 26, 2016, https://www.forbes.com/sites/zackomalleygreenburg/2016/03/23/how-ashton-kutcherand-guy-oseary-built-a-250-million-portfolio-with-startupslike-uber-and-airbnb/.

有趣的是，这则封面故事发表在2016年《福布斯》"最佳创投人榜"上，有880万人阅读，这也是该杂志在一个世纪以来阅读量最大的一期。

3. 2019年2月，作者电话采访特洛伊·卡特。

4. 2018年8月，作者在纽约采访纳西尔·"纳斯"·琼斯。

5. 2016年3月，作者在加利福尼亚州洛杉矶采访盖伊·奥塞里。

6. 2018年4月，作者电话采访海迪·罗伊森。

7. 2018年1月，作者电话采访特洛伊·卡特。

8. 2018年10月，作者在加利福尼亚州门洛帕克采访乔希·埃尔曼。

9. 2018年10月，作者在加利福尼亚州旧金山采访杰克·康特。

10. 2018年8月，作者在纽约采访大卫·罗斯。作者注："天使投资人没有办公室。"罗斯说道。她是《超级天使投资：捕捉未来商业机会的行动指南》一书的作者。"另一方面，我已经见证了太多这样的事儿，人们只是因为运气好。比如，你可能是街头卖热狗的小贩，结果每天给你额外1美元小费的人恰好是迈克尔·布隆伯格，然后你说，'我打算做一件全新事情。'他说，'没问题，我给你10万美元，让你去开一个新的热狗摊'。"

11. 2018 年 4 月，作者电话采访海迪·罗伊森。

12. 2016 年 3 月，作者在加利福尼亚州洛杉矶采访阿什顿·库彻。

13. 2018 年 1 月，作者电话采访迈克尔·马。

14. 2017 年 12 月，作者在加利福尼亚州洛杉矶采访 D. A. 瓦拉赫。

15. 2018 年 7 月，作者在新泽西州大西洋城采访沙奎尔·奥尼尔。

16. 2018 年 9 月，作者电话采访乔·蒙塔纳。

17. Chris Rock, "Drugs, Donuts and Wealth," Never Scared, DreamWorks/Geffen (2004).

第 1 章　只是员工

1. 2018 年 7 月，作者在新泽西州大西洋城采访沙奎尔·奥尼尔。

2. "Shaquille O'Neal," Basketball Reference, n.d., https://www.basketball-reference.com/players/o/onealsh01.html#all_all_salaries.

3. 作者注：在只有两张录音室专辑后，沙克还在 1996 年发行了一本合集《最棒的沙奎尔·奥尼尔》。代表性歌曲包括 *Shoot Pass Slam* 和 *I'm Outstanding*。

4. Chris Rock, "Drugs, Donuts and Wealth," Never Scared, DreamWorks/Geffen (2004).

5. 2018 年 7 月，作者在新泽西州大西洋城采访沙奎尔·奥尼尔。

6. Rowland E. Prothero, ed., The Works of Lord Byron (London: Charles Scribner's Sons, 1904), 285.

7. Walter Isaacson, The Innovators (New York: Simon & Schuster, 2014), 27.

8. 2018 年 11 月，作者在康涅狄格州纽黑文采访查尔斯·马瑟。

9. Grace Kingsley, "100 Years Ago, Charlie Chaplin Began Work in His New Studio," Los Angeles Times, January 26, 2018, http://www.latimes.com/entertainment/movies/la-et-mn-classic-hollywood-archive-chaplin-studio-centennial-20180126-story.html.

10. 2018 年 11 月，作者在康涅狄格州纽黑文采访查尔斯·马瑟。

11. John McCabe, Cagney (New York: Knopf, 1997), 100–2.

12. Dennis McDougal, The Last Mogul (New York: Da Capo Press, 1998), 117.

注 释

13. 2018 年 2 月，作者在加利福尼亚州洛杉矶采访罗伯特·施韦普。

14. Robert W. Creamer, Babe: The Legend Comes to Life (New York: Simon & Schuster, 1974), 110, 148, 208–12.

15. 作者注：鲁斯在他的下一笔交易中要价 1 万美元，最终得到了 7 000 美元。以今天的标准来看仍然很低，但对于 20 世纪早期的一个艺人来说，已经很不错了。"我从来没有给演员付过那么多钱。"红袜队的老板哈里·弗雷泽（Harry Frazee）抱怨道，他同时担任百老汇的制片人。众所周知，五年后，弗雷泽以 10 万美元和一笔 30 万美元的贷款将鲁斯卖给了洋基队，这笔钱部分用于维持他的戏剧创作，而芬威公园则作为抵押品进行担保。在与波士顿的交易敲定之前，洋基队问鲁斯他在纽约能否守规矩一点。这名棒球强击手答应了，但前提是洋基队要把他的薪水提高到 2 万美元。洋基队做到了，但鲁斯并没有履行他的承诺。

16. Bill Francis, "Big Star on the Big Screen," National Baseball Hall of Fame website, n.d., https://baseballhall.org/discover-more/stories/short-stops/big-star-on-the-big-screen.

17. Creamer, Babe: The Legend Comes to Life, 274.

18. 2018 年 2 月，作者在加利福尼亚州洛杉矶采访罗伯特·施韦普。

19. Creamer, Babe: The Legend Comes to Life, 348–51.

20. "Hollywood 'Paid Fortune to Smoke,'" BBC News, September 25, 2008, http://news.bbc.co.uk/2/hi/health/7632963.stm.

作者注：从贝蒂·格拉布尔（Betty Grable）到克拉克·盖博（Clark Gable），好莱坞的偶像们通过代言香烟品牌赚取了 1 万美元（以今天的美元来看，只有 10 万—40 万），这点酬劳显得有点微不足道，因为考虑到这类广告通常有很多，而明星们是在精心地演绎着脚本化的悼词。

21. Horatia Harrod, "45 Things You Didn't Know About Marilyn Monroe," June 1, 2016, https://www.telegraph.co.uk/films/2016/06/01/50-things-you-didnt-know-aboutmarilyn-monroe/.

22. Mark Potts, "It's a Long and Winding Lawsuit," Washington Post, August 9, 1987, https://www.washingtonpost.com/archive/business/1987/08/09/its-a-long-and-winding-lawsuit/17f298c7-a9ea-4d95-8a8e-bf3771832a97.

23. Paul McCartney, as told to author, "On Ownership," Forbes, September 28, 2017.

24. Adam Fisher, Valley of Genius: The Uncensored History of Silicon Valley (New York: Twelve/Hachette Book Group, 2018), 2.

25. 作者注：正如我亲爱的朋友彼得·舒瓦茨在他的《棒球是通往上帝之路》一书中所指出的那样，泰·柯布住进了亚特兰大地区的一家医院。直到生命的最后一刻，他的身边剩下一把手枪和100万美元的债券。

26. Al Stump,"A Money Player," Los Angeles Times, July 12, 1991, http://articles.latimes.com/1991-07-12/sports/sp-2097_1_tycobb.

27. Emily Chang,Brotopia (New York:Portfolio/Penguin, 2018), 17.

28. John Markoff, "Robert Taylor, Innovator Who Shaped Modern Computing, Dies at 85," New York Times, April 14, 2017, https://www.nytimes.com/2017/04/14/technology/robert-taylor-innovator-who-shaped-modern-computing-diesat-85.html.

29. Isaacson, The Innovators, 273–74.

30. Fisher, Valley of Genius, 20–22.

31. Isaacson, The Innovators, 281.

32. Markoff, "Robert Taylor,Innovator Who Shaped Modern Computing, Dies at 85."

33. Isaacson, The Innovators, 294.

34. Ben Horowitz, The Hard Thing About Hard Things (New York: HarperCollins, 2014), 271.

35. Curt Flood, letter to Bowie Kuhn, Johns Hopkins virtual library, December 24, 1969, https://exhibits.library.jhu.edu/exhibits/show/freedom-papers/curt-flood/letter-to-the-commissioner.

36. 2018年2月，作者在加利福尼亚州洛杉矶采访罗伯特·施韦普。

37. Matt Kelly, "Catfish Hunter Signs Free Agent Contract with New York Yankees," National Baseball Hall of Fame website, n.d., https://baseballhall.org/discover/inside-pitch/catfishhunter-signs-with-yankees.

38. 作者注：吉恩·奥特里（Gene Autry）是个例外，引人注目，他在乡村音乐上取得了成功，并拥有了棒球球队阿纳海姆天使队。1991年据《洛杉矶时报》报道，这位八旬老人的净资产飙升，超过3亿美元。

39. Ahiza Garcia, "These Are the Only Two Owners of Color in the NFL," CNN, May 18, 2018, https://money.cnn.com/2018/05/18/news/nfl-nba-mlb-

owners-diversity/index.html.

40. Walter LaFeber, Michael Jordan and the New Global Capitalism (New York: W. W. Norton & Company, 2002), 63–65.

41. 2018年8月，作者在纽约采访纳西尔·"纳斯"·琼斯。

42. 2018年4月，作者电话采访海迪·罗伊森。

43. Fisher, Valley of Genius, 7.

44. Isaacson, The Innovators, 352–53.

45. Paul Bond, "Apple, Beatles Settle Trademark Dispute," Hollywood Reporter, February 6, 2007, https://www.hollywood-reporter.com/news/apple-beatles-settle-trademark-dispute-129482.

作者注：1978年，苹果和披头士达成了一项协议，前者支付披头士控股公司8万美元并承诺不进入音乐行业；1991年，苹果在出售带有音乐播放软件的电脑后又支付了2 650万美元；2007年，在iPod发布后又支付了一笔金额不详的款项。

46. 2018年3月，作者在得克萨斯州奥斯汀采访安迪·米勒。

47. 2018年4月，作者电话采访海迪·罗伊森。

48. Chang, Brotopia, 8, 23.

49. 2013年7月，作者电话采访了凯瑟琳·兰福德（Karen Langford）。作者注：这一信息最早出现在我2014年写的一本关于杰克逊的书——《迈克尔·杰克逊的商业王朝：10亿美元帝国的兴衰与重生》中。

50. Paul McCartney, as told to author, "On Ownership."

51. 2018年10月，作者在加利福尼亚州门洛帕克采访乔希·埃尔曼。

52. 2018年7月，作者在新泽西州大西洋城采访沙奎尔·奥尼尔。

第2章 速成班

1. 2016年3月、2017年12月，作者在加利福尼亚州洛杉矶采访盖伊·奥塞里。

2. 2018年2月，作者在加利福尼亚州帕萨迪纳采访比尔·格罗斯。

3. 2018年2月，艾尔·邓肯（Al Duncan）代表比尔·格罗斯发给作者的电子信息。

4. 2018年2月，作者在加利福尼亚州帕萨迪纳采访比尔·格罗斯。

5. 作者注：道格拉斯的代表没有回复评论的请求。

6. 2018年4月，作者在纽约采访霍华德·罗森曼。

7. Heath Evans, "'Content Is King'—Essay by Bill Gates 1996," Medium, January 29, 2017, https://medium.com/@HeathEvans/content-is-king-essay-by-bill-gates-1996-df74552f80d9.

8. James Bates, "Investor to Put $500 Million in New Studio," March 20, 1995, Los Angeles Times, March 20, 1995, http://articles.latimes.com/1995-03-20/news/mn-45009_1_paul-allen.

9. 作者注：通过发言人联系了斯皮尔伯格，但他最终没有对这本书的采访请求做出回应。当他过世时，与艾伦谈话的请求就一直处在等待中了。

10. 2018年4月，作者在纽约采访霍华德·罗森曼。

11. 2018年4月，作者电话采访海迪·罗伊森。

12. 2018年4月，作者在纽约采访霍华德·罗森曼。

13. 2017年12月，作者在加利福尼亚州洛杉矶采访盖伊·奥塞里。

14. 2018年2月，作者在加利福尼亚州帕萨迪纳采访比尔·格罗斯。

15. 2017年12月，作者在加利福尼亚州洛杉矶采访盖伊·奥塞里。

16. 2018年2月，作者在加利福尼亚州帕萨迪纳采访比尔·格罗斯。

17. Mike Tarsala, "Pets.com Killed by Sock Puppet," MarketWatch, November 8, 2000, https://www.marketwatch.com/story/sock-puppet-kills-petscom.

18. "Priceline.com Soars on First Trading Day," Marketwatch.com, March 30, 1999, https://www.marketwatch.com/story/ipo-report-pricelinecom-soars-on-first-trading-day.

19. 2018年2月，作者在加利福尼亚州帕萨迪纳采访比尔·格罗斯。作者注：谷歌没有回应为本书做评论的请求。

20. 2016年3月，作者在加利福尼亚州洛杉矶采访阿什顿·库彻。

21. Matthew J. Belvedere, "No Megabucks for Shatner on Priceline Stock: CEO," CNBC, November 8, 2013, https://www.cnbc.com/2013/11/08/no-mega-bucks-for-shatner-onpriceline-stock-ceo.html.

22. 2017年12月，作者在加利福尼亚州洛杉矶采访迈克尔·亚诺弗。

23. Brad Stone, The Upstarts (New York: Little, Brown, 2017), 114–15.

24. Adam Fisher, Valley of Genius: The Uncensored History Of Silicon Valley (New York: Twelve/Hachette Book Group, 2018), 285–86.

注 释

作者注：艾琳·理查森（Eileen Richardson）也曾担任纳普斯特的第一任首席执行官。

25. 2018年10月，作者在加利福尼亚州门洛帕克采访乔希·埃尔曼。

26. 作者注：一位娱乐行业的律师曾经告诉我，他代理的一位音乐家在20世纪90年代末交出了一张专辑，而唱片公司告诉他，热门歌曲太多了，其中一些歌曲应该留到下一张专辑中，它需要更多的填充歌曲。

27. "U.S. Recorded Music Revenues by Format," RIAA.com, https://www.riaa.com/u-s-sales-database/.

28. Brad Stone, The Upstarts（New York:Little,Brown, 2017）, 116.

29. Steven Bertoni, "Sean Parker: Agent of Disruption," Forbes, September 21, 2011, https://www.forbes.com/sites/stevenbertoni/2011/09/21/sean-parker-agent-of-disruption/.

30. 作者注：我承认，在我十几岁的时候，我和几个朋友就属于这类人，经常利用午休时间在高中图书馆的电脑上交易科技股。就像20世纪90年代末的大多数业余爱好者一样，我们几乎是在完全缺乏知识的情况下做得非常好——直到经济触底。

31. Nate Lanxon, CNET, "The Greatest Defunct Web Sites and Dotcom Disasters," November 18, 2009, https://www.cnet.com/uk/news/the-greatest-defunct-web-sites-and-dotcom-disasters/.

32. 2018年2月，作者在加利福尼亚州帕萨迪纳采访比尔·格罗斯。

33. 2019年3月艾尔·邓肯发给作者的电子信息。作者注：在易贝上市后，创意实验室实际上已经出售了部分易贝的股份。随后，格罗斯向机器人、人工智能和清洁技术领域的新公司投资了数亿美元。据创意实验室称，总的回报是创意实验室历史上最好的，投资回报率超过10 000%。

34. 2017年12月，作者在加利福尼亚州洛杉矶采访迈克尔·亚诺弗。

35. 2018年2月，作者在加利福尼亚州帕萨迪纳采访比尔·格罗斯。

36. 2016年3月，作者在加利福尼亚州洛杉矶采访盖伊·奥塞里。

37. 作者注：伯克尔和克林顿的关系似乎在这位前总统任职不起眼的职位［负责白宫与尤卡帕（Yucaipa）的合作］之后，走向了破裂。

38. 2016年3月，作者在加利福尼亚州洛杉矶采访盖伊·奥塞里。

第 3 章 液体黄金

1. 2012 年 10 月，作者电话采访本·霍洛维茨。作者注：这句话最初出现在我的故事《安德森—霍洛维茨对说唱天才 1 500 万美元投资的内幕》中。可参见："Inside Andreessen Horowitz's $15 Million Investment in Rap Genius," Forbes, October 3, 2012, https://www.forbes.com/sites/zackomalleygreenburg/2012/10/03/inside-andreessenhorowitz-15-million-investment-in-rap-genius.

2. David Streitfeld,"One Family, Many Revolutions: From Black Panthers, to Silicon Valley, to Trump," New York Times, https://www.nytimes.com/2017/07/22/technology/one-family-manyrevolutions-from-black-panthers-to-silicon-valley-to-trump.html.

3. Miguel Helft, "Silicon Valley's Stealth Power," Fortune, February 27, 2014, http://fortune.com/2014/02/27/silicon-valleys-stealth-power/.

4. Streitfeld, "One Family, Many Revolutions: From Black Panthers, to Silicon Valley, to Trump."

5. Ben Horowitz, The Hard Thing About Hard Things (New York: HarperCollins, 2014), 36.

6. 2018 年 2 月，作者在加利福尼亚州帕萨迪纳采访比尔·格罗斯。作者注：沙克的团队不愿对 Big.com 的提议发表评论。

7. 2018 年 7 月，作者在新泽西州大西洋城采访沙奎尔·奥尼尔。

8. Miguel Helft, "Ron Conway Is a Silicon Valley Startup's Best Friend," Fortune, February 10, 2012, http://fortune.com/2012/02/10/ron-conway-is-a-silicon-valley-startups-best-friend/.

9. 2018 年 9 月，罗恩·康韦发给作者的电子信息。

10. 2018 年 2 月，作者在加利福尼亚州帕萨迪纳采访比尔·格罗斯。

11. 2019 年 3 月，艾尔·邓肯发给作者的电子邮件。

12. "If You Had Invested Right After Google's IPO," Investopedia, August 13, 2015, https://www.investopedia.com/articles/active-trading/081315/if-you-would-have-investedright-after-googles-ipo.asp.

13. 2018 年 7 月，作者在新泽西州大西洋城采访沙奎尔·奥尼尔。

14. Lea Goldman,"Capitalist Rap," Forbes, June 17, 2006, https://www.forbes.com/forbes/2006/0703/138.html#3eeefd426b5e.

15. Ray Latif, "Strand Equity Acquires Minority Stake in Bai Brands," BevNet, June 27, 2013, https://www.bevnet.com/news/2013/strand-equity-acquires-minority-stake-in-bai-brands/.

16. 2017年1月，作者电话采访罗翰·奥扎。

17. 2018年7月，作者在新泽西州大西洋城采访沙奎尔·奥尼尔。

18. Horowitz, The Hard Thing About Hard Things, 197–199.

19. "The Difference Between Good and Bad Organizations," Farnam Street (blog), January 2015, https://fs.blog/2015/01/benhorowitz-good-and-bad-organizations/.

20. Streitfeld, "One Family, Many Revolutions: From Black Panthers, to Silicon Valley, to Trump."

21. Horowitz, The Hard Thing About Hard Things, 145.

22. David Carr, "Suddenly, an Affinity for Teenagers," New York Times, October 17, 2005, https://www.nytimes.com/2005/10/17/technology/suddenly-an-affinity-for-teenagers.html.

23. 2018年1月，作者电话采访特洛伊·卡特。

24. Michael Arrington, "Stories from the Tell-All MySpace [sic] Book," TechCrunch, January 24, 2009, https://techcrunch.com/2009/01/24/myspacebook.

25. Steven Bertoni, "Sean Parker: Agent of Disruption," Forbes, September 21, 2011, https://www.forbes.com/sites/stevenbertoni/2011/09/21/sean-parker-agent-of-disruption/.

26. Roger McNamee, Zucked: Waking Up to the Facebook Catastrophe (New York: Penguin Press, 2019), 13–18.

作者注：据报道，2009年，高地风险投资公司向脸书投入了9 000万美元，次年又投入了1.2亿美元。从2009年到2011年，这家社交网络公司的估值从100亿美元飙升至500亿美元。

27. 2018年4月，作者电话采访海迪·罗伊森。

28. Martinne Geller, "Coca-Cola to Buy Glacéau for $4.1 Billion," Reuters, May 25, 2007, https://www.reuters.com/article/us-coke-Glaceau/coca-cola-to-buy-Glaceau-for-4-1-billion-idUSN2544359220070525.

29. 2016年3月，作者在加利福尼亚州洛杉矶采访盖伊·奥塞里。

30. 2018年4月，作者在纽约采访50美分。作者注：这句话首次出现在我的封面故事《50美分机器》中,可参见:"The 50 Cent Machine," Forbes, August 18, 2008, https://www.forbes.com/2008/08/15/music-50cent-hiphop-biz-media-cz_zog_0818fifty.html。

31. David Gelles, "Vita Coco Sells Stake to Owner of Red Bull China," New York Times, July 14, 2014, https://dealbook.nytimes.com/2014/07/14/vita-coco-sells-stake-to-owner-ofred-bull-china/.

32. 2018年2月,作者在加利福尼亚州帕萨迪纳采访比尔·格罗斯。

33. Horowitz, The Hard Thing About Hard Things, 270.

第4章 伙计,我的创业公司在哪里?

1. 2016年3月,作者在加利福尼亚州洛杉矶采访阿什顿·库彻和盖伊·奥塞里。作者注:这句话和本章的其他几句话最初出现在我的封面故事《八部半》中,可参见:"Eight and a Half X," Forbes, March 26,2016, https://www.forbes.com/sites/zackomalleygreenburg/2016/03/23/howashton-kutcher-and-guy-oseary-built-a-250-million-portfoliowith-startups-like-uber-and-airbnb/。

2. 2016年3月,克里斯·萨卡发给作者的电子信息。

3. 2016年3月,作者在加利福尼亚州洛杉矶采访阿什顿·库彻。

4. 2016年3月,作者电话采访马克·安德森。

5. 2016年3月,作者在加利福尼亚州洛杉矶采访阿什顿·库彻。

6. Daniel Kreps,"Nipple Ripples," Rolling Stone, January 30, 2014, https://www.rollingstone.com/culture/culture-news/nippleripples-10-years-of-fallout-from-janet-jacksons-halftime-show122792/.

7. 2017年12月,作者在加利福尼亚州洛杉矶采访迈克尔·亚诺弗。

8. Paul Sawyers, "Google Acquired YouTube 10 Years Ago Today," VentureBeat, October 9, 2016, https://venturebeat.com/2016/10/09/google-acquired-youtube-10-years-ago/.

9. 2017年12月,作者在加利福尼亚州洛杉矶采访迈克尔·亚诺弗。

10. 2018年10月,作者在加利福尼亚州门洛帕克采访乔希·埃尔曼。

11. 2017年12月,作者在加利福尼亚州洛杉矶采访盖伊·奥塞里。

12. 2016年3月,作者在加利福尼亚州洛杉矶采访阿什顿·库彻。

13. 2016年3月,作者电话采访马克·安德森。

14. 2018年4月,作者电话采访罗伯特·菲茨杰拉德·迪格斯(RZA)。

注　释

15. Dylan Loeb McClain, "Martial Art of Chess, Promoted by a Rapper," New York Times, June 7, 2008, https://www.nytimes.com/2008/06/07/arts/music/07clan.html.

16. 作者注：2014年，我为《福布斯》写了一篇揭露武当派秘密的专辑故事，并一路跑到摩洛哥，成为第一个听到的观众。要了解完整的故事，请访问这个URL网站：www.forbes.com/wu-tang。

17. 2018年11月，作者电话采访布莱恩·齐斯克。

18. McClain, "Martial Art of Chess, Promoted by a Rapper."

19. 2018年11月，作者电话采访布莱恩·齐斯克。

20. 2018年4月，作者电话采访罗伯特·菲茨杰拉德·迪格斯。

21. 2018年11月，作者电话采访布莱恩·齐斯克。

22. 2018年4月，作者电话采访罗伯特·菲茨杰拉德·迪格斯。

23. 2016年3月，作者在加利福尼亚州洛杉矶采访盖伊·奥塞里。

24. 2016年3月，作者在加利福尼亚州洛杉矶采访阿什顿·库彻。

25. Brian Chesky, as told to author, "On Zig Zagging," Forbes, September 28, 2017.

26. Brad Stone, The Upstarts(New York:Little, Brown, 2017), 136.

27. 2017年12月，作者在加利福尼亚州洛杉矶采访盖伊·奥塞里。

28. Stone, The Upstarts, 148–149.

29. 出处同上，150.

30. 2017年12月，作者在加利福尼亚州洛杉矶采访盖伊·奥塞里。

31. 2016年3月，马克·库班发给作者的电子信息。

32. 2016年3月，大卫·格芬发给作者的电子信息。

33. 2016年3月，作者在加利福尼亚州洛杉矶采访阿什顿·库彻。

34. 2017年12月，作者在加利福尼亚州洛杉矶采访迈克尔·亚诺弗。

第五章　从 Gaga 到谷歌

1. 2018年1月，作者电话采访特洛伊·卡特。

2. Bob Lefsetz, "Troy Carter," The Bob Lefsetz Podcast, July 2018, https://soundcloud.com/bob-lefsetz/troy-carter-31.

3. 2015年11月，作者在加利福尼亚州洛杉矶采访特洛伊·卡特。

4. Lefsetz, "Troy Carter."

5. 出处同上。

6. 2018 年 10 月，作者在加利福尼亚州门洛帕克采访乔希·埃尔曼。

7. Andrew Hampp, "How Miracle Whip, Plenty of Fish Tapped Lady Gaga's 'Telephone,'" AdAge, March 13, 2010, http://adage.com/article/madisonvine-news/miracle-whip-plentyfish-tap-lady-gaga-s-telephone/142794/.

8. Danielle Sacks, "Troy Carter: Fired by Lady Gaga and Loving It," Fast Company, January 13, 2014, https://www.fastcompany.com/3024171/step-up-troy-carter.

9. 2018 年 10 月，作者在加利福尼亚州门洛帕克采访乔希·埃尔曼。

10. 2018 年 1 月，作者电话采访特洛伊·卡特。

11. 2012 年 4 月，作者在加利福尼亚州洛杉矶采访贾斯汀·比伯。作者注：本章的一些引用和见解最初出现在我的故事《贾斯汀·比伯，风险投资家》中，可参见："Justin Bieber, Venture Capitalist," Forbes, May 16, 2012, https://www.forbes.com/sites/zackomalleygreenburg/2012/05/16/justinbieber-venture-capitalist-the-forbes-cover-story。

12. 2012 年 4 月，作者在加利福尼亚州洛杉矶采访斯库特·布劳恩。

13. 2018 年 10 月，作者在加利福尼亚州门洛帕克采访乔希·埃尔曼。

14. 2012 年 4 月，作者在加利福尼亚州洛杉矶采访斯库特·布劳恩。

15. Jon Russell, "Viddy, Once Touted as 'The Instagram for Video,' Will Shut Down on December 15," TechCrunch, November 4, 2014, https://techcrunch.com/2014/11/04/viddy-once-touted-as-the-instagram-for-video-will-shut-down-on-december-15/.

16. 2012 年 4 月，作者在加利福尼亚州洛杉矶采访贾斯汀·比伯。

17. 2012 年 4 月，作者在加利福尼亚州洛杉矶采访斯库特·布劳恩。

18. Russell, "Viddy, Once Touted as 'The Instagram for Video,' Will Shut Down on December 15."

19. 2018 年 1 月，作者电话采访特洛伊·卡特。

20. 2018 年 10 月，作者在加利福尼亚州门洛帕克采访乔希·埃尔曼。

21. 2018 年 1 月，作者电话采访特洛伊·卡特。

22. Erin Griffith, "Ouch: Universal Music Group Sold Back Valuable Uber Shares," Fortune, June 4, 2014, http://fortune.com/2014/06/04/universal-music-group-sold-uber-domain/.

注 释

作者注：在21世纪初，环球音乐集团投资了一个名为Uber.com的博客平台。卡兰尼克在与旧金山当局发生口角后，决定将他初创企业的名字缩短为UberCab。旧金山当局要求该公司停止标榜自己是出租车公司，以尊重市政府批准的司机接上路边招手的乘客。由于缺乏现金，他用2%的优步股权从环球公司手中买下了这个域名。那些股权，现在价值已超过10亿美元，但环球在很早以前就以低得多的价格出售了其股份。

23. 2019年3月舍文·皮什瓦发给作者的电子信息。

24. Bruce Upbin, "Hyperloop Is Real," Forbes, February 11, 2015, https://www.forbes.com/sites/bruceupbin/2015/02/11/hyperloop-is-real-meet-the-startups-selling-supersonictravel/.

25. Brad Stone, The Upstarts (New York: Little, Brown, 2017), 173.

26. 2019年3月舍文·皮什瓦发给作者的电子信息。

27. 2018年1月，作者电话采访特洛伊·卡特。

28. Stone, The Upstarts, 174–178.

29. 2016年3月，作者在加利福尼亚州洛杉矶采访阿什顿·库彻。

30. 2019年7月，作者电话采访索菲亚·布什。

31. 2017年12月，作者在加利福尼亚州洛杉矶采访盖伊·奥塞里。

32. 2019年7月，作者电话采访索菲亚·布什。

33. 2018年1月，作者电话采访特洛伊·卡特。

第6章 纳斯达克的金钱

1. 2018年2月，作者在纽约布鲁克林采访伊兰·泽科里。

2. 2018年8月，作者在纽约采访纳西尔·"纳斯"·琼斯。

3. 2012年10月，作者电话采访本·霍洛维茨。作者注：这句话最初出现在我的封面故事《安德森—霍洛维茨对说唱天才的1500万美元投资内幕》中，可参见："Inside Andreessen Horowitz's $15 Million Investment in Rap Genius," Forbes, October 3, 2012, https://www.forbes.com/sites/zackomalleygreenburg/2012/10/03/inside-andreessenhorowitz-15-million-investment-in-rap-genius/.

4. 2018年8月，作者在纽约采访纳西尔·"纳斯"·琼斯。

5. Department of the Treasury staff, "Certificate of Release of Federal Tax Lien," Internal Revenue Service filing, October 13, 2009, retrieved via https://static.hiphopdx.com/2017/01/nas-tax-debt-1.jpg.

作者注：在 2018 年的一个视频中，纳斯的前妻指控他在婚姻关系存续期间，大约十年前，对其进行身体和精神虐待；纳斯否认了这些指控，而且也从未接到控告。

6. 2019 年 2 月，作者电话采访安东尼·萨利赫。

7. 2018 年 10 月，作者电话采访史蒂夫·斯托特。

8. 2018 年 8 月，作者在纽约采访纳西尔·"纳斯"·琼斯。

9. 2018 年 8 月，作者在纽约采访戴维·罗斯。

10. 2018 年 8 月，作者在纽约采访纳西尔·"纳斯"·琼斯。

11. 2019 年 2 月，作者电话采访盖伊·奥塞里。

12. 2018 年 8 月，作者在纽约采访戴维·罗斯。

13. 2018 年 2 月，作者在纽约布鲁克林采访伊兰·泽科里。

14. 2019 年 2 月，作者电话采访安东尼·萨利赫。

15. 2012 年 10 月，作者在纽约采访纳西尔·"纳斯"·琼斯。

16. 2019 年 2 月，作者电话采访安东尼·萨利赫。

17. 2018 年 2 月，作者在纽约布鲁克林采访伊兰·泽科里。

18. Ben Sisario, "Rap Genius Website Agrees to License with Music Publishers," New York Times, May 6, 2014, https://www.nytimes.com/2013/11/12/business/media/in-music-piracybattles-lyrics-demand-respect-too.html.

19. Genius founders, "Rap Genius Is Back on Google," Genius.com, n.d., https://genius.com/Genius-founders-rapgenius-is-back-on-google-annotated.

20. 2018 年 2 月，作者在纽约布鲁克林采访汤姆·莱曼。

21. Tom Lehman, "A Statement About Mahbod's Annotations on Elliot Rodger's Manifesto," Genius, May 26, 2014, https://genius.com/tom-lehman-a-statement-about-mahbodsannotations-on-elliot-rodgers-manifesto-annotated.

22. 2017 年 1 月，作者电话采访伊兰·泽科里。

23. Dan Gilbert, "I'm Hoping It's 'Smart' to Invest in 'Genius'," Genius.com, n.d., https://genius.com/Dan-gilbert-im-hopingits-smart-to-invest-in-genius-annotated.

24. 2019 年 2 月，作者电话采访安东尼·萨利赫。

25. 2018 年 8 月，作者在纽约采访纳西尔·"纳斯"·琼斯。

26. 2019 年 2 月，作者电话采访安东尼·萨利赫。

注　释

27. 作者注：一位内部人士称，本·霍洛维茨让纳斯乘坐私人飞机去见比特币公司的创始人，帮助霍洛维茨的公司和这位说唱歌手的公司达成交易。萨利赫否认了这一说法，但他不愿解释更多发生的事情，只是说："这太传奇了……本·霍洛维茨来是想要拯救它。"（霍洛维茨的一位发言人不愿对此事进行置评。）

28. 2018 年 10 月，作者与德鲁·豪斯顿（Drew Houston）在新泽西的谈话。

29. 2019 年 2 月，作者电话采访安东尼·萨利赫。

30. Brad Stone, The Upstarts (New York: Little, Brown, 2017), 246.

31. 2018 年 6 月，作者在纽约采访小克利福德·约瑟夫·哈里斯（Clifford "T. I." Harris）。

32. Peter Holslin, "Chamillionaire Wants to Be a Chabillionaire," Noisey, April 28, 2015, https://noisey.vice.com/en_us/article/ryzv45/chamillionaire-wants-to-be-a-chabillionaire.

33. 2018 年 8 月，作者在纽约采访戴维·罗斯。

34. 2019 年 2 月，作者电话采访安东尼·萨利赫。

35. 2018 年 8 月，作者在纽约采访纳西尔·"纳斯"·琼斯。作者注：杰斯对纳斯投资蓝图的尊重，更多是通过行动而非言语来表达的。2018 年，碧昂丝的丈夫创办了自己的风险投资公司，称为 MVP，这是 Marcy Venture Partners 的缩写。就像纳斯的情况一样，这个名字是由他童年的住宅项目而得来的。

36. 2018 年 2 月，作者在纽约布鲁克林采访伊兰·泽科里。

37. 2019 年 2 月，伊兰·泽科里发给作者的电子信息。

38. 作者注：无数的初创企业在没有产生任何收入的情况下筹集了大量的现金。

39. 2018 年 2 月，作者在纽约布鲁克林采访伊兰·泽科里；2019 年 2 月，伊兰·泽科里发给作者的电子信息。

40. 2018 年 3 月，马哈茂德·莫加达姆发给作者的电子信息。

41. 2018 年 2 月，作者在纽约布鲁克林采访伊兰·泽科里。

42. 2018 年 8 月，作者在纽约采访纳西尔·"纳斯"·琼斯。

43. 2018 年 8 月，作者在纽约采访彼得·比滕本德。

44. 2018 年 8 月，作者在纽约采访纳西尔·"纳斯"·琼斯。

45. 2019 年 2 月，作者电话采访安东尼·萨利赫。

46. "Viacom Acquires Nas-Invested Company PlutoTV for $340 Million," Vibe, January 24, 2019, https://www.vibe.com/2019/01/nas-invested-company-acquired-by-amazon.

47. 2018 年 8 月，作者在纽约采访纳西尔·"纳斯"·琼斯。

第 7 章 声田观察者

1. 2017 年 12 月，作者在加利福尼亚州洛杉矶采访 D. A. 瓦拉赫。作者注：苹果、脸书和声田的代言人没有回复评论请求。

2. 2011 年 10 月，吉米·艾奥文在纽约 Beats 招待会上的开幕词。作者注：这个引用最早出现在我的封面故事《HTC 没有忘记德瑞博士》中，可参见："HTC Hasn't Forgotten About Dre," Forbes, October 12, 2011, http://www.forbes.com/sites/zackomalleygreenburg/2011/10/12/htc-hasntforgotten-about-dr-dre-or-jimmy-or-monster/。

3. Steven Bertoni, "Spotify's Daniel Ek: The Most Important Man in Music," Forbes, January 4, 2012, http://www.forbes.com/sites/stevenbertoni/2012/01/04/spotifys-danielek-the-most-important-man-in-musi/.

4. 2019 年 2 月，作者电话采访盖伊·奥塞里。

5. 2017 年 12 月，作者在加利福尼亚州洛杉矶采访 D.A.·瓦拉赫。

6. 作者注：在签署唱片合同时，切斯特—弗兰奇乐队是由瓦拉赫和马克斯韦尔·德鲁米（Maxwell Drummey）组成的二人组合。但乐队原来的阵容更大，还包括《爱乐之城》的编剧和导演达米恩·查泽雷（Damien Chazelle），以及作为电影配乐人的贾斯汀·赫维茨（Justin Hurwitz）。

7. 2017 年 12 月，作者在加利福尼亚州洛杉矶采访 D.A.·瓦拉赫。

8. 作者注：库彻还在 2012 年 Popchips 的广告中出演了一个没脑筋的角色，他在广告中扮演了四个不同的寻找爱情的人，其中包括《棕色面孔》中的宝莱坞制片人拉杰（Raj）；在公众强烈的抗议后，Popchips 从脸书和油管的页面上撤下了这则广告。

9. 2017 年 12 月，作者在加利福尼亚州洛杉矶采访 D.A.·瓦拉赫。

10. 2019 年 2 月，D.A.·瓦拉赫发给作者的电子信息。

11. 2017 年 12 月，作者在加利福尼亚州洛杉矶采访 D.A.·瓦拉赫。

12. Andrew Hampp, "Guy Oseary, Scooter Braun and Troy Carter: The

注 释

Billboard Cover Story, Power Trio," Billboard, April 11, 2013, https://www.billboard.com/articles/business/1557311/guy-oseary-scooter-braun-and-troy-carter-the-billboard-coverstory-power.

13. 2018年11月，作者电话采访布莱恩·齐斯克。

14. 2016年12月，作者电话采访布莱恩·邓恩。作者注：这一引用最先出现在《三大巨头》这本书中，由利特尔&布朗出版社在2018年出版。

15. 2015年11月，作者在加利福尼亚州洛杉矶采访特洛伊·卡特。

16. 2017年1月，作者在挪威奥斯陆采访克耶蒂尔·萨特。

17. Hasit Shah, "Poor Lonely Computer: Prince's Misunderstood Relationship with the Internet," NPR, March 8, 2016, https://www.npr.org/sections/therecord/2016/03/08/469627962/poor-lonely-computer-princes-misunderstood-relationship-with-the-internet.

18. 2017年3月，作者在得克萨斯州奥斯汀采访加斯·布鲁克斯。作者注：这一引用最早出现在我的封面故事《为什么加斯·布鲁克斯要去西南偏南艺术节和亚马逊音乐》中，可参见："Why Garth Brooks Went to SXSW—And Amazon Music," Forbes, March 17, 2017, https://www.forbes.com/sites/zackomalleygreenburg/2017/03/17/why-garth-brookswent-to-sxsw-and-amazon-music。

19. 2015年5月，作者在康涅狄格州哈特福德采访杰森·阿尔丁。

20. Tidal, "TIDAL | #TIDALforALL" video, YouTube, March 30, 2015, https://www.youtube.com/watch?v=cYYGdcLbFkw.

21. 2017年1月，作者在挪威奥斯陆采访克耶蒂尔·萨特。

22. Noah Yoo, "The Full Transcript of Jay-Z's Tidal Q&A," The Fader, April 1, 2015, https://www.thefader.com/2015/04/01/the-full-transcript-of-jay-zs-qa-at-the-clive-davis-institute-of-recorded-music.

23. 2016年12月，作者电话采访D.A.·瓦拉赫。

24. 2018年1月，作者电话采访特洛伊·卡特。

25. 2016年3月，作者在加利福尼亚州洛杉矶采访阿什顿·库彻。

26. 2017年12月，作者在加利福尼亚州洛杉矶采访D.A.·瓦拉赫。

27. 2018年11月，作者电话采访布莱恩·齐斯克。

28. 2017年12月，作者在加利福尼亚州洛杉矶采访D.A.·瓦拉赫。

29. Erin Griffith, "Start-Ups Ask, 'Are We Making Money for Saudi

Arabia?'" New York Times, November 1, 2018, https://www.nytimes.com/2018/11/01/technology/start-ups-venturecapital-saudi-arabia.html.

30. 2017年12月，作者在加利福尼亚州洛杉矶采访D.A.·瓦拉赫。

第8章 新的所有权

1. 2018年10月，作者在加利福尼亚州旧金山采访杰克·康特；Jack Conte, "Pedals Behind the Scenes," May 7, 2013, https://www.youtube.com/watch?v=lHJkIUEONL8。

2. 2018年7月，作者在纽约采访亚当·里林。

3. 2018年7月，作者在纽约采访阿曼达·格罗夫斯。

4. 2018年7月，作者在纽约采访亚当·里林。

5. Clare O'Connor, "How Jessica Alba Built a $1 Billion Company, and $200 Million Fortune, Selling Parents Peace of Mind," Forbes, May 27, 2015, https://www.forbes.com/sites/clareoconnor/2015/05/27/how-jessica-alba-built-a-1-billion-company-and-200-million-fortune-selling-parents-peace-ofmind/.

6. 作者注：有人可能会说，众筹可以追溯到许多世纪以前，从战争债券到订阅书籍，包罗万象。

7. 2018年10月，作者在加利福尼亚州旧金山采访杰克·康特。

8. Taryn Arnold, "These 34 Creators Earned over $150 000 Each on Patreon in 2016," Patreon, January 6, 2016, https://blog.patreon.com/top-earners-2016.

9. 2019年3月，阿曼达·帕尔默发给作者的电子信息。

10. 2018年10月，作者在加利福尼亚州旧金山采访杰克·康特。

11. 2018年10月，作者在加利福尼亚州门洛帕克采访杰里米·刘。

12. O'Connor, "How Jessica Alba Built a $1 Billion Company, and $200 Million Fortune, Selling Parents Peace of Mind."

13. 2018年10月，作者在加利福尼亚州门洛帕克采访妮科尔·奎因。

14. 2019年1月，格温妮丝·帕特洛在加利福尼亚州洛杉矶格前沿峰会小组讨论上的发言。

15. 作者注：帕特洛的发言人没有对本书多次采访的请求做出回应。

16. 2018年10月，作者在加利福尼亚州门洛帕克采访杰里米·刘。

17. 2018年10月，作者在加利福尼亚州旧金山采访杰克·康特。

18. Lorenzo Franceschi-Bicchierai, Motherboard, "Crowdfunding Site

注 释

Patreon Gets Hacked," October 1, 2015, https://motherboard.vice.com/en_us/article/xywedn/crowdfunding-site-patreon-gets-hacked.

19. Crunchbase data; Josh Constine, "Patreon Raises Big Round at ~$450M," TechCrunch, September14, 2017, https://techcrunch.com/2017/09/14/patreon-series-c/.

20. Jack Conte, "We Messed Up," Patreon, December 13, 2017, https://blog.patreon.com/not-rolling-out-fees-change.

21. 2019年3月，阿曼达·帕尔默发给作者的电子信息。

22. 2018年10月，作者在加利福尼亚州旧金山采访杰克·康特。

23. "Scary Pockets," https://www.youtube.com/channel/UC-2JUs_G21BrJ0efehwGkUw.

24. 2018年10月，作者在加利福尼亚州旧金山采访杰克·康特。

25. Brad Buonasera v. The Honest Company, United States District Court Southern District of New York, No. 7:16-cv-01125, June 12, 2017, accessed via https://www.truthinadvertising.org/wpcontent/uploads/2016/02/Buonasera-v-The-Honest-Co-jointnotice-of-settlement.pdf; and Candace Hiddlestone and Julie Hedges v. The Honest Company, United States District Court Central District of California, September 16, 2016, accessed via https://www.courtlistener.com/recap/gov.uscourts.cacd.658704.1.0.pdf.

26. Serena Ng,"No Longer a Unicorn, Jessica Alba's Honest Co. Struggles to Grow," Wall Street Journal, January 5, 2018, https://www.wsj.com/articles/no-longer-a-unicornjessica-albas-honest-co-faces-growth-challenges-1515157203.

27. People of the State of California v. Goop, Superior Court of the State of California, September 4, 2018, accessed via https://www.truthinadvertising.org/wp-content/uploads/2018/09/GoopCalifornia-Signed-Judgment.pdf.

28. Ashley Cullins, "Gwyneth Paltrow's Goop Settles False Advertising Suit," Hollywood Reporter, September 5, 2018, https://www.hollywoodreporter.com/thr-esq/gwyneth-paltrows-goop-settles-false-advertising-suit-1139977.

作者注：该诉讼提到了一个价值66美元提高女性的性能量的产品；在和解协议中，Goop没有承认自己有任何不当的行为，但被迫砍掉与产品健康益处有关的广告宣传。

29. 2018年10月，作者在加利福尼亚州旧金山采访杰克·康特。

第9章 运动员的股权

1. 2019 年 10 月，乔治·莫斯科维茨发给作者的电子信息。

2. 2018 年 3 月，作者电话采访托尼·冈萨雷斯。

3. 2019 年 10 月，乔治·莫斯科维茨发给作者的电子信息。

4. 2018 年 3 月，作者电话采访托尼·冈萨雷斯。

5. United States of America v. Scilabs Nutraceuticals, Inc., and Paul P. Edalat (Paul Pejman Edala), United States District Court Central District of California, No. SACV 14-01759-JLS, November 12, 2014, accessed via https://www.docketbird.com/court-documents/USA-v-Kelly/CONSENT-DECREE-OF-PERMANENT-INJUNCTION-by-Judge-Josephine-L-Staton-against-Defendants-Paul-Edalat-and-Scilabs-Nutraceuticals-Inc-MD-JS-6-Case-Terminated/cacd-8:2014-cv-01759-00007.

6. 2017 年 12 月，作者在加利福尼亚州洛杉矶采访迈克尔·布兰克。

7. 出处同上。

8. 2018 年 3 月，作者电话采访托尼·冈萨雷斯。

9. Chris Dufresne, "Montana: After a Miraculous Recovery from Back Surgery, Joe's Play Has Been Less Than a Miracle," Los Angeles Times, December 17, 1986, http://articles.latimes.com/1986-12-17/sports/sp-3146_1_joe-montana.

10. 2018 年 9 月，作者电话采访乔·蒙塔纳。

11. Edward Robinson, "Winning Super Bowl Lets Former 49ers Fumble Investing," Bloomberg Markets, February 9, 2011, https://www.bloomberg.com/news/articles/2011-02-02/winning-super-bowls-lets-montana-teammates-fumblehandling-elite-investor.

12. 2018 年 1 月，作者电话采访迈克尔·马。

13. 2019 年 2 月，迈克尔·马发给作者的电子信息。

14. 2018 年 9 月，作者电话采访乔·蒙塔纳。

15. 2018 年 1 月，作者电话采访迈克尔·马；2019 年 2 月，迈克尔·马发给作者的电子信息。

16. 2018 年 9 月，作者电话采访乔·蒙塔纳。

17. 2018 年 12 月，作者在加利福尼亚州圣莫尼卡采访杰米·西米诺夫。

18. 作者注：西米诺夫认为把孩子培养成发明家的最好方法之一就是

注 释

不去管他们。他说:"很多时候,父母会说,'嘿,做这个吧,我们会帮你的'。"他说道,"就像是,'哦,这是我孩子做的!'我说,'不,那是你做的,你的孩子喜欢它。'我爸爸会说,'哦,我不知道该怎么办,地下室里有工具。'你知道吗?而且我妈妈会说,'你需要吃你种的蔬菜。'没人会在乎我在做什么。他们当然没有刻意想让我成为一个发明家,但我的父母让我可以创造任何我想要的东西。"

19. 2018 年 12 月,作者在加利福尼亚州圣莫尼卡采访杰米·西米诺夫。

20. 2019 年 2 月,杰米·西米诺夫发给作者的电子信息。

21. 2018 年 8 月,作者在纽约采访了戴维·罗斯。

22. 2018 年 1 月,作者电话采访特洛伊·卡特。

23. 2018 年 12 月,作者在加利福尼亚州圣莫尼卡采访杰米·西米诺夫。

24. 2018 年 7 月,作者在新泽西州大西洋城采访沙奎尔·奥尼尔。

25. 作者注:在《指环王》的交易中,品牌管理集团 ABG 也发挥了重要的作用。该集团在早些时候与奥尼尔签下了一份极具吸引力的协议。根据公司创始人杰米·索尔特(Jamie Salter)的说法,该协议要求 ABG 以合资企业的形式来管理奥尼尔的品牌;而作为交换,ABG 获得了 8 位数的现金,其中大部分是奥尼尔自己再投资给 ABG 的钱。这些股权的价值已经是沙克买入价的好几倍,但他的团队不愿透露具体细节,只说他是这家 40 亿美元公司的最大股东之一。

26. 2018 年 12 月,作者在加利福尼亚州圣莫尼卡采访杰米·西米诺夫。

27. Mark Harris, "Video Doorbell Firm Ring Says Its Devices Slash Crime—But the Evidence Looks Flimsy," MIT Technology Review, October 19, 2018, https://www.technologyreview.com/s/612307/video-doorbell-firm-ring-says-its-devices-slash-crimebut-the-evidence-looks-flimsy.

28. 2018 年 12 月,作者在加利福尼亚州圣莫尼卡采访杰米·西米诺夫。

29. 2018 年 7 月,作者在新泽西州大西洋城采访沙奎尔·奥尼尔。

30. 2018 年 12 月,作者在加利福尼亚州圣莫尼卡采访杰米·西米诺夫。

31. 2019 年 10 月,乔治·莫斯科维茨发给作者的电子信息。

32. Kurt Badenhausen, "Inside Serena Williams' Plan to Ace Ven-ture Investing," Forbes, June 3, 2019, https://www.forbes.com/sites/kurtbadenhausen/2019/06/03/inside-serena-williamsplan-to-ace-venture-investing/.

作者注:威廉姆斯的团队没有对本书的采访要求做出回应。

33. 2018年3月，作者电话采访托尼·冈萨雷斯。

第10章 伊卡洛斯股份有限公司

1. 2018年4月，作者电话采访海迪·罗伊森。

2. Emily Chang, Brotopia (New York:Portfolio/Penguin, 2018), 7.

3. 出处同上, 93, 100.

4. 2018年4月，作者电话采访海迪·罗伊森。

5. Colleen Taylor, "BlackJet, the Uber for Private Jet Travel, Appoints Shervin Pishevar as Its Chairman," TechCrunch, February 14, 2013, https://techcrunch.com/2013/02/14/BlackJet-the-uber-for-private-jet-travel-appoints-shervin-pishevar-as-itschairman/.

6. Monica Smith, "BlackJet SF Launch Event Recap," ABCey, n.d., http://abcey.com/BlackJet-sf-launch-event-recap/.

7. Taylor, "BlackJet, The Uber For Private Jet Travel, Appoints Shervin Pishevar As Its Chairman."

作者注：罗特钦（Rotchin）在2019年初没有回应关于本书的采访请求。

8. 2019年3月，舍文·皮什瓦发给作者的电子信息。

9. 2019年1月，特洛伊·卡特发给作者的电子信息。

10. Green Jets, "Notice of Exempt Offering of Securities," United States Securities and Exchange Commission, May 7, 2012, https://www.sec.gov/Archives/edgar/data/1549428/000154942812000001/xslFormDX01/primary_doc.xml.

11. Sarah Mitroff, "Startup Offers Private Jet Ride-Sharing, but Cost Is Still Sky-High," Wired, October 27, 2012, https://www.wired.com/2012/10/BlackJet/.

12. 作者注：那一刻有一种娱乐圈独有的讽刺意味。汀布莱克和珍妮·杰克逊臭名昭著的"服装故障"激发了油管的创作灵感，同时也让她成为哥伦比亚广播公司（CBS）首席执行官莱斯利·穆维斯（Leslie Moonves）永远的敌人。穆维斯在那年负责播出超级碗赛事；报道称，在认为杰克逊没有"足够的悔悟"后，他就决心毁掉她的事业。在一次双重标准的精彩展示中，汀布莱克受邀回来在超级碗LII中场表演，而此时杰克逊在某种程度上仍然被职业橄榄球大联盟封杀。

13. "Social Commerce Company BeachMint Launches HomeMint with Justin Timberlake and Interior Designer Estee Stanley," PR Newswire, April 17, 2012, https://www.prnewswire.com/news-releases/social-commerce-companybeachmint-launches-homemint-with-justin-timberlake-andinterior-designer-estee-stanley-147710985.html.

14. 作者注：在一个脚注中，我的空间在被时代公司（Time Inc.）收购后的几年里一直蹒跚前行。据报道，到2019年时，我的空间流失了约5 000万首用户上传的歌曲，这时大多数观察人士才意识到它的存在。

15. 2017年1月，作者电话采访罗翰·奥扎。

16. Eli Blumenthal, "Dr. Pepper Buys Bai Brands for $1.7B to Expand into Health-Oriented Drinks," USA Today, November 22, 2016, https://www.usatoday.com/story/money/business/2016/11/22/dr-pepper-snapple-buys-bai-brands/94283000.

17. Anna Gaca, "Justin Timberlake Wants to Say Bai Bai Bai to This Beverage Lawsuit," Spin, June 25, 2018, https://www.spin.com/2018/06/justin-timberlake-bai-lawsuit/.

18. Kevin Branca vs. Bai Brands, United States District Court Southern District of California, No. 3:18-cv-00757-BENKSC, March 7, 2019, via https://www.proskaueronadvertising.com/files/2019/04/Branca-v.-Bai.pdf.

19. Bruce Upbin, "Hyperloop Is Real," Forbes, February 11, 2015, https://www.forbes.com/sites/bruceupbin/2015/02/11/hyperloop-is-real-meet-the-startups-selling-supersonictravel/.

20. Nitasha Tiku, "Celeb-Backed BlackJet Is Officially Fucked," Valleywag, December 20, 2013, http://valleywag.gawker.com/celeb-backed-blackjet-is-officially-fucked-1487131322.

21. 2019年3月，舍文·皮什瓦发给作者的电子信息。

22. Green Jets, "Notice of Exempt Offering of Securities," United States Securities and Exchange Commission, May 7, 2012.

23. Emily Chang, "Uber Investor Shervin Pishevar Accused of Sexual Misconduct by Multiple Women", Bloomberg, November 30, 2017, https://www.bloomberg.com/news/articles/2017-12-01/uber-investor-shervin-pishevar-accused-of-sexualmisconduct-by-multiple-women.

24. Sam Shead, "Shervin Pishevar Defender Reportedly Says Investor Couldn't Have Engaged in Sexual Misconduct at Uber Party Because He Had a 'Pony's Leash in One Hand and a Drink in the Other,'" Business Insider, December 1, 2017, https://www.businessinsider.com/shervin-pishevar-defender-he-couldnt-have-touched-austin-geidt-because-pony-leashdrink-report-2017-12.

25. 作者注：2019 年 2 月，Sherpa Capital 的一名代表告诉我，皮什瓦与该公司"不再有关联"。

26. Marcus Baram, "The Shervin Pishevar Sexual-Assault Legal Saga Is Getting Even Crazier," Fast Company, December 6, 2017, https://www.fastcompany.com/40504774/the-shervin-pishevar-sexual-assault-legal-saga-is-getting-even-crazier.

作者注：2017 年 12 月，有报道称皮什瓦被拘留，但并未因涉嫌在伦敦强奸而受到指控（除了否认这些指控外，作为民主党著名捐赠者的皮什瓦还起诉了一家保守派研究公司，称该公司受雇于他的一个竞争对手，目的是要"毁掉他的职业生涯"。）

27. Ronan Farrow, "From Aggressive Overtures to Sexual Assault: Harvey Weinstein's Accusers Tell Their Stories," The New Yorker, October 10, 2017, https://www.newyorker.com/news/news-desk/from-aggressive-overtures-to-sexual-assault-harvey-weinsteins-accusers-tell-their-stories.

28. Audrey Carlsen, Maya Salam, Claire Cain Miller, Denise Lu, Ash Ngu, Jugal K. Patel, and Zach Wichter, "#MeToo Brought Down 201 Powerful Men. Nearly Half of Their Replacements Are Women," New York Times, October 29, 2018, https://www.nytimes.com/interactive/2018/10/23/us/metoo-replacements.html.

29. Sheelah Kolhatkar, "The Tech Industry's GenderDiscrimination Problem," The New Yorker, November 20, 2017, https://www.newyorker.com/magazine/2017/11/20/the-tech-industrys-gender-discrimination-problem。

30. 2018 年 4 月，作者电话采访海迪·罗伊森。

31. Susan Fowler, "Reflecting on One Very, Very Strange Year at Uber," SusanJFowler.com, February 19, 2017, https://www.susanjfowler.com/blog/2017/2/19/reflectingon-one-very-strange-year-at-uber.

作者注：通过电子邮件联系到优步的一位发言人，但他不愿对这一事件发表评论，更不愿对本书发表一般性的评论。

32. 2019年7月，作者电话采访索菲亚·布什。

33. 2018年4月，作者电话采访海迪·罗伊森。

34. Theodore Schleifer, "Steve Jurvetson Was Pushed Out of His Firm as the Lines Between Personal And Professional Crossed," Recode, November 18, 2017, https://www.recode.net/2017/11/18/16647078/steve-jurvetson-dfj-women-silicon-valley-techallegations-fired.

35. Steve Jurvetson, untitled post, Facebook, November 14, 2017, https://www.facebook.com/jurvetson/posts/10159616207180611?pnr-ef=story.

36. 2018年4月，作者电话采访海迪·罗伊森。

37. Emily Smith, "Les Moonves Wasn't Only One Escaping Scandal on St. Barts," New York Post, January 2, 2019, https://pagesix.com/2019/01/02/les-moonves-wasnt-onlyone-escaping-scandal-on-590m-yacht/.

38. Polina Marinova, "DFJ Partner Heidi Roizen: Sexual Harassment Allegations Are a 'Wake-Up Call to Any Firm,'" Fortune, December 5, 2018, http://fortune.com/2018/12/05/heidi-roizen-dfj/.

第11章 做得很好

1. 2018年3月，阿什顿·库彻在得克萨斯州奥斯汀圆桌讨论上的发言。

2. Mick LaSalle, "Jobs Review: Kutcher's Fine, but Film's Timing Is Off," San Francisco Chronicle, August 15, 2013, https://www.sfchronicle.com/movies/article/Jobs-review-Kutcher-s-finebut-film-s-timing-4735382.php.

3. 2018年2月，作者在纽约布鲁克林采访伊兰·泽科里。

4. 2016年3月，作者在加利福尼亚州洛杉矶采访阿什顿·库彻和盖伊·奥塞里。作者注：其中一些引用最初出现在我的封面故事《八部半X》中，可参见："Eight and a Half X," Forbes, March 26, 2016, https://www.forbes.com/sites/zackomalleygreenburg/2016/03/23/how-ashton-kutcher-and-guy-oseary-built-a-250-million-portfolio-withstartups-like-uber-and-airbnb/。

5. Josh Constine, Ryan Lawler, and Sarah Buhr, "The 52 Startups That Launched at Y Combinator W17 Demo Day 1," TechCrunch, March 20, 2017, https://techcrunch.com/2017/03/20/yc-demo-day-winter-2017.

6. 2017年12月，作者在加利福尼亚州洛杉矶采访盖伊·奥塞里。

7. Ashton Kutcher, interview by Stephen Colbert, "Ashton Kutcher Examines President Trump's Tweeting Style," The Late Show with Stephen Colbert, July 14, 2017, https://www.youtube.com/watch?time_continue=2&v=gYD07kGeNAM.

8. 2019 年 10 月，作者电话采访诺亚·柯纳。

9. 2019 年 2 月，乌默·阿德南发给作者的电子信息。

10. 2019 年 2 月，乌默·阿德南传电子信息给作者。

11. 2019 年 2 月，作者电话采访盖伊·奥塞里。

12. 2018 年 7 月，作者在新泽西州大西洋城采访沙奎尔·奥尼尔。

13. 2018 年 3 月，作者在得克萨斯州奥斯汀采访安迪·米勒。

14. 2019 年 2 月，安迪·米勒发给作者的电子信息。

15. Shaquille O'Neal, electronic message, Twitter, July 24, 2016, https://twitter.com/shaq/status/757289366003658752?lang=en.

16. 2019 年 2 月，安迪·米勒发给作者的电子信息。

17. 2019 年 2 月，作者电话采访史蒂夫·青木。

18. 2017 年 12 月，作者在加利福尼亚州洛杉矶采访迈克尔·亚诺弗。

19. United States Securities and Exchange Commission, "Notice of Exempt Offering of Securities," Form D, July 11, 2018, https://www.sec.gov/Archives/edgar/data/1744008/000174400818000001/xslFormDX01/primary_doc.xml.

20. 2019 年 2 月，埃菲·爱波斯坦发给作者的电子信息。

21. 2019 年 2 月，作者电话采访盖伊·奥塞里。

22. 2019 年 2 月，埃菲·爱波斯坦发给作者的电子信息。

23. 2019 年 2 月，作者电话采访盖伊·奥塞里。

24. 2018 年 3 月，阿什顿·库彻、马克·贝尼奥夫和丽贝卡·利伯曼在得克萨斯州奥斯汀圆桌讨论上的发言。

25. 2019 年 2 月，作者电话采访盖伊·奥塞里。

第 12 章　做伟大的事情

1. 2019 年 7 月，作者电话采访索菲亚·布什。

2. Bono, as told to author, "On Advocacy," Forbes, September 28, 2017.

3. 2017 年 6 月，作者在纽约采访波诺。

4. Adam Lewis, "TPG Adds John Kerry to $2B Rise Fund," PitchBoo, April 26, 2018, https://pitchbook.com/news/articles/tpgadds-john-kerry-to-2b-rise-fund.

注 释

5. Frank Newport, "Democrats More Positive About Socialism Than Capitalism," Gallup, August 13, 2018, https://news.gallup.com/poll/240725/democrats-positive-socialism-capitalism.aspx.

6. 作者注：麦格拉汉当时发表了一份声明，宣称："我将专注于解决已经提出的指控，我希望我可以分享故事中尚未出现的一些内容。"

7. John Kerry, "We Live in Extraordinary Times," Medium, April 26, 2018, https://medium.com/@JohnKerry/we-live-in-extraordinary-times-but-in-too-many-ways-its-a-globalversion-of-a-tale-of-two-fe139f0c4089.

8. Ben Horowitz and Chris Lyons, "Introducing the Cultural Leadership Fund," Andreessen Horowitz (blog), August 22, 2018, https://a16z.com/2018/08/22/introducing-thecultural-leadership-fund.

9. 2018 年 10 月，作者在加利福尼亚州门洛帕克采访杰里米·刘。

10. BackstageCapital, "#Backstage100," https://backstagecapital.com/100/.

11. Hayley Cuccinello, "Sure Shots: These Twin 27-Year-Olds Are Building a Seven-Figure Business on High School Sports," Forbes, December 31, 2018, https://www.forbes.com/sites/hayleycuccinello/2019/12/31/sure-shots-these-twin-27-year-olds-are-building-a-seven-figure-business-on-high-school-sports.

12. Arlan Hamilton, Twitter posts, personal Twitter account, May 5–6, 2018, https://twitter.com/ArlanWasHere/status/992904943773208576 and https://twitter.com/ArlanWasHere/status/993138674475843585；作者注：汉密尔顿没有对采访请求做出答复。

13. 2019 年 2 月，作者电话采访特洛伊·卡特。

14. 2019 年 7 月，作者电话采访索菲亚·布什。

15. Morgan Stanley, "Sustainable Signals," Institute for Sustainable Investing, 2017, https://www.morganstanley.com/pub/content/dam/msdotcom/ideas/sustainable-signals/pdf/Sustainable_Signals_Whitepaper.pdf.

16. Adam Lewis, "TPG Adds John Kerry to $2B RiseFund," PitchBook, April 26, 2018, https://pitchbook.com/news/articles/tpg-adds-john-kerry-to-2b-rise-fund.

17. Abby Schultz, "The Rise Fund Spin-Off Marks Growth of Impact Investing," Barron's, January 24, 2019, https://www.barrons.com/articles/the-rise-fund-spin-off-marks-growth-ofimpact-investing-01548368130.

18. 2019 年 10 月，作者电话采访诺亚·柯纳。

19. 2019 年 2 月，作者电话采访盖伊·奥塞里。

20. Jason D. Rowley, "Q4 2018 Closes Out a Record Year for the Global VC Market," Crunchbase, January 7, 2019, https://news.crunchbase.com/news/q4-2018-closes-out-a-record-year-for-the-global-vc-market.

21. 2018 年 2 月，作者在加利福尼亚州帕萨迪纳采访比尔·格罗斯。

22. Todd Spangler, "Netflix Spent $12 Billion on Content in 2018," Variety, January 18, 2019, https://variety.com/2019/digital/news/netflix-content-spending-2019-15-billion-1203112090.

23. 2017 年 12 月，作者在加利福尼亚州洛杉矶采访 D.A.·瓦拉赫。

24. Margaret Sullivan, "An Early Facebook Investor Throws Up His Hands: We've Been 'Zucked,'" Washington Post, February 7, 2019, book-investor-throws-up-his-hands-weve-been-zucked/2019/02/07/1e7bdfd2-2ad0-11e9-b011-d8500644dc98_story.html?utm_term=.dab7ca34de40.

25. Jonathan Shieber, "Amid Plummeting Stocks and Political Uncertainty, VCs Urge Their Portfolios to Prepare for Winter," TechCrunch, December 25, 2018, https://techcrunchcom/2018/12/25/amid-plummeting-stocks-and-political-uncertainty-vcs-urge-their-portfolios-to-prepare-for-winter/amp.

26. 2019 年 2 月，作者电话采访特洛伊·卡特。

27. Bono, as told to author, "On Advocacy," Forbes, September 28, 2017, p.117.

28. 2019 年 7 月，作者电话采访索菲亚·布什。

索 引
（所注页码为英文原书页码）

A/B testing, 88
A-Grade, xi, xiii, 19, 55, 62–64, 68–72, 86, 95, 100, 119, 128, 144, 148, 169–170, 179, 201, 202, 204, 205, 207
A-List celebrities, xii. *See also* entertainers
A$AP Rocky, 96
ABG, 235n25
accredited investors, xvii
Acme Capital, 162
Acorns, xii, xxi, 171–172, 189, 201, 203
actors, compensation for, xiv, 4–6, 15, 61
added value, 64, 147, 178
Adidas, 15
Adnan, Umer, 172, 201
advertisements and advertising
　ad revenue from YouTube, 124
　with celebrities, 151, 160, 212n20, 229n6
　false advertising, 137, 160, 233n28
　Google AdWords, 29
　for Knowledge Adventure, 21
　and Moolah, 101
　social media promotion vs., 57
advisory shares, 81–82
Africa, investing in, 184, 188
African Americans, 11, 156, 185–187
aiPod, 20
Air Jordan sneakers, 11
Airbnb, xi, xiii, xvi, xix, 41, 68–71, 95, 171, 177, 192, 201, 202, 204–207
Airware, 64
Alba, Jessica, xvi, 127–128, 130–133, 201

Aldean, Jason, 116, 201
All Pro Science, 140
Allen, Herb, 45
Allen, Paul, 24–26, 29, 33, 202
Allen & Company, 45
Amazon, xii, 12, 28, 33, 41, 105, 116, 152, 192, 206, 207
Amblin Entertainment, 23
American Beauty (film), 25
American Express, xxii, 147
Ames Research Center, 8
Amram, Yosi, 31
Anaheim Angels, 214n38
Anderson, Tom, 46, 47
Andreessen, Marc, 30, 56–58, 64, 96, 202, 205. *See also* Andreessen Horowitz
Andreessen Horowitz, xiii, 37, 38, 51–52, 58, 69, 84–85, 96, 100, 122, 131, 144, 185–186, 202–204
Angel Investing: The Guide to Making Money and Having Fun Investing in Startups (Rose), 206
angel investors, xii, xvii, 95, 149
Aniston, Jennifer, 22
Anthony, Carmelo, 179
Aoki, Rocky, 175–177
Aoki, Steve, xii–xiii, 175–176, 202
apparel deals (clothing lines), xv, xviii, 14–16, 99, 109, 126
Apple, xv, xviii, 12–14, 62, 73–74, 108, 110, 115, 141, 155, 173, 206, 214n45
Apple Corps, 13

271

Apple Music, 108, 114–117
Apple TV, 132
Apple II, 13
Aquahydrate, 159
ARPANET, 8
Arrington, Michael, 56
Aspiro, 115
Atari, 12
athletes (generally)
  added value with endorsements, 147
  compensation for, xiv, 5–6, 10–11, 15
  endorsements for, 6, 11, 139
  social media presence of, 141
athletes as investors, 139–154. *See also specific athletes*
  and Creative Artists Agency, 141–142
  and diversity of tech investors, 153–154
  in Ring, 148–153
Atom Factory, 76–78, 93, 95
ATV Music Publishing, 14–15
authors, fame for, 3
automation, 133–134
Autry, Gene, 213–214n38

Babe Comes Home (film), 5
Babe Ruth's Shop for Men, 5
Babson College, 148
Baby Ruth, 5
Backplane, 83–84, 88
Backstage Capital, 186–187, 204
Bad Boy Records, 75–76, 202
Baez, Joan, 13
Bai Brands, 160
Bain Capital, 80
Banks, Tyra, 162
Barker, Travis, 113
Barkley, Charles, 16
Barton, Harris, 145
Baseball as a Road to God (Schwartz), 213n25
BeachMint, 159–160
Bear Stearns, 51
the Beatles, 6, 13, 15, 214n45
Beats by Dr. Dre, 77, 109, 114–115, 132, 153, 204
Beats Music, 114–115
A Beautiful Mind (film), 25
Beauty and the Geek (television series), 56
Benchmark Capital, 38, 46
Benihana, 175
Benioff, Marc, 55, 157, 168, 180
Best Buy, 150
The Best of Shaquille O'Neal (album), 211n3
Beyoncé, xii, xxiii, 76, 77, 116, 117, 204
Beyond Meat, 139, 153, 203
Bezos, Jeff, 12, 41
Bieber, Justin, 74, 78–82, 202
Big.com, 39–40, 218n6

"Bigger on the Inside" (song), 130
Bill & Melinda Gates Foundation, 163
Bittenbender, Peter, 104
Black Eyed Peas, 109, 132
Black Girls Code, 199
Black Panthers, 38
BlackBerry, 28
BlackJet, xxii, 157–159, 161, 202
BlackRock, 188
Blades of Glory (film), 60
Blank, Michael, 141, 142, 202
Blaze Pizza, 153, 204
Blind Def Crew, 38
Blink-182, 113
Bloomberg, 162
Blumenthal, Neil, 78
BMW, 70
Bobby Digital. *See* RZA
Bonds, Barry, 145
Bono, xvi, 13, 19, 48, 83, 183–185, 188, 191, 193, 203, 204
booth babes, 155–156
bootstrapping, xvii
"Boss" (song), xxiii
Boston Celtics, 45
Boston Red Sox, 5
Bowers & Wilkins, 28
Bowie, David, 16
Bowie Bonds, 16
Branson, Richard, 184, 202
Braun, Scott "Scooter," xx, 78–82, 113, 202
Brooks, Garth, 116
Brotopia (Chang), 14
Bryant, Kobe, 153, 179
Buffett, Warren, 97, 192
Buffy the Vampire Slayer (film), 24, 26, 203, 206
Buress, Hannibal, 135
Burkle, Ron, 31, 35, 119–122, 169–170, 202, 217n37. *See also* A-Grade
Burns, Abe, 63, 148
Bush, Sophia, xiii, 87, 164, 182–183, 187–188, 192, 193
Buster Bash (app), 141–142
Butler, Gerard, 175
"Bye Bye Bye" (song), 160
Byron, Lord, xiv, 3

CAA. *See* Creative Artists Agency
CAA Ventures, 178–179
Cadre, 185
Cagney, James, xiv, 4–5
California Food, Drug, and Medical Device Task Force, 137
California Institute of Technology (Caltech), 21
Call Me by Your Name (film), 24, 206

索 引

Calm, 179
Camp, Garrett, 157
Campbell, T. Colin, 139–140
Campbell, Thomas M., 139–140
Cam'ron, 90
Capital in the Twenty-First Century (Piketty), 120
capitalism, 120–121, 183, 184
CarsDirect, 27
Carter, Shawn. *See* Jay-Z
Carter, Troy, xiii, xxi, 82, 202
 on Apple Music, 114
 and Backplane, 83–84
 on BlackJet, 158, 159, 161
 on dot-com crash, 192
 on early social media, 47
 focus for, 73–74
 on investing, xvi, 187
 investments by, xx, 74–78, 84–87, 95–96, 187, 205
 in music industry, 38, 75–77
 and Nas, 93
 and Rap Genius, 97
 on *Shark Tank*, 149
 and Tinychat, 81
 and D. A. Wallach, 118–121
Casa Verde Capital, 101
Casablancas, Julian, 175
Casper, 100
CBS, 163, 165
celebrity, history of, 3–7
Cellulant, 189
centicorns, xviii
CES (Consumer Electronics Show), 151, 176
Chamillionaire, 101
Champion Ventures, 145
Chang, Emily, 14
Chaplin, Charlie, 4
Chapo Trap House (podcast), 135
Chazelle, Damien, 229n6
Chesky, Brian, 68–70, 202
Chess.com, 67
ChessPark, 66
Chester French, 107, 111–113, 118, 120, 229n6
Chillin' Like a Smut Villain (album), 75
The China Study (Campbell and Campbell), 139–140
Chrome web browser, 88
Chumbawamba, 138
"Cîroc Star" (song), 113
Citysearch, 27, 29, 131
Clark, Dwight, 143
Clark, Gary, Jr., 167–168
Clark, Jim, 30
Cleopatra (film), 6
Cleveland, Grover, 5

Cleveland Cavaliers, 99
Clinton, Bill, 35, 217n37
clothing lines, xv, xviii, 14–16, 99, 109, 126
Cloudant, 146
CNBC, 30
Cobb, Ty, 7, 213n25
Coca-Cola, 7, 43, 49, 205, 207
Code Advisors, 113
Cohen, Lyor, 104
Coinbase, xii, 100, 153, 202, 207, 226–227n27
Colbert, Stephen, 171–172
Coldplay, 116
Cole, J., 116
collaboration, 64, 135
Columbia University, 4, 38
Combs, Sean. *See* Diddy
Compaq, 23
compensation for entertainers, 1–17. *See also* endorsement-for-equity model
 in 1980s, 14–16
 and Ty Cobb's investments, 7
 compensation in technology sector vs., 15
 history of, xiv–xvii, 3–7
 Shaq's DJ work, 1–2, 16–17
 and wealth, 1–2
Complexly, 135
Consumer Electronics Show (CES), 151, 176
Conte, Jack, xvi–xvii, 123–125, 128–130, 133–138, 202, 206
convergence, 25–26
Conway, Ron, 41, 45, 47, 56, 57, 78, 144, 146, 203, 205. *See also* SV Angel
Cook, Tim, 114
Corcoran, Barbara, 149
Cowlar, 171–173, 201, 205
Creative Artists Agency (CAA), 31, 38, 52, 58–61, 129, 141–142, 177–178, 202, 203, 205, 207
creator-owned enterprises, 123–138. *See also specific creators*
 Jack Conte on, 136–138
 Honest Company, 127–128, 130–132
 Lightspeed's investments in, 130–133
 Patreon, 123–125, 128–130, 133–136
 Plus Capital's investments in, 125–128
"Creep" (song), 136
crowdfunding, 128–130, 231n6
Crunchbase, 158
Cuban, Mark, 71, 149, 150, 203
Cultural Leadership Fund, 185–186
culture (national), 186, 193
culture (organizational), 96–97, 159, 163–166
Cupertino, California, 13
Curtis, Jamie Lee, 33, 34

273

"Da Mystery of Chessboxin" (song), 66
Daft Punk, 116
Dallas Cowboys, 143
Dallas Mavericks, 71, 203
Damon, Matt, 192
Dara, Olu, 92
DARPA (Defense Advanced Research Projects Agency), 8
Davis, Fred, 113
Dawn, Nataly, 124, 137
day-trading, 217n30
Daymaker, 168
Dayton, Sky, 19
Deadmau5, 116
decacorns, xviii
Deconstructed (video series), 102
Def Jam Recordings, 92, 104
Defense Advanced Research Projects Agency (DARPA), 8
DeFranco, Phil, 135
DeGeneres, Ellen, 57, 81, 114, 126, 187
DeMann, Freddy, 19
Demo Day event, Y Combinator, 95
Depeche Mode, 47
"Destroy and Rebuild" (song), 91
DeWolfe, Chris, 46, 47
Deyo, Bradley, 187
Deyo, Brandon, 187
DFJ. *See* Draper Fisher Jurvetson
Diageo, 113
Diddy, 91, 102, 104, 202
　Ron Burkle and, 35
　Troy Carter and, 75–76
　clothing line of, 16, 99, 126
　compensation for, xiv–xv, xx
　and Cultural Leadership Fund, 186
　investments by, 113–115, 119
　Nas and, 104–106
　wealth building by, xxii–xxiii
Didi Chuxing, 153
Diggs, Robert. *See* RZA (Bobby Digital)
Digital House, 189
Diller, Barry, 25, 29
diversity, xix, 11, 153–154, 185–188
DJ Jazzy Jeff, 75
DJ Khaled, 177
Dr. Dre, xx, xxii–xxiii, 32, 91, 109, 114, 115. *See also* Beats by Dr. Dre
Doerr, John, 146
"Don't Stop Believin'" (song), 138
Doorbot, 148–150
dot-com crash, 31–36, 192
Dote, 132
Douglas, Michael, 24, 50
Dow Jones Industrial Average, 190
Drake, 187
Draper Fisher Jurvetson (DFJ), xv, 155, 165, 206

DreamWorks, 25, 105
Dresden Dolls, 129, 205
Drip feature, Kickstarter, 134
Dropbox, xii, 41, 46, 91, 95, 100, 102, 202–204, 206
Drummey, Maxwell, 229n6
Dude, Where's My Car? (film), 55–56
Dunn, Brian, 114
Durant, Kevin, xii, 179, 186, 203, 206

EarthLink, 19
eBay, 123, 184
ecommerce companies, 131
Economist, 21
Edison, Thomas, xiv, 3–4
Edisun Microgrids, 20
EDS (Electronic Data Systems), 38, 45 8i, 120
Eisenhower, Dwight D., 8
Ek, Daniel, 109, 110, 112, 113, 118, 119, 203, 207
Elba, Idris, 76
Electronic Data Systems (EDS), 38, 45
Elevation Partners, 48, 219n26
Elman, Josh, xvi, 15, 16, 31, 62, 77, 78, 80, 83, 203
Eminem, 37, 113, 205
endorsement-for-equity model, xviii–xx
　in 1990s, 29–31
　for Justin Bieber, 82
　for Tony Gonzalez, 143
　Ashton Kutcher on, xix
　Adam Lilling and, 126
　for Shaq, 39–40, 151
　in Vitaminwater deal, 43–44, 53
Engelbart, Douglas, 8–9
entertainers. *See also* creator-owned enterprises
　compensation for (*See* compensation for entertainers)
　involvement in startups by, xvi–xvii, xxii
　and Plus Capital, 125–126
　social media platforms for, 83
　as tech investors, xi–xiii
　as venture capital tourists, 55
entertainment industry, investors from, xii–xiii, 18–36
　1990s endorsement-for-equity model, 29–31
　in dot-com crash, 31–34
　and Bill Gross's Idealab incubator, 20–24
　as hands-on investors, 21–24
　Guy Oseary as advisor to, 18–19, 27–29, 35–36
　Howard Rosenman on, 24–26
　at South by Southwest, 167–169

entertainment industry (generally)
  content and technology in, 30–31
  Ashton Kutcher's career in, 55–58
  relationship of technology sector and, xvi, 24–26, 48, 190–192
  women in, 162–164
Entourage (television series), 159
entrepreneurs and entrepreneurship, xiii, xvii, 21–24, 51–52, 148, 192–193
Epstein, Effie, 179, 203
equity. *See also* endorsement-for-equity model
  for artist-in-residence, 112–113
  compensation vs., 26
  as payment for content, 61
  in Tidal, 117, 118
Erving, J., 76
Erving, Julius "Dr. J," 76
esports investments, 173–177
eToys, 27, 29, 34, 217n33
Eve, 76

Facebook, xvi, 131, 203
  athletes' followers on, 141
  Scooter Braun and, 79
  current views of, 191
  early backing for, 47–48
  Josh Elman and, 203
  entertainers' use of, xvi, 80, 83
  founders of, 192, 207
  and Instagram, 88, 178, 204
  and Interscope Records, 107–108
  investments in, xvi, 83, 183, 203, 204
  music promotion on, 76
  Samwer clone of, 70
  verification on, 91
  and Viddy, 82, 97
  women in leadership roles at, 156
  and Zimride, 84
Fairbanks, Douglas, 4
false advertising, 233n28
fame, monetization of, 1–7, 14–16, 141
The Fame (album), 77
Fame Ball Tour (Lady Gaga), 118
Fancy, 101
Fanning, Shawn, 31, 32
Farleigh, Lauren, 132
FCC (Federal Communications Commission), 169
fee structure, Patreon, 134–135, 137
Ferrell, Will, 60, 61, 89
50 Cent, 42–44, 49–50, 53, 96, 109, 160, 204, 207
filmmakers, compensation and fame for, 3–4
First Round Capital, 23
Fitbit, xiii, 143, 171, 203
FitStar, 142–143, 151, 153, 203

Flipboard, 169
Flood, Curt, 10–11
Forbes, xx, 25, 43, 50, 103, 162, 183
Forbes Midas List, 209n1
Forbes Under 30 Summit, xi
Ford, Harrison, 15
Foreman, George, 16
Formula 50 flavor, 43, 44
Fortnite (video game), 174
Fortune, 156
founders, 78, 133, 137–138, 147. *See also specific individuals*
Foursquare, 58, 64, 169
Fourth Partner Energy, 189
Fowler, Susan, 163–164, 203
Frazee, Harry, 212n15
free agency, 10–11
Fresh Dressed (film), 104
Friendster, 46
Frigo, 50
FUBU, 149
Fullscreen, 82
funds of funds, 145
Funny or Die, 58–61, 88–89, 177
Fusionetics, 153

Gable, Clark, 212n20
GameOn, 147
Gates, Bill, 25, 26, 33, 101, 139, 192, 203
Gates, Melinda, 163, 192
Gears of War (video game), 174
Geffen, David, 25, 71, 166
General Mills, 55
general partners, xvi
Genius, xii, xxi, 38, 99, 100, 102–104, 169, 203–207. *See also* Rap Genius
Geometric Intelligence, 147
Germanotta, Stefani. *See* Lady Gaga
Get Rich or Die Tryin' (album), 42
GhostTunes, 116
Gibson, Mel, 15
Gilbert, Dan, 99
GitLab, 147
Giving Pledge, 192
Glacéau, 35, 43, 44, 49, 50, 207
Gladiator (film), 25
Glympse Bio, 120
GoFundMe, 128
Goldman Sachs, 33
Gonzalez, Tony, xiii, 139–140, 142–143, 151–154, 203
Good Dye Young, 126–127
Google, xii, 2, 41–42, 55, 59, 87–88, 97–98, 146, 203, 205
Google AdWords, 29
Google Play, 87
Google Ventures, 80, 83, 88
Goop, 132–133, 137, 205, 233n28

275

"Got Ur Self a Gun" (song), 92
GoTo.com, 29, 34, 50
Grable, Betty, 212n20
Grandmaster Flash, 105
Great Recession, xiv, xv, 51, 62, 190, 192
Green Jets Inc, 158
Greenburg, Zack O'Malley, xx, 78, 115
Grenier, Adrian, 159
Greylock, xxi, 69, 81, 83, 145, 203, 204
Griffey, Ken, Jr., 141
Griffith, D. W., 3–4
Gross, Bill, 19, 21–24, 27–29, 39–42, 190, 203, 217n33. *See also* Idealab
Groupon, 62, 64, 70

Hamilton, Arlan, 186–187, 204
Handy, 171
Harris, Calvin, 116
Hart, Kevin, xx
Harvard University, 8, 107
Headspace, 86
Heinsohn, Tommy, 45
Henchy, Chris, 60, 61
Hendrix, Jimi, 12
Hennessy, 93
Hewlett-Packard, 13, 51
Hewson, Paul. *See* Bono
Hinge, 178, 203
Hip Hop is Dead (album), 92–93
Hiphop Chess Federation, 66
Holder, Eric, 164
Hollywood, California, 3–4. *See also* entertainment industry
HomeMint, 159–160
Honest Company, xvi, 127–128, 130–133, 137, 201
Hoover, Herbert, 6
Hopkins, DeAndre, 139
Hopper, Grace, 8
Horowitz, Ben, xiii, 7, 204. *See also* Andreessen Horowitz
 and Cultural Leadership Fund, 185
 and Diddy, 202
 early life and career, 37–39
 at Loudcloud, 205
 and Nas, 91–94, 100, 204, 226–227n27
 and Opsware, 44–46
 and Michael Ovitz, 205
 and Rap Genius, 96–98
 and Steve Stoute, 207
Horowitz, David, 38, 45–46
HotorNot.com, 61
Houston Firefighters' Relief and Retirement Fund, 145
Howard, Dwight, 49
Howard, Ryan, 173, 174
HRJ, 145–146
Huffington, Arianna, 177

Humane Society, 139
The Hunt, 162
Hunter, Jim "Catfish," 11
Hurwitz, Justin, 229n6
Hyperloop, 161, 162

IBM, 38, 146
Ibrahim, Mo, 184, 188
Ibrahim Prize, 184
Idealab, 19, 20–24, 27–29, 33–36, 41–42, 50, 190, 203, 204, 217n33
Illmatic (album), 92
impact multiple of money (IMM), 189
"In da Club" (song), 44
In Old California (film), 4
Index Ventures, 129
Indiegogo, 128
Industrial Revolution, xiv, 3
Inevitable Ventures, 120–121, 170
Information Processing Techniques Office, 8
Instagram, 79, 82, 88, 141, 178, 204
Intel, 10
Intermix, 47
internet, 8
Interscope Records, 76, 77, 107, 109, 111
inventing, 234n18
An Invisible Sign (film), 127
Iovine, Jimmy, 107–109, 114, 115, 228n2
iPhone, 62
iPod, 62
IQ/BBQ event, 103
Irving, Kyrie, 139
It's a Wonderful Life (film), 5
"It's Different for Girls" (Roizen), 163
iTunes Store, 62, 110, 115

J. P. Morgan & Co., 9
Jackson, Janet, 58, 236–237n12
Jackson, Michael, xiv, xx, 14–15
Jackson 5 (band), 14
Jagger, Mick, 25
James, LeBron, 109, 114, 115, 153, 187, 204
Japan, recession in, 33
Jay-Z, 202
 clothing line of, 16, 99, 109
 compensation for, xiv–xv, xx
 and Arlan Hamilton, 204
 investments of, 16, 81, 87, 100–101, 157, 206, 207
 and Nas, 91, 92, 105–106, 227n35
 and Rap Genius, 97
 and Steve Stoute, 207
 at Tidal, 115–118
 venture capital fund of, 179
 wealth building by, xxii
Jefferson Airplane, 12

276

索 引

Jeter, Derek, 179
Jive Records, 75
Jobs, Laurene Powell, 184
Jobs, Steve, 12–14, 62, 73–74, 108, 114, 169
Jobs (film), 169
JOBS (Jumpstart Our Business Startups) Act, 94
John, Daymond, 149
Johnson, Earvin "Magic," 1–2
Jones, Ed "Too Tall," 143
Jones, Nasir. *See* Nas
Joplin, Janis, 12
Jordan, Michael, xiv, xx, 1–2, 11
Journey, 138
Jumpstart Our Business Startups (JOBS) Act, 94
Jung, Oliver, 70
Jurvetson, Steve, 165
"Just Dance" (song), 76, 77
"Justin Bieber, Venture Capitalist" (Greenburg), xx, 78
Juventus, 141

Kairos, 187
Kalanick, Travis, xv, xvi, 31, 32, 84–86, 101, 164, 207, 224n22
Kardashian, Kim, 81, 130–131
Karim, Jawed, 58
Katalyst, 56
Katzenberg, Jeffrey, 25, 105
Kazaam (film), 2
Kelis, 93
Kerner, Noah, 172, 189
Kerry, John, 184, 185
Keys, Alicia, 116–117
Khan, Shakil, 112
Kickstarter, 128, 134, 176
Kinda Funny, 135
Kleiner Perkins, 146–147
Knowledge Adventure, 21–23, 34
Knowles, Beyoncé. *See* Beyoncé
Knowles, Mathew, 76
Knowles, Solange, 118
Kuhn, Bowie, 10
Kunis, Mila, 148
Kutcher, Ashton, xii, xxi, 128, 204. *See also* A-Grade; Sound Ventures; Sound Ventures II
  on Airbnb, 68, 69
  and BlackJet, 157
  and Scooter Braun, 80, 81
  early acting and investing career, 55–58
  on endorsement-for-equity model, xix
  and Bill Gross, 29, 203
  and Arlan Hamilton, 204
  investment style/strategies of, xxi, 53–55
  investments by, 37, 86–87, 95, 119, 148, 162, 179, 187, 205

  and Guy Oseary, xiii, 205
  plugs for startups by, 171–173
  Popchips advertisement, 229n6
  and Chris Sacca, 206
  social media presence of, 57, 74, 207
  and D. A. Wallach, 111
Kvamme, Mark, 59, 60

LA Gear, 14
La La Land (film), 229n6
Lady Gaga, xiii, 47, 73, 74, 76–77, 80, 83–84, 87–88, 109, 118, 202
"The Landlord" (video), 61
Las Vegas, Nevada, tech conferences in, 155–156
Lassiter, James, 75, 76
The Late Show with Stephen Colbert (television series), 171
Latinas, in technology sector, 156
Lauer, Matt, 163
Launchpad LA, 123–138
law enforcement, Ring and, 151–152
Lean Mean Fat-Reducing Grilling Machine, 16
LearnLux, 168, 180–181
Lee, Brian, 127, 137
Lee, Noel, 109
Lee, Spike, 11
LegalZoom, 127
Lehman, Tom, 90, 98, 204
Lehman Brothers, 51
Leone, Doug, 146
Leto, Jared, xii, 86, 204
LGBTQ entrepreneurs, 186–187
Liberty Media, 170–171, 179, 189
Liebman, Rebecca, 168, 180, 181
Liew, Jeremy, 131–133, 186, 204
Lightspeed, xxi, 130–133, 186, 204, 206
Lighty, Chris, 43, 96, 204
Lilling, Adam, 125–128, 204
Lily, 176
limited partners, xvii
Liquid 2 Ventures, xix, 146–147, 171, 176, 205
LittleMonsters.com, 83
Live Nation, 62, 103, 170
Lonsdale, Joe, 83
Lopez, Jennifer, xii, xx, 173, 174
Lorentzon, Martin, 109, 203, 205, 207
Lorenzo's Oil (film), xx
Los Angeles, California, Uber in, 85–86
Los Angeles Dodgers, 206
Los Angeles Lakers, 39–41, 173
Lott, Ronnie, 145
Lotus, 21
Loudcloud, 38–39, 44, 45, 205
Louis-Dreyfus, Julia, 33, 34
Love the Future (album), 111
Lovelace, Ada, 3, 8

277

Lowercase Capital, 128, 206
Lucky magazine, 160
Lyft, 2, 74, 84, 91, 100, 202, 204–206
Lynch, Marshawn, 173, 174
Lyons, Chris, 185
Lyrics to Life, 102

Ma, Michael, xix, 146, 147, 205
Macromedia, 30–31, 58
Macworld, 155
Madonna, xiii, 15, 19, 50, 62, 70, 116, 205
Maffei, Greg, 170
Maker Studios, 101
Manchester United, 141
Marcy Venture Partners (MVP), 227n35
Mark Levinson, 28
marketing, in technology industry, 152–153
Mars, Incorporated, 43
Mars Reel, 187, 204
Marshall Plan, 184
Martha Stewart Living, 126
Martin, Chris, 116
Martin, Dean, 6
Maser, Mike, 142, 143
Mason, Andrew, 62
Mass Appeal, 104
Match, 178
Maverick Records, 63, 68
Mayer, Marissa, 88
MC Hammer, 57
McCartney, Paul, 6–7, 14, 205
McCloskey, Melody, 168, 180
McConaughey, Matthew, 50, 168, 180
McGlashan, Bill, 184, 185, 242n6
McKay, Adam, 60, 61
McNamee, Roger, 48, 191
Melle Mel, 105
Menlo Ventures, 83–85, 112, 164
Metallica, 32
#MeToo movement, 162–164
MGM, 5
Microsoft, 25, 33, 58, 202, 203
Miller, Andy, 13, 173, 174
Miller, Mike, 146
Minaj, Nicki, 102
Miracle Whip, 77
MIT Technology Review, 151
MOG, 114
Moghadam, Mahbod, 90, 96–98, 103, 205
"Moment 4 Life" (song), 102
Monroe, Marilyn, 6
Monster Cable Products, 109
Montana, Joe, xix, xxii, 143–147, 171, 176, 205
Montana, Nate, 145–146
Montana, Nick, 145
Moolah, 101
Moonves, Leslie, 163, 165–166, 237n12

Morgan Stanley, 131
Morissette, Alanis, 19
Motif, 188
Motsepe, Patrice, 50
MTV, 56
Munn, Olivia, 86
Murdoch, Rupert, 47
Muse, 19, 68
music industry. *See also specific participants*
  Troy Carter's career in, 75–77
  economics of, for artists, 121
  Napster and, 32
  Nas's career in, 92–94
  Guy Oseary's career in, 18–19
  Spotify and, 109–110
  D. A. Wallach's career in, 111–114, 120
  and WuChess project, 65–67
music steaming services, 107–122
  Apple Music, 114–115
  Beats Music, 114
  Spotify, 108–109, 112–114, 118–121
  Tidal, 115–118
  D. A. Wallach as artist-in-residence for, 111–114
  and D. A. Wallach as connector/investor, 107–108, 111–112, 121–122
musicians
  compensation for, xiv, xv–xvi, 6–7
  monetization of fame by, 14–16
  platforms created by, 87–89
Musk, Elon, 161
Musser, Charles, 4
MVP (Marcy Venture Partners), 227n35
"My Adidas" (song), 15
Myspace, 46–47, 159, 160, 205, 237n13

Napster, xv, 26, 31–32, 62, 65, 97, 109–110, 119
Nas, xii, xxi, 204. *See also* QueensBridge Venture Partners
  and Andreessen Horowitz, xiii
  on compensation, xiv, 11
  and Cultural Leadership Fund, 186
  and Dropbox, 203
  and Ben Horowitz, 37, 38, 226–227n27
  as Lyft investor, 205
  as Mars Reel investor, 187
  music career and early investments by, 92–94
  and Rap Genius/Genius, 90–92, 96–98, 102–104
  as Ring investor, 149, 152, 206
  as Robinhood backer, 206
  and Anthony Saleh, 206
  and Jamie Siminoff, 207
  venture capitalist career of, 104–106
NASA (National Aeronautics and Space Administration), 8, 9

索引

Nasdaq, 28–29, 32, 33, 44, 100, 190
National Music Publishers' Association, 97
Nelly, 47
Nelson, Willie, 167
Netflix, 190
Netscape, 30, 38, 96, 131, 202
networking, 56–57, 177
New York Times, 162, 163
New York Yankees, 5–6, 11, 212n15
The New Yorker, 162, 163
News Corp, 47, 159
Niche, 146
Nike, xiv, 11
Nikon, 53
Nine Inch Nails, 114
"Nipplegate" Super Bowl performance, 58, 236–237n12
Noland, Peggy, 102
Norton, Ed, 86
Notorious B.I.G., 75
NPG Music Club, 116
NRG, 173–175
'NSync, 160
Nye, Bill, 177

Obama, Barack, 80, 94
O'Leary, Kevin "Mr. Wonderful," 149, 150
One Tree Hill (television series), 87
O'Neal, Shaquille. *See* Shaq
Opsware, 38, 44–46, 51, 205. *See also* Loudcloud
Orlando Magic, 40
Ortiz, David, 49
Oseary, Guy, xiii, xxi, 205. *See also* A-Grade; Sound Ventures
  and Airbnb, 68–71
  and Bono, 183, 204
  and Scooter Braun, 80, 81
  as Calm investor, 179
  and Troy Carter, 77
  as Cowlar investor, 205
  and dot-com crash, 34–36
  and Bill Gross, 27–29, 203
  investment strategies of, xxi
  and Ashton Kutcher, 53–54, 204
  as Lyft investor, 100
  in music business, 18–19
  and Rap Genius/Genius, 95, 103
  and Chris Sacca, 206
  on socially responsible investing, 189–190
  on Spotify, 110
  on tech bubble, xv
  as Uber investor, 86, 87
  and Vitaminwater deal, 49, 50
  on Y Combinator, 95
Overbrook Entertainment, 158
Overture, 50
Overwatch (video game), 174–175

Ovitz, Michael, 31, 32, 38, 45, 51, 205. *See also* Creative Artists Agency (CAA)
Oza, Rohan, 43–44, 160, 205

Page, Larry, 87–88
Palantir, 83
Palmer, Amanda, 129–130, 135, 205
Palo Alto, California, 7–8
Palo Alto Research Center (PARC), 9
Paltrow, Gwyneth, 132–133, 205
Paramore, 126
PARC (Palo Alto Research Center), 9
Parker, Sean, xv, xvi, 31, 32, 47–48, 110, 112, 159, 176
Parker, Trey, 30, 31
party round, 85–86
Patreon, xvi, 123–125, 128–130, 133–136, 138, 202, 203, 205, 206
Paul, Chris, 153
Paypal, 41
Pearl Jam, 100
"Pedals" (song), 123–124
Pennock, Herb, 6
PenPal Schools, 182–183
Pepsi, xiv, 14
PepsiCo, 49
Perot, Ross, 38
Perry, Katy, xx
personal computers, 8–9
Pets.com, 28–29, 33
Philadelphia Civic Center, 75
Philadelphia Phillies, 10
philanthropy, 182–193
  by Bono, 183–185
  by Sophia Bush, 182–183
  funds and firms that promote diversity, 185–188
  impact investing, 188–190
  by successful founders, 192–193
  for women, 188
Picasa, 42
Picasso, Pablo, 69
Pickford, Mary, 4
Piketty, Thomas, 120
PillPack, 105
Pincus, Mark, 31
Ping, 88
Pinterest, xi, 144–145, 177, 201, 206
Pishevar, Shervin, 84–87, 112, 113, 158, 161–162, 164, 166, 206, 238n26
Planet of the Apps (television series), 132
Plus Capital, 125–128, 204
Plus Foundry, 126–127
Pluto TV, 105
Pomplamoose, 124, 136, 202
Popchips, xx, 111–112, 229n6
Popular Science, 21
Posey, Buster, 141, 142, 202

279

Postmates, xii, 203, 206
Powell, Dick, 4
Powerade, 43
Presley, Elvis, xiv
Priceline.com, xv, 29–30, 33
Prince, 116
private companies, 94, 136–138
PrivateJet.com, 158
Procter & Gamble, 130
product placement, 77, 126, 169, 172
profitability, for private companies, 136–138
Punch-Out!! (video game), 141
Punk'd (television series), 56, 78

QueensBridge Venture Partners, 91, 99–102, 105, 158
Quicken Loans, 99
Quinn, Nicole, 131–133, 206

Radiohead, 136
The Ranch (television series), 172
Rap Exegesis, 90
Rap Genius, xii, 37, 90–92, 94–99, 102–104, 203. *See also* Genius
Rappi, 147
Ratner, Brett, 163, 166
Real Madrid, 141
RealPlayer, 31
(RED), 183–184
Reddit, 101
Redpoint, 47
Reed College, 12
"Reflecting on One Very, Very Strange Year at Uber" (Fowler), 164
ReKTGlobal, 175
Research in Motion, 28, 35
reserve clause, 10–11
Revenge of the Nerds (film), 14
Reznor, Trent, 114, 115
Rhimes, Shonda, 186
Rhode Island School of Design, 68
Richardson, Eileen, 31
"Ridin' (Dirty)" (song), 101
Rimer, Danny, 129
Ring, xii, 2, 91, 105, 148–153, 202, 204–207, 235n25
Rise Fund, 184–185, 188–189, 192
Robinhood, xii, xxi, 86, 100, 101, 203, 204, 206
Rocawear, 16
Rock, Chris, xxii, 2, 11, 118
Rodriguez, Alex, 153, 173, 174
Rodsky, Seth, 49
Rogue, 175
Roizen, Heidi, xv, xviii, 12, 13, 26, 48, 155–157, 163–166, 206
Rolex, 133
Roli, 65
Rolling Stones, 15
Romney, Mitt, 80
Ronaldo, Cristiano, 141
Rose, David S., 94, 149, 206, 210n10
Rosenman, Howard, 24–26, 206
Ross, Sarah, 56
Rotchin, Dean, 157
Rothschild & Co., 9
Run-D.M.C., 15
Ruth, George Herman "Babe," xiv, 5–6, 206, 212n15
Ruth's Home Run, 5
RZA (Bobby Digital), 65–67, 96, 203

Sacca, Chris, 55, 86, 87, 128, 206
Sacramento Kings, 3, 13, 173
Saleh, Anthony, 91, 93, 95–96, 99–101, 105, 149, 206, 227n27
Salesforce, 55
Salter, Jamie, 235n25
Samwer brothers, 69–71
San Francisco, California, 7, 12, 84
San Francisco Chronicle, 169
San Francisco 49ers, 143, 145
San Francisco Museum of Modern Art, 129
Sanctuary Group, 76
Sand Hill Road, 12
Sandberg, Sheryl, 156
Sands, Greg, 38
Saturday Night Live (television series), 60
Saudi Arabia, startup investments by, 121
Saverin, Eduardo, 159
Scary Pockets, 136
Schmidt, Eric, 55
Schwartz, Peter, 213n25
Schweppe, Robert, 6, 10, 206
Scientific American, 21
Scilabs, 140, 142
Scour.net, xv, 31, 32, 84
Seagull (esports player), 174–175
Sean John, 16, 126
search engine optimization, 97–98
SEC (Securities and Exchange Commission), 158, 179
seed round funding, xviii
SeedInvest, 94
Sephora, 127
Sequoia Capital, xviii, 29, 30, 59–61, 69, 81, 83, 122, 145, 146, 206
Serena Ventures, 153
Series A funding, xviii
sexual misconduct, 162–165
sexual relationships, between co-workers, 156–157, 165
SF MusicTech Fund, 66, 113

索 引

Shaq, xii, xxi, 57, 205
  and ABG, 235n25
  as Beyond Meat investor, 139
  and Big.com, 218n6
  compensation for, 1–2, 15–17, 39–41
  and diversity of tech investors, 153
  early investments for, 39–42
  on leadership, xxi
  as NRG investor, 173–175
  as Ring investor, 151–152, 206, 207
  as Vitaminwater backer, 44, 50, 207
Shark Tank (television series), 149–150, 153, 203
Shatner, William, xv, 29–30
Shazam, xi
Sheen, Charlie, 169
Sherpa Capital, 161–162, 238n25
Shin (restaurant), 175–176
Shockwave.com, 30, 31
ShoeDazzle, 130–131
Short Eyes (film), 46
Silicon Valley, 7–10, 12. *See also* technology sector
Silicon Valley (television series), 104, 159
Silver Lake (firm), 58
Siminoff, Jamie, 148–153, 207, 234n18
Simmons, Russell, 163
SK Energy, 49
Skoll, Jeff, 184
Skrillex, 16
Sky Angels, 157
Skype, 58, 64
Slugfest (video game), 141
Smith, Jada Pinkett, 186
Smith, Will, 75, 81, 101, 158, 186
SmogShoppe, 86
SMS Audio, 49
Snapchat, 153
Snoop Dogg, 101, 147, 162
social media platforms, 73–89. *See also specific platforms by name*
  at Apple, 73–74
  artists as creators of, 83–84, 87–89
  Bieber and Braun as users/investors in, 78–82
  Troy Carter's investments in, 84–87
  celebrities' presence on, 57, 74, 80, 83
  founding of Funny or Die, 58–61
  music promotion on, 76–77, 111
  in technology sector, xv–xvi, 46–48, 73
  value of content for, 190–192
The Social Network (film), 159
socially responsible investing, 188–190
SoftBank, 121, 155
Sojo Studios, 81
Something's Got to Give (film), 6
Song, Brenda, 159
Sonos, 183

Sorkin, Aaron, 159
Sound Ventures, 168–173, 180–181, 189, 203–205, 207
Sound Ventures II, 179–180
South by Southwest, 167–169
South Park (television series), 30
SpaceX, xiii, xv, 107, 177
Spears, Britney, 86
Spielberg, Steven, 21–25, 28, 50
Spotify, xiii, xx, 71, 74, 107–110, 112–114, 117–119, 176, 190, 192, 201–205, 207
Sprint, 117
Sprite, 93, 205
Sputnik (satellite), 8
Square, 202
St. Louis Cardinals, 144
Stamped, 80
Stance, 101
Staples Center (Los Angeles, California), 173
Star Wars (film), 123
Starnes, Ken, 158–159
startups
  at A-Grade, 63–64
  and 1990s entertainment industry, 24–26
  advisory shares/sweat equity at, 81–82
  after dot-com crash, 34–35
  Steve Aoki's investments in, 175–176
  Justin Bieber's investments in, 79
  clones of, 69–71
  at Creative Artists Agency, 177–178
  culture at Rap Genius vs. other, 96–97
  entertainers' involvement in, xvi–xvii, xxii
  government investments in, 121–122
  hip-hop artists as investors in, 100–101
  at Idealab, 20–21, 23, 27
  and Ashton Kutcher, 54–55, 57, 171–173
  Nas's investments in, 93–94, 99–100
  philanthropy by successful founders, 192–193
  and Plus Capital, 125–126
  recent IPOs for, 191
  Ring as, 148–151
  in Silicon Valley, 9–10
  successful, 12–14
  Justin Timberlake's investments in, 159–160
  venture capital firms as investors in, xvii–xviii
Step Brothers (film), 60
Steven Spielberg's Director's Chair (video game), 22–23
Stewart, Jimmy, 5
Stewart, Martha, 16, 126
Sticky & Sweet Tour (Madonna), 62
Stone, Matt, 30, 31
Stoute, Steve, 93, 185, 207

281

Strahan, Michael, 173, 174
the Strokes, 175
StyleSeat, 87, 168
Subbable, 134
SurveyMonkey, 153
SV Angel, 83, 129, 158, 176, 203
Svalbard Global Seed Vault, 182
sweat equity, 81–82
Sweden, Spotify in, 110
Sweetgreen, 207
Swift, Taylor, 78
System of a Down, 135
Systrom, Kevin, 178

T/Maker, 155
TalkBin, 146
Tankian, Serj, 135
Tarantino, Quentin, 22
Tata Tea, 49
Taylor, Bob, 8, 9
Taylor, Elizabeth, 6
tech bubble (2000s), xv, 28–29, 32–33
TechCrunch, 56
technology sector
   culture in, 159, 164–166
   diversity of investors in, 153–154
   and dot-com bubble and crash, 31–34
   entertainers as investors in, xi–xiii
   equity and compensation in, xv
   history of Silicon Valley, 7–10
   importance of content in, 30–31
   relationship of entertainment industry and, xvi, 24–26, 48, 190–192
   Shaq's investments in, 39–42
   social media platforms in, 46–48
   at South by Southwest, 167–169
   successful startups in, 12–14
   women in, 162–164
"Telephone" (song), 77
That '70s Show (television series), 55, 168, 175
Thiel, Peter, 83
3 Kings (Greenburg), 115
Threshold Ventures, 165
Thriller (album), 14
T.I., 101
Ticketmaster Online, 29
Tickets.com, 27, 29
Tidal, 115–118, 201
Timberlake, Justin, 58, 159–160, 236–237n12
Time Inc., 237n13
Time Machine (album), 120
Time (magazine), 164
Tinychat, 77–78, 80–82
Toxic Substances Control Act of 1976, 127
TPG Capital, 170, 184–185, 189
Translation, 93

Tripplehorn, Jeanne, 24
TrueFacet, 147
Trump, Donald, 188, 191
"Tubthumping," 138
Tumblr, xv, 84
20th Century Fox, 6
Twitter, xv, xvi, 41, 46, 57, 70, 74, 76, 77, 80, 83, 91, 141, 146, 175, 203, 207
Two and a Half Men (television series), 148, 169
2 Too Many, 75
Tyson, Mike, 141

U2, xiii, xvi, 15, 100, 183, 193, 204, 205
Uber, xi–xiii, xvi, xix, xxi, 2, 23, 31, 46, 55, 71, 72, 74, 83–87, 89, 100–101, 112, 113, 147, 157, 158, 161–164, 177, 182, 187, 192, 201–207, 224n22
UberCab, 224n22
Underwood, Carrie, 49
unicorns, xviii
Union Square party for BlackJet, 157–158
United Artists, 4
United Nations' Sustainable Development Goals, 189
United States v. Microsoft Corporation, 33
UnitedMasters, 185
Universal Music Group, 23, 84, 109, 224n22
University of Iowa, 55
University of Michigan, 43
University of Santa Barbara, 98
Urlacher, Brian, 49
U.S. Federal Reserve, 32–33
Usher, xx
UTA, 129

Valleywag, 162
Vaynerchuk, Gary "Vee," 132, 168, 180
Venrock, 10
venture capital firms (VCs), 167–181. *See also specific firms*
   of 1960s and 1970s, 10
   esports investments by, 173–175
   investments in startups by, xii, xvii–xviii
   in Silicon Valley, 12
Verified Artists, on Rap Genius, 90–91, 97
Verified (video series), 102
Viacom, 105
Viddy, xxii, 81–82, 88, 97
Virgin Group, 202
Virgin Mobile, 77
Visa, xxii
Vision Fund, 121
Vistaprint, 84
Vita Coco, 50, 62, 64
Vitaminwater, 2, 35–36, 42–44, 49–50, 53–54, 160, 204, 205, 207

索 引

Vivendi, 23
The Voice (television series), 149
von Furstenberg, Diane, 25

Wahlberg, Mark, xx, 159
Walken, Christopher, 160
Wallach, D. A., xx, 107–108, 111–114, 118–122, 176, 190–191, 207. *See also* Inevitable Ventures
Walsh, Christy, 5
Walt Disney Corporation, 101
Warby Parker, 71, 78, 84, 201
WarGames (film), 14
Warner Brothers, xiv, 5
Warren, Cash, 127
Water.org, 192
wealth
　compensation and, 1–2, 11
　for entertainers, xxii–xxiii, 118
　and race, 2
　D. A. Wallach on, 120–121
Webvan.com, 29, 33
Weezer, 47
Weinstein, Harvey, 162
West, Kanye, 77, 104, 116, 117
WeTopia, 81
WeWork, 104
White, Jack, 113, 116
White House Correspondents' Association, 177
Whole Foods, 140
Will.i.am, 109, 114, 115, 132
William Morris Endeavor (WME), 52, 151, 207
Williams, Hayley, 126, 127
Williams, Pharrell, 96, 97, 111
Williams, Ryan, 185
Williams, Serena, xii, 153
WiMP, 115
WME. *See* William Morris Endeavor
WndrCo, 105
Wojcicki, Susan, 156
women, 155–166
　at BlackJet launch, 157
　in entertainment industry, 162–163
　as investors, 165–166
　in leadership positions, 163
　participation in tech sector, 8, 14, 155–157
　Heidi Roizen on women in tech, 155–157, 164–166
　sexual misconduct allegations, 162–164
　tech firm culture toward, 159, 163–166
Woods, Tiger, 15, 133
World Economic Forum in Davos, 183
Wozniak, Steve, 13, 14
The Wu: Once Upon a Time in Shaolin (album), 66
Wu-Tang Clan, 65–67, 75, 203, 221n16
WuChess project, 65–67

Xerox, 9
Xtreme Clean 88 (company), 140

Y Analytics, 189
Y Combinator, 95, 146, 171, 207
Yahoo! 88
Yam, Sam, 124, 128
Yanover, Michael, 30–31, 34, 58–61, 72, 141, 177–178, 207
Yelp, 70, 183
Y2K bug, 33
Young, Steve, 145
YouTube, 58–60, 76, 77, 79, 88, 104, 123–124, 134, 136, 138, 156
Yucaipa, 35

Zappos, xviii, 206
Zechory, Ilan, 90, 95, 96, 99, 102, 103, 207
Zenefits, 171
Zimride, 84, 205. *See also* Lyft
Zisk, Brian, 65–67, 113–114, 120, 207
Zola, 65
Zucked (McNamee), 191
Zuckerberg, Mark, 47–48, 79, 97, 107–108, 111, 159, 203, 207
Zymergen, 191
Zynga, 31

283

"学说"平台（www.51xueshuo.com）是清华大学孵化的专业知识传播平台，平台利用学术大数据和人工智能技术，通过学术直播、音视频分享和个性化推送，推动经济金融领域的学术交流和普惠，促进中国科技创新传播与最佳商业实践分享。"学说图书"是学说旗下优秀财经图书的讲读与推荐业务。